高等教育"十一五"规划教材

学前教育专业系列教材

学前儿童数学教育理论与实践

孙汀兰　主编

科学出版社

北　京

内 容 简 介

本书由理论指导篇和实践活动篇两部分构成。

在理论指导篇中阐述了学前儿童数学教育的基本观点及原则，学前儿童数的概念发生、发展规律及特点，并以辩证唯物主义方法论为指导，阐明了学前儿童"学"数学的方法和教师"教"数学的方法，从而既突出了儿童学习数学的"主体地位"，又重视了老师的"主导作用"。

在实践活动篇中，重点实现两个转化：一是以80多个数学教学活动设计作为范例，引导读者将学到的理论观点转化为教育行为，提高其职业能力和实践能力；二是以100个数学游戏活动作导引将学前儿童学数学转化为"玩"数学，既激发了孩子们"爱学"、"乐学"的兴趣，又培养了他们的数学能力，有利于做到"幼小"衔接。

本书可作为高等院校学前教育专业的教材，也可作为从事幼教工作人员的教学指导用书，还可作为学前儿童家长教育子女的辅导用书。

图书在版编目(CIP)数据

学前儿童数学教育理论与实践/孙汀兰主编. —北京：科学出版社，2008
（高等教育"十一五"规划教材·学前教育专业系列教材）
ISBN 978-7-03-023409-4

Ⅰ. 学… Ⅱ. 孙… Ⅲ. 学前儿童-数学教学-高等学校-教材
Ⅳ. G613.4

中国版本图书馆 CIP 数据核字（2008）第 178530 号

责任编辑：王 彦/责任校对：耿 耘
责任印制：吕春珉/封面设计：耕者设计工作室

科 学 出 版 社 出版
北京东黄城根北街 16 号
邮政编码：100717
http://www.sciencep.com

三河市骏杰印刷有限公司印刷
科学出版社发行 各地新华书店经销

*

2009 年 1 月第 一 版   开本：787×1092 1/16
2019 年 9 月第十一次印刷   印张：16 1/4
字数：351 000
定价：36.00 元
（如有印装质量问题，我社负责调换<骏杰>）
销售部电话 010-62136131 编辑部电话 010-621358978-8208

学前教育专业系列教材编委会

主　任　常立学

委　员（按姓氏笔画排序）

王敬良　巩汝训　刘从连　刘克宽

刘建华　孙汀兰　李传银　李维金

杨　文　杨　明　杨世诚　肖兰英

宋兆静　陈文华　陈伟军　罗家英

屈玉霞　贺金玉

本书编写人员

主　编　孙汀兰

副主编　于清涟　徐　伟　张　晗

撰稿人　于清涟　孙汀兰　张　晗　杨　斌

徐　伟　聂晓娜　郭　红

前　言

数学是每个人应具备的文化素养之一。数学是思维的体操。学前儿童数学教育是向学前儿童进行科学文化素质教育的重要组成部分。学前儿童学数学也正是从小学会思考"求知"的重要途径。数学以其自身知识的逻辑性、抽象性、精确性和应用性特点，成为促进学前儿童数理逻辑思维发展的有效工具。正因为如此，很多人都自觉或不自觉地把数学能力的高低看成儿童聪明与否的标志。因此，学前儿童教师如何进行数学教育，促进儿童全面发展，培养"完整儿童"及"全人格教育"就成为数学教育领域新的研究课题。

本书是孙汀兰教授和她的同事们在长期学前儿童数学教育实践研究的基础上，用新的教育观和学前儿童发展观，为学前教育专业的学生撰写的。本书具有以下主要特点：

科学性强。本书在"理论指导篇"中全面、系统地阐述了学前儿童数概念，运算能力发展规律和特点，学前儿童数学教育目标、内容、途径、形式、方法及活动设计指导。通过基本理论的学习，使学生认识到学前数学教育对促进学前儿童发展的价值；掌握学前儿童数概念形成的特点；树立现代数学教育观和学前儿童主体观；学会数学教育的方法论，提高学生从事学前儿童数学教育的职业能力。

实践性强。孙汀兰教授带领她的团队进行了长达 20 年的纵向跟踪实验与横向对比实验。本书是建立在实践研究成果基础上的，研究成果突出体现在"实践活动篇"，探索并建构了学前儿童数学教育课程体系，对学前儿童 3～4 岁、4～5 岁、5～6 岁各年龄阶段的数学教育进行了整体的设计，明确了不同年龄阶段儿童数学教育的目标、内容、教学计划以及活动进程，具有较强的可行性和可操作性。本书为学前儿童不同年龄阶段数学教育共设计了 82 个教学活动范例。

创新性强。本书在树立"学前儿童主体观"和"全人格教育观"上实现了 3 个转化：①由教师怎样"教"数学向儿童怎样"学"数学转化；传统教材只有教师"教"数学的方法，本书增加了学前儿童"学"数学的方法；②由单纯传授数学知识向培养学前儿童数学能力和多元智能开发转化；对学前儿童的数学能力进行多元化的训练，如分析综合思维能力、连锁思维能力、逆向思维能力、迁移思维能力和发散思维能力训练与评价；③由传统的数学单科教学向整体素质教育转化。学前儿童数学教育成为培养学前儿童学会做人、学会求知、学会健体等全人格教育和整体素质教育的重要途径和主渠道。

趣味性强。本书选编了 100 多个具有童真童趣的数学游戏活动，使学前儿童在玩玩乐乐中学数学，培养学前儿童喜欢学数学的兴趣。

本书可作为高等院校学前教育专业的教材，也可作为从事幼教工作人员教学的指导用书，还可以作为学前儿童家长教育子女的辅导用书。

本书由具有 40 多年高等院校教学、科研并富有实验研究经验的孙汀兰教授任主编并负责全书统稿工作。

本书作者的具体分工如下：

前言、第三、五～十章由山东英才学院孙汀兰教授撰写；第十三章由山东英才学院杨斌老师编写；第十四章由山东英才学院张晗老师编写。第十一、十二章由山东师范大学于清涟教授编写；第一、二、四章由中华女子学院山东分院徐伟副教授编写；此外，聂晓娜、郭红进行了一些资料搜集和整理工作。本书在撰写的过程中参考了某些国内外研究数学教育的专家、学者的有关研究成果，在此一并表示感谢！

由于时间紧迫，加上我们的研究有待深入，书中不足之处，望同行们给以指正。

目　　录

前言

理论指导篇

实践活动篇

理论指导篇

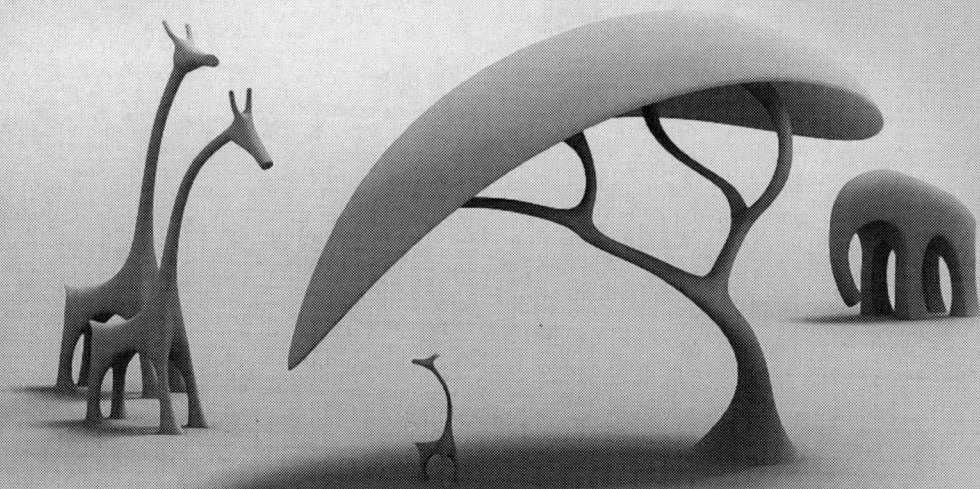

第 一 章

学前儿童数学教育概论

【本章提要】数学是基础学科的基础，数学是自然科学的基础，数学是发展学前儿童思维能力的重要工具，因此数学教育在学前儿童教育的整体结构中处于非常重要的地位。本章主要目的是使学生了解数学教育的基本特点和学前儿童学习数学的基本特点。

第一节 学前儿童数学教育概述

什么是数学？数学是研究现实世界的空间形式和数量关系的科学。无论是数、量还是形，涉及的都是事物之间的关系（数量关系或空间关系），而不是事物本身。

众多学习者有时对数学学习感到非常困难，但是数学历来是小学、中学、大学等教育阶段的必修重点课程，这是因为数学和其他学科相比具有 4 个突出的不同特点，即抽象性、精确性、逻辑性和应用性，因而对个人整体素质发展具有独特的作用。

一、数学的特点

（一）抽象性

数学的高度抽象性在于：数学只保留对现实世界的数量关系和空间形式的抽象，而舍弃了其他一切，因此，数学概念没有直接的现实原型。例如，在现实生活中是找不到数字的原型的，数字是人类在头脑中舍弃了事物的具体形象只保留了它们的数量特点而抽象出来的。例如"5"这个数量是 5 朵花、5 个柿子、5 个纽扣等具有 5 个物体数量中抽象概括出来的，是建立在点数动作基础上的总数，用数字和符号表示的。

（二）精确性

数学的精确性主要是指数学定义的精确性、逻辑的严密性和数学结论的确定性，数学的精确性是其他学科所无法比拟的。当然，数学的精确性并不是绝对的，而是相对的，是随着人类认识逐渐深化而不断发展的。精确性要求数学教师首先要牢固掌握数学知识，准确把握数学定律、公式、结论等，学前儿童数学教育也要求学前儿童教师对数学教育持科学严谨的态度，即便是最简单初步的数学知识，也要认真研究，把握其科学内涵。

（三）逻辑性

数学揭示客观世界的逻辑关系，同时数学知识本身的体系也具有严密的逻辑性。任何数学知识，都具有逻辑上的必然性。数学知识从简单到复杂，后学的知识以前面的知识为基础，层层递进，环环相扣，循序渐进。儿童只有掌握了数学知识之间的逻辑关系，才能更加深刻地理解数学知识的体系。

（四）应用性

我们生活在数学的世界里，这个世界是一个有形的世界，也是一个充满数字的世界，而且如果没有数学，全部现代科学技术都不可能获得发展，因为"数学是基础科学的基础，数学是自然科学的基础"。可见数学应用范围的极端广泛性是数学的重要特点之一，正如著名数学家华罗庚教授曾指出："宇宙之大，粒子之微，火箭之速，化工之巧，地球之变，日用之繁，数学无所不在。"数学来自现实世界，反过来又广泛应用于现实世界。从生活中简单的技能、技术到天文、地理、物理、化学等都要以数学作为工具来获得发展，并且很多新发现、新定律都要依赖数学来表述。

二、学前儿童学数学的特点

（一）逻辑思维发展的特点

根据皮亚杰的观点，儿童思维的逻辑经历了从动作层面的逻辑观念到抽象层面的逻辑的发展过程。因此，可以从儿童基本数学逻辑观念和抽象水平的逻辑两个方面来看学前儿童逻辑思维发展的特点。

1. 学前儿童逻辑观念的发展

第一，对应观念的形成与发展。学前儿童没有学会计数之前，运用对应关系是比较两组物体数量多少的重要方法。学前儿童3岁半以后，通过两组物体并放或重叠比较可以逐渐掌握——对应的操作技巧，形成对应观念。

第二，序列观念的形成与发展。学前儿童理解数序必须具备序列观念，也就是说学前儿童必须理解数与数之间的等差关系与顺序关系。序列观念是通过无数次实际的排序活动逐渐形成和发展起来的。

第三，类包含观念的形成与发展。类包含观念是指理解整体包含部分，部分包含于整体，整体大于部分，而部分小于整体。学前儿童只有具备了类包含观念，才能理解数的组成、加减法以及类与子类的关系。

实践及研究表明，学前儿童对应观念、序列观念以及类包含观念的最初形成，还无法脱离对实物的操作活动，仅限于动作层次的逻辑观念，但是具体的、感性的逻辑观念却为学前儿童抽象逻辑思维能力的发展奠定了坚实的感性经验基础。

2. 抽象逻辑思维能力的发展

学前儿童的抽象逻辑思维能力要求学前儿童必须抛弃自身外部的操作活动和具体的实物才能逐渐形成与发展，也就是说外部操作活动必须内化为头脑中的思考活动，具体的实物必须内化为头脑中的表象。这一过程既依赖于学前儿童大脑的逐渐发育，也依赖于大量数学操作活动训练才能实现，大班末期才开始出现抽象逻辑思维的萌芽。

（二）学习数学心理的特点

第一，学前儿童学习数学是动作探究、表象积累以及逻辑思维过程的统一体。

学前儿童数学学习开始于动作。学前儿童的智慧发展体现在手指尖上，儿童思维的发展往往是从动作开始的，应该解放儿童的双手，让其通过动手操作实物进行数学学习，激发探索的兴趣，在操作的过程中，儿童的手、眼、脑等器官协调活动，获得操作技能和感性经验，从而启迪大脑思维。

学前儿童的数学学习对动作的依赖性很强，年龄越小，依赖性越强，如计数活动、数的组成、加减法、分类、排序、测量等，学前儿童都是通过进行实物操作活动来感知与理解的。学前儿童需要对操作材料进行摆弄、观察、比较，获得直接的感性经验。如判断一个数字是单数还是双数，教师为学前儿童提供相应数量的玩具，让学前儿童两两找朋友，如果每个物体都能找到朋友，就说明是双数，如果最后剩一个物体没有朋友，那么就是单数，反复操作和总结后，学前儿童就可以知道 1，3，5，7，9 是单数，2，4，6，8，10 是双数。可见，学前儿童能够做到初步认识单双数，为以后理解能够被 2 整除的数就是双数，不能被 2 整除的数就是单数，从而真正理解单双数的含义作准备。

表象是由直接感知到抽象思维的中间环节。表象是指过去感知过的事物在头脑中留下的印象，数学表象具有形象性、概括性、创造性和运动性等特征，它高于具体水平，又低于抽象水平，不能像抽象概念那样反映事物的本质属性，是儿童对客观世界的直接感知过渡到抽象思维的一个中间环节，表象的作用在于促使感性经验内化为抽象的数学概念。为帮助学前儿童在头脑中建立正确而丰富的表象，必须根据学前儿童的认知规律，为学前儿童创设适宜的实物数学情境，通过模型、图片、操作等途径，学前儿童多角度、多感官、多形式地进行感知，获得感性经验，丰富表象的积累。例如，在学习加减法的过程中，首先要借助于实物、图片等直观材料，让学前儿童实现具体水平上的加减运算，然后借助于无直观材料伴随的口述应用题唤起学前儿童头脑中的表象，发展学前儿童表象水平上的加减运算能力，从而为学前儿童加减运算能力发展到抽象水平的加减做好必要的准备。最后，在具体经验和表象建立的基础上形成抽象的数学概念。

学前儿童关于数学的丰富的具体经验使学前儿童对数学概念的理解日益深入，而头脑中表象的建立，则帮助学前儿童在头脑中重构事物之间的逻辑关系，从而促进学前儿童抽象思维能力的发展。

由此可见，学前儿童学习数学的过程是感性认识与理性认识的相互促进，形象思维与抽象思维统一的过程。

第二，学前儿童学习数学的过程是解决问题的思维活动过程。

古希腊哲学家亚里士多德曾经指出："思维自惊奇和疑问开始"，应该利用学前儿童的好奇心和探索欲，精心设疑，让学前儿童在解决问题的过程中感悟数学。实际上，学前儿童学习数学的过程，是借助于操作实物等材料，不断解决问题，获得感性经验、不断提升数学认识的过程。在解决问题的过程中，自始至终都是数学的思维活动过程。尽管学前儿童数学教育的内容总体比较简单，但即使是最简单、初步数概念的形成，也离不开抽象概括思维能力。如分类、数的组成、量的测量等问题的解决能够促进学前儿童分析与综合能力的发展；1和许多，几何形体等问题的解决能够促进学前儿童比较能力的发展；而数、相邻数、加减运算等问题的解决则促进学前儿童抽象和概括能力的发展。

三、儿童数学学习的本质

数学学习是根据教学计划，在教师指导下，以数学语言为中介，学生掌握数学概念、法则、定理、公式等内容，形成数学活动的经验，发展数学技能和思维能力的过程。

儿童数学学习具有不同于一般学习的突出特点：数学学习必须密切结合儿童原有的经验和生活实际；数学学习过程必须遵循从具体到抽象，再从抽象到具体的一般规律；由于数学的抽象性和严密的逻辑性，儿童数学学习能够有力地促进儿童抽象概括思维能力的形成和发展；数学学习对促进儿童形成良好的心理品质、科学严谨的态度以及富于创造的精神具有重要作用。

国内外心理学家根据各自不同的研究理论，都曾按照不同标准对学习进行分类，各种分类结果皆有其合理性，值得我们吸取和借鉴。如布鲁纳根据学习目标将学习分为知识学习、理解学习、应用学习、分析学习、综合学习、评价学习等六类；奥苏伯尔根据认知过程把学习分为符号学习、概念学习和命题学习等三类；加涅根据学习水平的高低以及学习内容的复杂程度，把学习分为信号学习、刺激—反应学习、连锁学习、言语联系学习、辨别学习、概念学习、原理学习、问题解决学习等八类。

数学学习的分类可以使教育者更深入了解数学学习一般过程与规律，探讨教育教学的最佳途径和方法。数学教育理论研究者在实践过程中对数学学习的类别进行了大量研究，如根据学习的深度，把数学学习分为机械学习、有意义的学习、理解学习和系统学习等；根据学习的方式，把数学学习分为接受学习、发现学习、实践学习和强化学习等；根据学习数学的内容可把数学学习分为数学问题学习、数学原理学习、数学技能训练学习、数学思维方法的学习等。

根据认知学习理论，儿童数学学习的过程可以分为3个阶段：第一阶段为输入阶段，教师根据儿童的已有知识经验创设良好的学习情境，激发儿童的学习动机；第二阶段为相互作用阶段，即新输入的数学信息与儿童原有认知结构之间的相互作用，即所谓的同化与顺应过程；第三阶段为操作运用阶段，主要指儿童通过数学思维练习活动，解决实际问题，促进儿童思维认知结构的不断完善。

（一）数学概念的学习

数学概念是反映一类对象本质属性的思维形式，概念反映一类物体的本质属性，而舍弃了客观世界中具体事物的物质性质，因此具有相对的独立性。从逻辑学角度看，数学概念的学习就是要认清概念的内涵和外延；从心理学角度看，就是学会对一类刺激做出同样的反应。

儿童概念学习主要有两种基本形式：概念形成与概念同化。

概念形成是一个不断发展的过程，是指在对事物进行观察、操作、分析、比较、抽象的基础上，先形成感性经验，再形成表象，最后抽象出事物的本质特征的过程，例如学前儿童对认识数字"5"的实际含义的过程，就是由感性到理性的概念形成过程。概念形成的过程依赖于儿童积极的思维活动，也依赖于教师的评价导向。

概念的同化，就是利用儿童认知结构中原有的概念，以定义的方式直接向儿童提示概念的关键特征，从而使儿童获得概念的方式。在以下定义的方式进行的概念同化中，儿童必须积极地进行认知活动，而不是被动地接受知识。

数学概念的形成与同化，必须重视与儿童已有的知识经验和生活经验相联系，鼓励儿童通过观察、操作、分析等活动，区分事物本质特征和非本质特征，经历数学概念的形成过程，实现数学概念的自主构建。

（二）数学技能的学习

数学技能的学习，是指在数学学习过程中，通过训练而形成的一种动作或心智活动。数学技能在儿童数学学习过程中可以起到促进儿童数学学习的兴趣，有助于儿童理解和巩固数学知识，提高儿童解决问题的能力，发展儿童数学能力等重要作用。

儿童的数学技能，按照其本身的性质和特点，可以分为操作技能和心智技能两种类型。操作技能又称动作技能，是指实现数学任务时可以借助的一系列可见的外部操作活动方式。心智技能是指实现数学任务的包括多种认知能力在内，且以思维为主要活动形式的心智活动方式。

操作技能与心智技能有很多不同之处：第一，操作活动的对象是客观物体，而心智活动的主要对象是客观物体在学习者头脑内部的映像，前者更加直观和感性；操作技能动作实施的过程是可见的，教育者可以观察到学习者的操作过程而加以指导调控，而心智操作过程是在头脑内部进行的，是无法观察到的，只能通过了解心智操作活动的结果，间接了解心智操作活动的过程，因此，对心智技能的指导要比操作技能的指导难得多；操作动作技能的形成大致要经历4个基本阶段：即认知阶段、分解阶段、定位阶段和熟练阶段。操作动作技能从开始形成到最后熟练，能够看到一个连贯而协调的动作操作程序。心智活动是一个从外部的物质活动到内部心智活动的转化过程，即内化的过程，包括认知阶段、示范模仿阶段、有意识的言语阶段和无意识的内部言语阶段。心智技能的动作过程可以是凌乱的、跳跃的和省略式的。

教师要根据儿童的心理发展特点和原有知识基础，根据数学操作技能和数学心智技能的不同特点，在技能发展的每一阶段，给儿童以个性化的指导，如操作技能形成过程中的分解阶段，可以根据教学内容难易程度的不同，将其分解成梯度不同的小步骤，循序渐进完成目标内容。如还要为儿童提供不同层次的操作材料，让儿童反复操作实现操作技能的完善化和熟练化。

四、学前儿童数学教育的意义和价值

学前儿童数学教育是指学龄前儿童在成人或教师的指导下，通过孩子自身活动对客观世界中的数量关系及空间形式进行感知、观察、操作、发现，主动建构数学概念形成数学能力的过程。

（一）数学素养是 21 世纪儿童必备的科学文化素养之一

数学是研究现实世界的数量关系和空间关系的科学，是研究和表述自然规律和社会规律的科学语言和有效工具，在日常生活、生产以及其他学科中有着广泛的应用性，其工具性早已为人们熟知。数学也是中小学阶段重要的基础课程之一。数学不仅是科学研究工具和基础教育的基础课程之一，更是一个人必备的科学文化素养。《普通高中数学课程标准（实验）》指出："数学是人类文化的重要组成部分，数学素质是公民所必须具备的一种基本素质……数学在形成人类理性思维和促进个人智力发展的过程中发挥着独特的、不可替代的作用……为学生适应现代生活和未来发展提供更高水平的数学基础，使他们获得更高的数学素养。"我国数学教学大纲中首次出现"数学素养"一词，提高学生"数学素养"已经成为提高全民素质的重要内容之一，也是科技进步与经济建设的需要。数学素养是指人们通过数学教育及自身的实践和认识活动，所获得的数学知识、技能、能力、观念和品质的素养。在 21 世纪，数学的知识和技术越来越成为社会公民日常生活和工作中所必需的一种通用技术，越来越成为人们必需掌握的定量思维方法。因此，提高公民数学素养有着极其重要的意义。

在社会文明高度发展和人才竞争日益激烈的今天，数学人才已经成为当今社会的宠儿，世界各国纷纷掀起数学教育改革运动，通过不断精编数学教育内容、改进数学方法提高数学基础教育水平，提高人才数学素养，增强人才综合素质和竞争力。例如，美国的数学教育运动就经历了培养尖端科技人才的"新数学"数学教育回到基础大众数学几个阶段，越来越把数学素养看成全民重要素质的组成部分。再如，英国数学教育在世界数学教育领域具有重要的地位，它目前的改革趋势是由原来的"英才教育"向"普及教育"、"素质教育"转变，目的在于使更多人提高数学素养。

儿童是世界的未来，21 世纪的儿童更应该是全面发展的高素质人才，我们应该根据儿童的特点和儿童发展的需要，对儿童实施适宜的教育，包括培养儿童的数学素养，使儿童真正能够成为未来世界的缔造者。

（二）数学教育能培养学前儿童思维能力和解决问题能力

前苏联教育家加里宁以"数学是思维的体操"来验证数学对人的思维发展的重要意义，大量科学研究和实践也证明数学对于训练和提高思维能力具有独特的作用。因为数学具有较强的抽象性、严密的逻辑性，教师通过创设良好的环境，激发学前儿童积极主动探索，能够提高儿童在对应、分类、排序、推理等方面的能力，学前儿童敏捷、灵活的思维能力能够迁移到学前儿童各个领域的发展中去。

学前儿童和其他层次的学习者一样，学习数学的主要目的是培养解决问题的能力，只是学前儿童要学会解决的问题是生活或游戏中的简单数学问题。解决问题能力是指学前儿童利用已有的知识、经验解决新的和不熟悉的情境中问题的过程。在解决数学问题的过程中，学前儿童需要深入地比较、推理，恰好又促进了学前儿童思维能力的发展。

（三）数学教育能满足学前儿童的认知需要

儿童和成人一样生活在现实世界中，周围环境中的一切物体都以数量、空间等形式存在着，事物之间也存在错综复杂的关系。学前儿童只有掌握粗浅的数学知识和技能，才能更好地认识周围客观事物，并且用数学语言正确地表达自己的所识、所感。例如，一个小朋友告诉老师："昨天爸爸带我去动物园玩了"，这个小朋友的爸爸的确"昨天"带他去动物园了，说明该学前儿童已经掌握了"昨天"这一基本时间概念；另一个小朋友早上起床磨磨蹭蹭，妈妈催他："宝宝快点起床，还有 10 分钟我们就得上幼儿园了"，孩子根本不着急，因为他不理解 10 分钟有多久，也没有时间观念；一个妈妈问她的孩子："盘子里有几个苹果？"，孩子开始认真地用小手指着苹果数起来："1，2，3，4，5，6"，数完了没有说出总数，妈妈又问他："一共是几个苹果呢？"，孩子又数了一遍后说："一共 1，2，3，4，5，6 个"，说明孩子还不能够理解总数，也就不能够正确认识物体的数量；一个学前儿童和几个小朋友一起玩，问他："你和几个小朋友一起玩？"他不会说出几个，而是把小朋友的名字列举一遍。可见，对学前儿童进行初步的数学启蒙教育，不仅是学前儿童语言表达和自我发展的需要，也是学前儿童认识世界的需要。

（四）数学教育能顺利解决幼小衔接的瓶颈问题

《幼儿园教育指导纲要（试行）》（以下简称《纲要》）中第一部分总则中指出："幼儿园应与家庭、社区密切合作，与小学相互衔接，综合利用各种教育资源，共同为幼儿的发展创造良好的条件。"学前儿童教育是基础教育的有机组成部分，是学前儿童人生启蒙的重要阶段，幼儿园教育与小学教育是相邻的两个教育阶段。从数学教育的角度来看，幼小衔接一直是备受幼儿园和家长关注的重要问题，幼儿园数学教育是小学数学教育的基础和前提，小学数学教育是幼儿园数学教育的延续和提高，当然二者在数学教育目标、学前儿童数学学习任务和教师数学教育方法方面存在较大差异，小学数学教育更关注知识获得和技能达成，教学中也逐渐提高了对学生抽象逻辑思维能力的要求，以正规的课业学习为主要形式。为了帮助学前儿童入小学以后能够较好的完成过渡和适应对小学数学的学习，幼儿园数学教育应通过生动具体的教育方法，培养学前儿童学习数学的兴趣，掌握粗浅的数学知识以及学会解决生活中简单的数学问题能力，到大班后数学教育内容可以略有提高，面向小学，较好地实现衔接，但是教学仍然必须是通过日常生活、游戏、领域渗透、主题活动等形式而展开。不少幼儿园举办强化训练式的数学补习班，在短时间提前学习小学数学教育内容，让学前儿童生吞活剥掌握数学知识，不考虑学前儿童的兴趣和理解能力，是不科学、不合理的。

第二节　学前儿童数概念发生发展的规律及特点

　　教育者充分利用学前儿童生活中的事物，让学前儿童感受其中的数量关系，进行具体、生动的数教育，帮助学前儿童形成初步数概念，是学前儿童数学教育的重要内容之一，而计数活动是学前儿童形成10以内初步数概念的基本活动。

一、学前儿童数概念发展的一般特点

（一）学前儿童计数能力的发展特点

　　数概念是一种抽象概念，学前儿童建构初步数概念要经历一个过程，要让学前儿童先从感知物体的数量开始。可以先笼统感知物体的数量，如让学前儿童区分"1"和"许多"，让学前儿童用对应比较的方法判断两组物体数量哪个多，哪个少。当学前儿童对数量有了一定感知能力后，再进行计数教育，培养学前儿童计数能力，从而能更好地掌握10以内初步数概念。

　　计数活动是一种有目的、有手段、有结果的操作活动。计数的过程其实是明确一个集合元素总的数量的过程。计数活动的过程实际上是将要确定其数量的集合的元素与自然数列建立起一一对应的关系，只要手口一致，无漏数、重数，数到集合中最后一个元素时所对应的数，就是计数的结果，也就是集合元素的总数。

　　学前儿童计数能力是通过实际动手操作活动逐渐发展起来的，它的发展标志着学前儿童数概念的形成，学前儿童的计数能力大致经历了4个阶段，即口头数数、按物点数、说出总数、按数取物等。

1. 口头数数

　　3～4岁以前的学前儿童，在成人的教育影响下，能够口头数数，掌握一些数词，如1，2，3，…，但学前儿童这时的口头数数带有顺口溜的性质，只是凭借机械记忆按顺序背诵自然数的名称，不能够理解数词的实际含义，不能

够用数词正确表示物体的数量，当然，口头数数对帮助学前儿童掌握数词和自然数的顺序具有重要作用。

实践表明，学前儿童口头数数的能力，主要受后天环境和教育的影响，有些家长在日常生活中有意识地渗透口头数数的游戏，通过模仿，学前儿童就能够较好地发展起口头数数的能力。相反，如果忽略相关训练和教育影响，学前儿童口头数数能力发展就会相对迟缓。

2. 按物点数

按物点数是指学前儿童能够用手逐一指点物体，同时有顺序地说出数词。按物点数活动要求儿童必须把被数的物体与从"1"开始的自然数之间建立起一一对应的关系，还要手、口、眼、脑多种分析器官协同参与活动，也就是说学前儿童在按物点数的过程中，要求多种信号系统必须建立起有意义的联系。但是实践表明由于低年龄学前儿童大脑发育水平相对较低、手眼协调能力差以及对自然数顺序掌握不够熟练等原因，在按物点数过程中，学前儿童经常出现手口不一致的现象：学前儿童能够正确地口头数数，却不能够用手逐一指点物体，而是乱点乱指；学前儿童能够用手逐一指点物体，但是口里却不能够正确地按自然数的顺序一一对应地说出数词，而是乱数一气；学前儿童能够用手逐一指点物体，口中也能够正确地按自然数的顺序说出数词，但二者速度不同，要么手指得快，口说得慢，要么手指得慢，口说得快，总是出现重数和漏数的情况。

在教育过程中，要为学前儿童创设有意义的按物点数活动情境，让学前儿童手口一致地点数物体，培养学前儿童对按物点数的兴趣，提高学前儿童按物点数的能力。

3. 说出总数

说出总数是指学前儿童按物点数后，能够正确说出物体的总数。说出总数要比按物点数对学前儿童的要求更高，学前儿童只有理解手口一致、按物点数到被数的最后一个物体所对应的自然数，就是该组物体的总数时，学前儿童才能真正正确说出总数，真正具备了计数的能力。3～4岁以前的学前儿童由于抽象概括能力差，很难把被数物体的总数作为一个数群来把握，所以说出总数能力比按物点数能力发展迟缓一些，例如，有些学前儿童尽管能够手口一致正确点数物体，但却随便说一个数表示物体的总数；有些学前儿童被问及物体的总数时，会重数一遍而仍不会回答物体的总数；有些学前儿童会把所有数过的数作为物体的总数，如数完3个苹果后，他会说一共有1，2，3个苹果。4岁以后的学前儿童大多数能够正确说出10以内物体的总数。

4. 按数取物

按数取物是指学前儿童根据数词的要求，取出或找到相应数量的物体。按物点数是由点数具体的物体而得到抽象的数目，而按数取物则是根据抽象的数目找到具体的物体，是学前儿童数概念的实际应用。按数取物活动有助于学前儿童更好地在数词和实物数量之间建立起正确的对应关系，有助于加深学前儿童对数的实际含义的理解。例如让学前儿童从筐子里取出 4 块积木；让学前儿童找找桌子上什么东西是 2 个（桌子上可以摆放 1 个娃娃、2 个皮球、2 只熊猫、3 只小白兔等）。

（二）学前儿童对数序的掌握特点

数序，即自然数的顺序，是指每个自然数在自然数列中的位置以及与相邻两数之间的大小关系。学前儿童对数序的掌握是从口头数数开始，尽管口头数数一开始还带有顺口溜的性质，但口头数数恰恰能够帮助学前儿童感知自然数列中自然数的顺序。

学前儿童能够掌握 10 以内各数的大小、明确自然数的顺序（各个数在数列中所处的位置）以及理解相邻数（每一个数和它前后各数的多一少一的关系），是需要一个过程的，学前儿童的序列观念需要学前儿童进行大量的口头数数练习，并且通过实物操作进行按物点数、排序、比较等多种训练而逐渐实现的，一般说来，4～5 岁的学前儿童才能真正形成数列观念，能够顺利完成数字排序等活动，正确率也较高。

学前儿童对数列的掌握，还会影响学前儿童对序数的认识。序数是表示集合中元素的次序的数，是用自然数表示事物排列的次序，回答"第几"的问题。例如，小红排队站在从左边数第三的位置上，小明排队站在从右边数第四的位置上；小狗住在第二层左边数第一个房间，小兔住在第四层右边数第三个房间；动物运动会上，赛跑比赛中，小兔跑第一名，小乌龟跑最后一名，这些都是包含序数的数学表达。

学前儿童对序数的理解是建立在对基数的理解特别是自然数的排列顺序的基础上的，因此，其能力发展相对较晚一些。2～3 岁的孩子常不能用序数词正确表达事物排列的次序。例如，让一个 2 岁多的孩子在排成一排的小汽车中找出第二辆汽车时，他拿了两辆小汽车，当指着某辆小汽车问他："这是第几辆小汽车?"时，他不会回答。4～5 岁的学前儿童在序数认知方面的能力有了较大提高，他们能按要求正确取出相应位置的物品、能将物体摆放在指定位置上以及能正确熟练地运用序数词回答事物排列次序的问题。

（三）学前儿童对数的守恒的掌握特点

数的守恒，是指一组物体的数目不会因为它的体积、大小、颜色、形状以及排列方式等的改变而改变。数的守恒本身是一个重要的逻辑概念，只有理解和掌握了数的守恒，才能真正理解数的实际含义，发展起数概念，因此，学前儿童掌握数的守恒是发展其数概念的重要一环。

学前儿童在判断两组物体的多少时，往往受到大小、颜色、排列形式等因素的干扰而忽略了它们的数量特征，例如，比较同等量的西瓜和山楂的数量时，学前儿童常常认为西瓜比山楂多；比较 10 个红球和 10 个白球的多少时，红球很紧密地摆成短的一排，白球很稀疏地摆成长的一排，有的学前儿童认为红球多，是因为他们觉得红球的一排摆得紧密些，有的学前儿童认为白球多，是因为他们觉得白球的一排长些；10 朵花，第一次以 2 横排，每排 5 朵的方式呈现给学前儿童，在学前儿童的注视下，第二次把 10 朵花变成了 3 排，两排 4 朵，一排 2 朵，结果孩子们在判断两次呈现的花的多少时，出现了争议。学前儿童在判断物体的数量时，往往会出现错误，是因为：学前儿童在判断物体的数量时常常受视觉的支配，而不能够很好地进行逻辑思维而做出正确的判断；学前儿童在判断物体的数量时，只关注到了物体的一个方面，而不能综合各个方面作出正确判断，如比较红球与白球时，就不能够做到既考虑到其密度，又考虑到其长度；学前儿童的思维具有不可逆性也是判断失误的重要因素之一，如学前儿童不能够理解 10 朵花第二次摆放形式虽然发生改变，但仍是第一次的那些花，学前儿童也无法想象 10 朵花没有改变时的样子。

4 岁以前的学前儿童只有少数理解数的守恒，4 岁以后通过多种教育活动的影响，尤其在判断物体的数量时适当增加一些干扰的因素，更多的学前儿童开始逐渐理解数的守恒。

（四）学前儿童对数的组成的掌握特点

数的组成又称数的分解与组合，简称数的分合，具体来讲是指一个数（总数）可以分成几个部分数，几个部分数又可以合成一个数（原来的总数）。

学前儿童学习数的组成具有重要的意义：第一，学习数的组成能够帮助学前儿童理解整体与部分、部分与部分之间的多重关系。如 4 可以分成 1 和 3，1 和 3 合起来还是 4，5 可以分成 2 和 3，2 和 3 合起来还是 5，整体和部分之间体现等量关系。一个数分成的两个数，如果其中一个逐渐增加 1，那么另一个则逐渐减少 1，则体现了部分与部分之间的互补关系。一个数分成的两个数之间可以交换位置，如 4 可以分成 1 和 3，也可以分成 3 和 1，体现了部分数之间的互换关系；第二，学习数的组成是学习加减运算的基础。如 4 可以分成 1 和 3，1 和 3 合起来是 4，可以推出 $4-1=3$，$4-3=1$，$1+3=4$ 等算式，数的组成实质上是一种概念水平上的数运算，是理解抽象加减的前提；第三，学前儿童理解数的组成涉及到理解数群之间的等量、互补和互换等关系，能够促进学前儿童推理、逆反等抽象思维能力的发展。

学前儿童理解、掌握数的组成比理解基数、序数的含义要晚一些，教育实践表明，4 岁左右的学前儿童受其思维发展水平的限制还不能很好地理解数的组成，如提供一定数量的材料学前儿童可以将其分成两份，但不理解数的组成的含义，如果让他再次分时，学前儿童往往无法完成任务，有的学前儿童无法理解任务，只对材料本身感兴趣。

在教育影响下，学前儿童到了 5 岁以后，初步了解数的组成，如提供一定数量的材料学前儿童可以将其分成两份，也可以按照教师的要求，完成所有不同的分法，但是掌握抽象的数的组成式还有困难。6 岁左右的学前儿童基本能够理解数的组成，不仅能熟练用实物摆出一个数所有的组成式，能理解整体与部分，部分与部分之间的关系，也能熟练说出一个数所有的组成式。

二、学前儿童数概念发展的年龄特点

学前儿童数概念的发展既有一定的连续性，也表现出一定的年龄阶段性。学前儿童数概念的发展大致分为3个年龄发展阶段：

（一）第一阶段：对数量的感知动作阶段（3岁以前）

这一阶段学前儿童数概念发展的基本特点是：①对数量能做到笼统的感知，对差别明显的物体的量能够区分，而差别不明显的物体的量，区分则有一定的困难；②能够口头数数，但范围限制在5以内；③在成人的教育下，逐渐学会手口一致地点数数量在5以内的物体，但说不出物体的总数。

这一阶段学前儿童还没有真正掌握数概念，主要通过对实物的摆弄来初步比较、感受物体的数量，可以为以后真正掌握数概念奠定良好的基础。

（二）第二阶段：数词和物体的数量间建立联系的阶段（3～5岁）

这一阶段学前儿童数概念发展的基本特点是：①点数后能够说出物体的总数，开始有了最初的数群的概念，后期开始掌握数的守恒；②儿童在此阶段前期，能逐渐较好地区分物体的大小、多少等量，中期能够认识第几、前后顺序；③能够按数取物；④能够认识数与数之间的关系，如开始有了数序观念，能够比两个数的大小，能够用实物表示数的分解与组合；⑤后期能够进行简单的实物运算。

由此可见，这一阶段儿童开始初步理解抽象的数概念，是学前儿童真正形成数概念的必经阶段。

（三）第三阶段：数的运算初期阶段（5岁以后）

这一阶段学前儿童数概念发展的基本特点是：①多数学前儿童能够对10以内数保持守恒；②多数学前儿童在计算能力方面，开始由表象水平的运算阶段过渡到抽象水平的运算阶段；③对基数概念、序数概念等有了更深入的理解，运算能力更进一步提高。

这一阶段儿童已经形成抽象数概念，抽象的数的运算能力也即将发展起来。

由以上儿童数概念发展的阶段可以看出儿童数概念发展的基本轨迹，5岁以后是儿童形成真正数概念的关键时期，当然儿童能够达到这一阶段的水平离不开教育的重要作用，离不开学前儿童的自我建构过程。

三、学前儿童数概念形成的标志

学前儿童形成数概念的标志主要有以下几个：

（一）掌握10以内数的实际含义

理解10以内数的实际含义，其中包括基数和序数的含义；能够理解数的守恒。掌握 10 以内数的实际含义，是形成学前儿童数概念的核心。

（二）掌握 10 以内相邻数的关系

掌握 10 以内的数序，理解自然数中的任何一个数都比前一个数大 1，比后一个数小 1。

（三）掌握 10 以内数的组成

掌握 10 以内各数的组成，初步认识整体和部分、部分与部分之间的关系。

学前儿童初步数概念的形成和发展，经历了从动作感知到抽象的思维的漫长过程，这个过程既有连续性，又有一定的年龄阶段性，其中学前儿童的个性特点、环境和教育对学前儿童初步数概念的发展起着至关重要的作用，教育者要根据学前儿童的成长背景和特点，对学前儿童因材施教，促进学前儿童初步数概念的形成和发展。

目前，在学前儿童充分认识 10 以内数的基础上，很多幼儿园根据学前儿童探究兴趣和需要，让学前儿童接触 20 以内、30 以内，甚至 100 以内的数，但是，不能增加学前儿童学习数学的压力，更要充分考虑学前儿童的认知特点、学习兴趣和数学能力。

思考与练习

1. 学前儿童学数学的特点是什么？
2. 联系学前儿童教育现状谈谈学前儿童数学教育的意义和价值。
3. 简述学前儿童计数活动的含义及学前儿童计数能力发展的基本阶段。
4. 学前儿童数概念发展的年龄特点是什么？举例说明。
5. 学前儿童数概念形成的标志是什么？请谈一谈你的想法。

第二章

学前儿童数学教育的
基本观点及原则

【本章提要】学前儿童教师是学前儿童操作和探究数学的引导者，应该具备正确的数学教育观、儿童发展观，遵循儿童身心发展规律和数学教育的基本原则，并且能够运用较高的教育技术为学前儿童创设良好的探究环境。

第一节　学前儿童数学教育的基本观点

数学教育的发展要求数学教学"生活化"，《纲要》中有多处提到"生活"，数学本身源于生活，因此，数学教学要紧密联系学前儿童的生活情境，从学前儿童的生活经验和已有的知识出发，使学前儿童初步感受数学与日常生活的密切联系。因此，在教学中，教师要尽量地把数学和学前儿童的生活实际联系起来，让数学贴近生活，从而让枯燥的数学变得生动有趣，易于理解。

学前儿童的认知特点要求数学教育要"生活化"，学前儿童的认知特点是："以具体形象思维为主，抽象逻辑能力比较弱"。所以，教师在教育中，应从学前儿童身边所熟悉的事物和现象中选取题材，以便于学前儿童产生兴趣，更大地拥有探究的热情。此外，教学中还要充分地考虑学前儿童所具有的生活经验和他们的心理特点，以更利于学前儿童体验生活中的数学。

一、现实生活是学前儿童数学概念形成的源泉

（一）生活使学前儿童萌生对数学的主动求知与探索

数学抽象的特质和学前儿童思维的具体形象性，呼唤学前儿童数学教育的生活化，数学教育内容应力求从学前儿童熟悉的生活情境出发，选择学前儿童周围的事物设计数学问题，让学前儿童体验数学与生活的联系，主动地运用数学知识来分析研究简单的数学问题，从而促进学前儿童的和谐发展。学前儿童数学教育生活化是新数学教育理念的具体化，它要求教育从学前儿童已有的生活经验和实际出发，为学前儿童提供的学习探索材料应是现实的，有意义的，富有挑战性的，容易唤起学前儿童探究的兴趣和亲近数学的热情。

（二）生活是学前儿童体验和发现数学的重要途径

数学思考是一种心智技能活动，它是看不见、摸不着的内在隐性活动。对学前儿童而言，往往在生活中形成的常识或经验是他们理解和掌握数学基本知识，形成基本技能，学会数学思考和解决实际问题能力的基础。因此，教育过程中，教师要尽量从学前儿童已有的生活经验出发，让学前儿童亲身经历，将实际问题抽象成数学问题，并能教学前儿童进行简单的推理与逻辑思维。

例如：在大班学前儿童学习加减法时，一定不要让学前儿童死记硬背加减口诀，而是要创设生活中的情景，让学前儿童体验数学，如"一本故事书，已经看了6页，还剩4页，这本故事书一共有多少页？"学前儿童要通过逆向思维，然后用加法或减法来计算。这对于学前儿童来说，无疑是具有一定难度的，教学过程中，教师可以先让学前儿童分析想象，独立思考，组织交流，在交流中适时地进行"生活化"的点拨：教师拿出一本书，边做边说已经看了6页，捏着剩下的部分说还剩4页，接着问学前儿童：此书一共有多少页？稍停片刻，用强调性动作把看过的和剩下的两部分合在一起，成整本书。这一简单的演示，展现了生活画面，激活了学前儿童的"生活经验"，使学前儿童产生顿悟，很快地理清了其中的数量关系，正确地解决了这一个问题。

又如"两只小猴陶陶和皮皮吃桃子，每人9个，一会陶陶还剩3个，皮皮还剩4个，问陶陶吃了几个？皮皮吃了几个？陶陶和皮皮谁吃得快？"这也需要学前儿童进行逆向思维，教师拿出两只玩具小猴，每人一个盘子，每盘装9个桃子模型，模拟小猴吃桃，当盘子里还剩3个和4个桃子时，学前儿童立刻明白$9-3$和$9-4$就是被小猴"吃掉的"桃子的数量，这样的教育活动无疑大大锻炼了学前儿童的逆向思维能力和推理能力。

（三）活学活用，数学应该回归生活

《纲要》传递给我们的是要注重培养学前儿童对生活中数学问题的兴趣和解决生活中简单数学问题能力的精神，数学源于生活，并应用于生活，把数学生活化，运用数学知识解决实际生活问题是数学学习的出发点和归宿。学前儿童数学教育的生活化要求教师要巧用生活情景，培养学前儿童解决实际问题的能力，并在解决问题过程中引导学前儿童从不同角度思考，掌握解决问题的策略，这样不仅巩固了所学的知识技能，也提高了学前儿童学习数学的兴趣，促进了学前儿童的主动发展应用数学的能力。

例如：某幼儿园大班组织了一次"亲子春游活动"，要求全体学前儿童和爸爸妈妈一起参加，活动中就渗透了数学教育的内容，班级将为大家准备一份点心：一袋牛奶，一块面包。（爸爸妈妈吃大的面包，大面包每盒装2块，小朋友们吃小面包，小面包每盒也是2块。）此时，请大家算算，自己所在的小组（各组的学前儿童在2人到4人之间，那么大人就有4~8人）至少要买几盒大面包？几盒小面包？几袋牛奶？学前儿童对于这一真切的实践活动非常感兴趣，都积极地投入到问题的探究中去，去算本组的学前儿童人数和大人人数，并进行着计算。

又如：在活动过程中还有湖上划船活动，教师又让学前儿童和家长来设计租船方案，信息是：有 19 个学前儿童去划船，每船限乘 3 人，至少租几只船？一开始学前儿童被难住了，到底要租几只船呢？过了一会儿有的学前儿童用草棒摆的方法计算，有的掰手指头，让爸爸妈妈帮助记录，最后学前儿童纷纷指出，需租 6 只船，教师说剩下一个人没船坐了怎么办，学前儿童又说那就再租一只船，可是这船上人太少怎么办？接着又叫学前儿童讨论如何分配学前儿童和家长比较合适，学前儿童进行了激烈的讨论，教师启发既照顾每只船上的人数，也要对安全更有保证……还设置了进餐租车等很多具体问题，在这一系列的活动中，学前儿童尝试着从数学的角度，运用所学过的知识，来进行思考问题和解决问题，从而体验到了学习的快乐，感受到了成功的喜悦，从而养成了积极处理问题的好习惯。

总之，抽象、固定的"数学知识"无法激起学前儿童的学习兴趣，它割裂了数学与生活的联系，在教学中难以真正实现教学目标。因此，学前儿童数学教师应牢固地树立"活用教材"的新理念，善于根据教育内容"链接"生活，精选材料，巧设情境，让学前儿童在学与用的"交互作用"中构建数学的本质意义，学会思考，培养应用能力，从而实现学前儿童学习有价值的数学，学前儿童获取必需的数学知识。

二、儿童通过自己的活动建构数学概念

建构主义理论的主要观点是：学习过程不是教育者把固定不变的知识灌输给学习者，学习者不只是被动地接受知识，而是能够以自身已有知识和经验为基础的主动的建构活动，即学习者能主动积极地构造意义；学习是学习者认知结构的组织和重新组织的过程；学习过程具有社会性质，学习者需要和外界互动，需要一个不断进行交流、反思、改进、协调的过程。

建构主义提倡学习者在教师创设的良好条件和氛围下，成为学习信息加工的主体，是意义建构的主动者，重视师生、同伴之间的社会性相互作用等理论对当今的学前儿童数学教育同样具有非常重要的实践指导意义，儿童也是通过自己的活动建构数学概念的。

第一，探究性学习过程是学前儿童的高级建构过程，创设环境让学前儿童通过主动的活动构建数学概念。

根据建构主义的观点，学习数学是一个"做数学"的过程，学习者必须从"数学现实"出发，通过动手、动脑做数学，用观察、摆弄操作、实验、猜想等手段，获得感性经验并进一步作类比、分析、归纳，渐渐达到数学化、严格化和形式化。学前儿童学习数学也是一样，他们的学习过程也要借助各种物质材料，通过对材料的摆弄、操作，再配合运用词语把关于客观世界的知识内化到自己的认知结构中，为此，教师应为学前儿童准备丰富多样的操作材料，这些材料应具有生动形象性、可操作性以及探索性；应为学前儿童提供足够的时间，让学前儿童有时间去操作、摆弄物体，去独立思考和自由探索，由直接感

知转变为表象，进而构建抽象的数学概念。

教师也应为学前儿童创设良好的精神环境。让学前儿童在宽松无压力的环境中放心、大胆地探索，无拘无束地做自己想做的事，在遇到困难时，可以得到教师的帮助。

第二，因材施教，使所有学前儿童在自己发展的起点上让数学能力得到充分的发展。

建构主义特别提倡学习者的学习过程是由自己的不断建构来完成的，学习者要以自己已有的知识经验作为基础，对新接触的知识要进行同化、顺应，建立新的认知结构，充分体现了学习者的主动性。从这个意义上讲学习者的知识经验不同，对知识的构建层次和能力也会是不同的，那么教师作为引导者在为学习者提供相应的学习条件时要充分考虑这一点。

因材施教是指在学前儿童数学教育的过程中，由于学前儿童的年龄、性格、思维发展水平以及家庭教育背景不同，学前儿童的知识经验水平往往也不尽相同，那么学前儿童对新的数学知识的构建能力和学前儿童思维能力发展速度也有相当的差异。教师应该充分考虑每个学前儿童的现有水平和兴趣点，灵活创设适宜的学习环境，使所有学前儿童的构建活动成为可能。

对于发展速度较快的学前儿童，教师可以为其创设更加复杂、更有挑战性的问题情境，要求他们更多的自我管理，进行更多地尝试与反思，促进他们在自己原有的较高水平的经验基础上，获得构建能力的最大发展。当他们处在一个较高起点的素质基础上的时候，教师可以再创设新的适宜条件。对于相对发展滞后的学前儿童，教师应该尊重学前儿童现有的知识结构水平，允许学前儿童按照自己的速度发展，尊重学前儿童间的个别差异，给学前儿童充足的时间去探索、发现、独立思考，让他们从容学习，当学前儿童处于新的发展水平上时，教师再提供新的发展环境，让学前儿童继续以其自身的经验来理解和建构新的知识或信息。

第三，探究性学习过程是学前儿童的高级建构过程。

建构主义倡导的是在学习过程中，学习者始终是基于自己经验水平上的构建者，处于教师提供的研究氛围，对自己的材料不断地操作，不断探索，不断地获得新经验。而教师在活动中是一个引导者、观察者、参与者和指导者，这样的学习过程中，学习者始终主动学习，是知识和经验的建构者，是学习的主人。

而学前儿童的探究性学习，简单地讲是指学前儿童通过"尝试—错误—再尝试"这样一个过程而获得知识和技能的学习过程。在这个过程中，要关注学前儿童4个方面的发展：一是学前儿童对探究活动的情感态度，二是探究活动的基本技能水平，三是表达和交流探究活动结果的方法和意愿，四是探究活动过程中所获得的知识和技能。学前儿童的探究活动充分关注学前儿童学习的兴趣、自主性、交流表达能力以及在自身经验的基础上新经验的获得，由此可见，探究性学习过程是学前儿童的高级构建过程。

第四，合作学习，是学前儿童克服困难，顺利实现构建的关键。

建构主义强调学习者的自我构建过程，但并不完全否认学习者与教育者和同伴的交互作用。

在学前儿童的实际教育过程中，由于学前儿童年龄比较小，知识经验有限，要顺利实现构建过程，更需要创设师幼互动的学习活动。

当进入一个新的问题情境，无论是提出假设，还是进行验证，学前儿童很多时候是需要集体合作的力量的。

三、数学是促进儿童发展的重要因素

（一）促进学前儿童的好奇心和探索欲望

好奇心是人类与生俱来的求知动机，是个体对未知事物趋近并探究的倾向性。学前儿童阶段好奇心和探索欲望非常丰富，它是学前儿童各种学习与探索活动的内在驱动力，因此，学前儿童阶段是激发好奇心和探索欲望的关键期。

学前儿童周围世界的一切都表现为一定的数量、形状、空间位置与量的差异，如球是圆圆的、家里有三口人、谁跑得快谁跑得慢、哪是左手哪是右手等，这一切都需要学前儿童去探究，学前儿童强烈的好奇心，也驱使他要探究个明白。

学前儿童的好奇心、探究欲表现为学前儿童喜欢提出各种各样的问题，喜欢观察、比较、动手操作等活动，数学活动对学前儿童这些能力有特别的促进作用。

教师要善于抓住教育过程中的契机，激发学前儿童的好奇心和探究欲望。如 10 块糖分给 2 位小朋友应该怎么分？分给 3 位、4 位、5 位小朋友应该怎么分呢？再如动物分类活动，教师要利用学前儿童的好奇心，可以先启发学前儿童进行探究动物的外形特征、生活习性等，然后再进行多重角度的分类，也可以给学前儿童呈现多重角度分类的结果，让学前儿童想想为什么，这种活动不仅实现了学前儿童发展目标，同时也较好地激发了学前儿童的好奇心、探究欲，是教师顺利进行数学教育活动的重要前提。

（二）提高学前儿童解决生活中实际问题的能力

数学来源于现实生活，反过来，数学又为现实生活服务。由于数学的抽象性与学前儿童思维的具体形象性等特点，所以更应该把数学学习与学前儿童的日常生活紧密联系起来，利用学前儿童经历的、熟悉的生活情景增进学前儿童对数学的理解，帮助学前儿童建立抽象的数学概念，增强学前儿童在生活中主动应用数学的兴趣。

如学前儿童学过分类后让学前儿童帮助妈妈整理衣橱和抽屉；学过加减法后让学前儿童陪爸爸妈妈一起购物、选择商品、付款和结账；学过等分之后，让学前儿童根据客人的多少帮助切分生日蛋糕；学过一一对应之后，让学前儿童根据家中客人的多少分碗筷；假期让学前儿童和父母一起制定每日活动计划（要涉及到星期、日历和钟点）。

在学前儿童数学教学的基础上，教师和家庭要扩大学前儿童感受数学的范围，将数学教育渗透到生活中去，使学前儿童初步学会用数学的思维方式去观察、分析生活现象，解决生活中的问题，提高学前儿童用数学解决问题的能力。

（三）促进学前儿童思维能力的发展

美国著名心理学家布鲁纳指出："一个好的数学课程重要的是要为儿童提供智力的训练"。美国幼教专家凯米依也曾提出教学前儿童数学的目的就是要发展儿童智力方面的自律能力，就是发展儿童独立地、批判地和逻辑地进行思维的能力等观点，而我们现代儿童数学学习观认为，儿童的数学学习应该是主动的、建构式的发现学习，数学知识只是学前儿童思维发展的载体，而不是我们追求的唯一或最终目的。

数学被认为是发展学前儿童思维能力的重要途径，这是由数学本身的抽象性、逻辑性、辩证性以及广泛的应用性等特点所决定的，学前儿童在各种各样的数学活动环境下，进行观察、比较、操作、分析、推理等活动，从对事物的感性认识逐渐上升到理性认识，这些过程都较好地发展了学前儿童的思维能力。

学前儿童思维的主要特点是直觉行动性思维发生变化，具体形象性思维是学前儿童占主要地位的思维方式，学前儿童末期出现抽象逻辑思维的萌芽。根据学前儿童数学教育内容、目标、方法及学前儿童思维的具体特点，可从下列3个方面着手发展学前儿童的思维能力。

1. 学前儿童数学教育能够激发学前儿童思维的积极性与主动性

积极性与主动性是学前儿童思维能力发展的重要前提，是学前儿童思维能力个体差异的重要构成因素之一。思维活动的积极性与主动性是学前儿童对待智力活动的情感、态度，对学前儿童思维能力发展具有重要的影响。因此，要充分利用学前儿童数学教育激发学前儿童思维的积极性与主动性。第一，营造一个适合不同发展水平儿童的物质环境和心理环境。学前儿童来自不同的成长背景，由于先天素质与后天教育影响交互作用，造成了学前儿童兴趣和思维发展水平的差异，因此，应该充分考虑学前儿童个体发展差异，制定不同层次的、适宜的发展目标、创设不同层次的、适宜的探索环境，以激发不同层次学前儿童思维的积极性与主动性。第二，制定科学、积极的数学教育评价标准。教师要从正面评价、引导学前儿童，使学前儿童充满自信，保持好奇心，从而主动进行思维活动。第三，创设生活化的、以学前儿童兴趣点为中心的数学学习情境。生活化的、学前儿童感兴趣的数学学习情境，数学活动的内容是学前儿童熟悉的、易于理解的和感兴趣的，学前儿童能积极投身于其中。第四，利用丰富多样的教学手段如图片、教具、课件等和灵活多样的教学方法如游戏方法等，激发学前儿童思维活动的积极性与主动性。第五，提供操作材料，带领学前儿童走进社区和大自然，让学前儿童主动操作、亲身感受，并与多变的材料互动，可以引发学前儿童的好奇心，激发活动的创造性，从而调动学前儿童学习的主动性，获得数学经验。第六，家园合作支持、启发和引导学前儿童在数学活动中主动探索，勇于表现和表达，让学前儿童不断获得成功感，从而激发学前儿童在数学活动中始终保持思维活动的积极性与主动性。

2. 学前儿童数学教育能够促进学前儿童思维的抽象能力和推理能力的发展

培养学前儿童的思维能力是当今学前儿童教育的重要目标之一。科学研究表明，抽象能力、推理能力是数学思维能力的重要构成因素，而数学本身的特性和良好的数学教育过程将对提高学前儿童思维的抽象能力、推理能力起着重要的作用。学前儿童数学教育应该根据学前儿童的思维能力水平，从他们已有的生活经验出发，让学前儿童在动手操作过程中或在解决实际问题的过程探究和发现数学的规律，实现数学建模的过程，促进学前儿童思维的抽象能力和推理能力等良好思维品质的形成和发展。

由于学前儿童阶段以具体形象思维为主要思维方式，所以要促进学前儿童思维从具体到抽象、初级向高级的发展，要求教师提供适宜的、分层的、逐步深入的发展目标。

研究表明，在实际教育过程中发展学前儿童思维的初步抽象能力推理能力是完全可行的。教师要有正确的教育教学理念，为学前儿童创设可以动手操作的、具体形象的条件，使学前儿童真正成为探索的主体，不要包办代替，真正给学前儿童独立探索的机会，给学前儿童充分的自由思维空间，使学前儿童经历数学抽象概括的全过程。当然，教师必须要在具体形象思维的基础上发展学前儿童思维的初步抽象能力和推理能力。如让学前儿童理解数字的实际含义，就要让学前儿童在点数的操作基础上，不断感受它们共同的数量特征，最后理解一个特定的数字，既可以表示这样的物品总数，也可以表示那样的物品总数，也就是学前儿童通过不断的数学实践活动，理解了抽象数字的实际含义。例如，为学前儿童准备一幅"跷跷板"游戏图画，如果1只小熊猫坐跷跷板的一端，另一端坐4只小猴能保持平衡，1只小猴坐跷跷板的一端，另一端坐2只小狗能保持平衡，那么一端坐1只小猴和1只小狗，另一端坐几只小狗呢？一端坐1只小熊猫，另一端坐几只小狗呢？这样的数学问题可以较好地锻炼学前儿童数学思维的推理能力。

3. 学前儿童数学教育能够促进学前儿童思维的敏捷性和灵活性

学前儿童数学思维的敏捷性，主要是指学前儿童思维活动的反应速度。学前儿童数学思维活动的反应速度与教师是否经常性地对学前儿童提出速度方面的要求、学前儿童对数学知识概念的理解程度、解决问题的角度和方法以及抽象概括能力等方面有重要关系。如学习了6以内数的组成后，教师为学前儿童提供可以操作的材料，让学前儿童根据数的组成的规律快速找出7以后各数的组成式；理解了单数、双数的含义后，教师让学前儿童随意抽出数字卡片，并快速投放到单数箱和双数箱内；给两组小朋友两套相同的图形卡片（内含不同大小的三角形、正方形、长方形），让两组小朋友把所有的图形拼起来拼成一个大的正方形，看哪组小朋友拼的最快。

学前儿童数学思维的灵活性，主要是指学前儿童思维的灵活程度。学前儿童数学思维的灵活性与教师是否采取变式教学，是否在教学过程中引入开放式问题有关，对学前儿童思维灵活性评价可以从学前儿童是否能够从不同角度，是否能够用不同的方法解决同一问题等方面入手。例如，《帮小白兔走迷宫》，要求小朋友帮助小白兔按照规律填好迷宫图案，此类问题训练学前儿童举一反三地解决问题的能力；给小朋友100张常见动物的卡片，让小朋友在充分了解这些动物的基础上，按照不同的标准进行分类，此类问题为学前儿童提供思维的广阔联想空间；学习自然测量时教师为学前儿童提供巨幅世界地图，让学前儿童自己想办法比较不同国家之间和不同城市之间的距离远近，学前儿童用了手、手指、线、绳、尺子、笔、木棍等不同的自然测量工具，测量得数不同，但距离是不变的，此类问题训练学前儿童用不同的方法解决同一问题，不必遵循固定的解题模式。

思维的敏捷性与灵活性是相互依存的。在数学教学过程中，通过灵活多样的教学方式，向学前儿童提出速度方面的要求，可以促进学前儿童思维的敏捷性，反过来促进学前儿童思维的灵活性，对培养学前儿童思维的速度也有很大作用。因此，数学教育过程中，可以把发展学前儿童思维的敏捷性与灵活性紧密结合起来，培养学前儿童良好的思维品质。

第二节　学前儿童数学教育的基本原则

学前儿童数学教育的原则，是指在学前儿童数学教育过程中，成功实现教育目的，完成教育任务而应该遵守的基本准则与规范。它是在一般教学论的原则指导下，根据学前儿童数学教育目的、教育规律，在总结学前儿童数学教育实践经验和学前儿童学习活动的实践经验基础上，进行加工、提炼而来的。贯彻正确的教育原则，有利于提高学前儿童数学教育质量，实现教育目的。

一、发展学前儿童思维结构的原则

发展学前儿童思维结构的原则是学前儿童数学教育的目的在于使学前儿童形成完善的思维结构并借助于这种结构去掌握数学知识、提高数学能力。

瑞士著名心理学家皮亚杰学派研究发现，学前儿童思维的发展就表现为思维结构的发展，而数学思维的结构与数学科学的结构非常相似，他们认为"数学教育的任务是使学生形成这些思维结构，并借助这些结构去认识数学结构，也就是认识数学本身，这样做要比直接向学生讲授一定的数学知识快一些"，灌输的、急功近利的方法，表面上学前儿童好像掌握了具体的数学知识和解决数学问题的方法，但是学前儿童并没有真正建立相应的数学思维结构，也就不可能真正理解抽象的数学概念了。数学知识的学习和学前儿童思维结构的建构应该是同步的、同等重要的，也是相辅相成的，即具备了相应的思维结构，才能够学习、理解具体的数学概念和知识，另一方面，学习、理解具体的数学概念和知识，也能促进学前儿童思维结构的构建。

在实际数学教育活动中，教师不要把重点只放在记住或学会了数学知识和方法，而更应关注让学前儿童通过自身的探索活动，实现思维结构的发展，当学前儿童出现学习困难，教师不要马上把答案告诉学前儿童，应该给学前儿童足够的时间，让学前儿童有一个逐渐深入理解、逐渐建构的过程。例如，有些家长不了解学前儿童思维发展的过程，喜欢让学前儿童超前学习一些数学知识，如背诵加法口诀 $1+1=2$，$1+2=3$，$1+3=4$……其实当学前儿童思维能力还没有达到抽象水平的加减时，让学前儿童死记硬背学习远不及让学前儿童花费更多时间借助摆弄物体或掰手指头效果好。

二、让儿童动手操作的原则

让儿童动手操作的原则是指要让儿童根据一定的要求与任务，通过自己亲自动手操作实物材料参与各种数学实践活动而建构数学认知结构。

数学能力不能靠教师传授给学前儿童，而应是学前儿童自身积极建构而形成的结果。学前儿童思维的具体形象性特点决定了学前儿童按照动作表征、形象表征、符号表征的过程形成初步数概念。所以学前儿童形成抽象数概念的基础首先是依靠直觉行动进行思维，需要反复摆弄、操作物质材料，这是操作层次上的思维过程，能够形成动作表征能力，经过一段时间的积累，学前儿童的思维过程逐渐上升、内化到形象层次和符号层次，最终形成形象表征和符号表征能力，这是一个由感性经验到抽象概念的获得过程，一个由外部动手操作活动到内部头脑智力活动的发展过程，也是学前儿童认知结构逐渐建构和完善的过程。例如，学前儿童只有通过动手操作活动，才能真正学会手口一致、按物点数的技能，才能真正理解数的实际含义；学前儿童只有动手操作实物，才能理解相邻两数多 1 少 1 的关系、单数和双数的实际含义、数的组成的实际含义。

实施让儿童动手操作的原则需要教师从以下几方面入手：

第一，创设良好的动手操作环境。心理学家罗杰斯认为"心理的安全和自由，是促进创造能力发展的两个主要条件"，因此，教师应遵循平等、信任、尊重的原则与学前儿童交往，对于孩子的进步，教师要及时鼓励、表扬，安全自由、宽容理解和支持性的环境会直接影响学前儿童求知与操作探索的欲望，影响他们的自信心及良好个性的发展。同时，教师应该创设良好的物质环境，为学前儿童提供丰富多样的、数量充足的操作材料，操作材料可以是现成的材料，也可以是原始材料和自制材料，以满足不同学前儿童的操作兴趣，适应不同活动的操作要求。操作材料的功能还必须与操作活动的教育目标保持一致，只有具有良好的教育功能的材料才是真正有价值的、适宜的操作材料。

第二，灵活选用不同类型的操作活动。要根据学前儿童已有的知识经验水平，灵活地将验证性操作活动、探索性操作活动以及创造性操作活动结合起来，更好地培养学前儿童的探究精神和创造能力。

第三，加强对学前儿童操作过程中的指导。教师对学前儿童提出操作任务后，要及时了解全体学前儿童的操作情况，分别给予指导，对于能力强的学前儿童需要给予肯定和表扬，提出更高的操作要求，对于操作活动中滞后的学前儿童，教师需要及时启发诱导，帮助学前儿童树立信心，找准行动的方向。

第四，善于总结和提升操作经验，对操作活动进行综合评价。

操作活动是学前儿童建构知识的一种重要途径，所以操作活动结束后，还要以个人、小组和集体等多样化、开放性的形式进行总结交流，引导学前儿童将操作中所获得的零乱、粗浅的感性认识加以条理化、理性化，形成一定的认知结构，促使学前儿童形成数学抽象认识和概念。

教师还要善于对学前儿童的操作活动进行综合评价，既要评价学前儿童的操作方法和步骤，又要评价学前儿童的操作态度、学前儿童间的交往与合作能力，使评价活动真正起到激励学前儿童对后续操作活动兴趣的作用。

第五，加强数学操作区的建设。数学操作区是指教师根据教育教学目标、学前儿童的兴趣点和学前儿童现有发展水平，专辟的一个区域，在其中可以投放丰富的操作材料，让学前儿童自由选择材料，自主进行操作探索活动。

数学操作区活动既可以小组为单位进行操作探索活动，也可以个人为活动形式，数学操作区能够让学前儿童实现经常性的操作和探索，是对学前儿童正规数学教育教学活动的延伸和补充，比正规数学教育教学活动更加开放和自由，能够让学前儿童更充分地与材料相互作用，培养学前儿童操作、探索的独立性、创造性、拓展性，获得数学能力。

三、知识的系统性和逻辑性原则

知识的系统性和逻辑性是指在设计和实施学前儿童数学教育活动中应该遵循数学知识本身的逻辑渐进性和系统性。

数学知识是人类对于客观世界数量关系和空间形式的抽象，其内容具有高度抽象性和逻辑性的特点。同时数学知识又具有严密的系统性和逻辑性的特点。系统性和逻辑性是指数学知识是经过严格论证的科学真理，概念、法则、规律一般都表现为彼此紧密联系、前后连贯，形成了系统严密的逻辑体系。因此，在教学过程中，教师要遵守知识的系统性和逻辑性原则安排教学内容。例如，先让学前儿童练习口头数数，然后才能掌握按物点数；先让学前儿童理解基数，然后再理解序数；只有在理解平面图形的基础上，才能理解立体图形。同时，由于学前儿童的思维以具体形象性为主要特征，还具有不连贯性，无法直接理解抽象数学概念，因此，在教育教学过程中，应该强调通过学前儿童的实际操作活动和教师的直观教学活动，让学前儿童反复操作、感知、体验，促使他们按照动作表征、形象表征、符号表征的三阶段教学过程形成初步数学概念。

四、联系儿童实际的原则

联系儿童实际的原则是指学前儿童数学教育知识和技能的选择、教育方法的运用必须要遵循学前儿童的学习兴趣、学前儿童年龄特点以及学前儿童已有的生活经验。

教师要在数学教育实践活动中实施联系儿童实际的原则，必须做到以下几点：首先，教师要通过多种方式了解本班学前儿童近阶段发展水平，确定教学目标的起点。例如，学过三角形、圆形、正方形后，学前儿童已经能够按形状分类，并且大多数学前儿童在教师的引导下已经能够观察发现图形排序的简单规律，因此，可以安排"做纽扣项链"的数学活动，以让学前儿童按规律穿纽扣为更高活动目标。其次，把握学前儿童的兴趣点，组织学前儿童感兴趣的数学活动。某大班有位小朋友过生日，每个小朋友都要吃一块蛋糕，怎样才能把蛋糕切成一样大小呢？小朋友对这个问题产生了浓厚的探究兴趣，在教师的引导和启发下，小朋友们初步了解了等分的知识。再次，教学内容应该源于学前儿童的生活经验，是学前儿童熟悉的、容易理解的。因为脱离学前儿童的生活经验，不但不容易激发学前儿童探究的兴趣，而且学前儿童也很难理解这样的内容。

五、重视个别差异的原则

个别差异也称为个体差异，是指一个人由于遗传、家庭环境、社会环境的不同，在心理活动过程中表现出来的相对稳定而又不同于他人的生理、心理特点。它表现为身心特点、行为方式等质的差异，也表现为发展速度和发展水平等量的差异。

《纲要》第一部分总则中提出幼儿园教育应重视学前儿童的个别差异，为每一个学前儿童提供发挥潜能，并在已有水平上得到进一步发展的机会和条件。学前儿童由于后天教育经验的不同，其在数学思维能力、对数学活动的兴趣、学习风格、发展速度等方面也存在较大的差异。因此在对学前儿童进行数学教育的过程中，必须遵循重视学前儿童个别差异的原则，教师要充分了解每个学前儿童不同的发展水平，在数学活动内容的安排上，要体现出层次性，以满足不同孩子的发展需要，为每个学前儿童提供表现自己的长处和获得成功感的机会，增强自信心和学习数学的兴趣。

既然学前儿童之间的差异是客观存在的，教师就必须从深入实施素质教育，维护教育公平的高度来正确对待学前儿童之间的差异。根据学前儿童之间差异类型的不同实施教育教学，以促进每一个儿童的健康和谐发展。

首先，学前儿童教师要树立因材施教的教育理念，营造无压力的学习氛围。教师要坚信"没有落后的孩子，只有个体间的差异"，为学前儿童营造一个宽容、亲切、理解、尊重和欣赏的学习环境，保护每一位学前儿童的好奇心和求知欲，发现并欣赏每一个学前儿童的长处，并加以引导，以满足不同学前儿童的探索需求。

其次，教师要积极研究相关的教育教学技能和策略，尊重学前儿童差异，使其各自原有水平得到发展。教师要根据学前儿童的智力差异、个性差异、学习风格差异等特点，有针对性地实行"差异性"教学，以促进每个学前儿童在原有知识、经验基础上得到充分、自由和独特的发展。例如在同一个活动中，教师可以提供不同的材料，创设不同水平的问题情境，学前儿童可以选择适合自己的材料进行操作和探索；在数学教育活动过程中，对于活动能力较强的学前儿童可以给其提出更高的活动要求，对于能力弱的学前儿童教师可以给其提出相对低的活动要求，必要时可以适当启发与指导。

第三，教师要树立学前儿童数学教育科学的多元评价观和差异性评价体系。学前儿童数学教育评价不仅能够衡量学前儿童教师的教育理念、教育教学水平，评价的结果还影响着学前儿童的发展方向，因此教师必须运用科学的多元评价体系和差异性评价体系。数学教育的多元评价体系是指评价主体多元化、评价内容的多元化以及既重视评价过程又注重评价结果。差异性评价与传统常模评价的区别是，它主张要"承认和关注学前儿童的个体差异，避免用划一的标准评价不同的学前儿童"，主张不同学前儿童不同的评价标准，主张尊重并促进每个学前儿童独特性的发展。

学前儿童数学教育评价具体操作方法如下：应该让学前儿童自身、学前儿童家长、学前儿童教师等共同参与评价，实现评价主体的多元化，例如，学过几何形体后，让家长在日常生活中引导学前儿童寻找相应形状的物品，对能力强的学前儿童，让家长引导其观察、记录生活中的几何形体，并思考运用这种几何形体的原因。再如，在用不同平面图形卡片拼成物体的活动中，教师要对学前儿童的作品进行评价，充分肯定每一个学前儿童的成绩，使每个学前儿童获得自信，同时引导学前儿童对自己的作品和他人作品进行评价，发现别人作品的成功之处。注重对学前儿童认知、情感、社会性及学习态度等多方面发展进行多元评价。例如，在数学活动中，学前儿童思维的敏捷性与灵活性、学习数学的兴趣、与其他学前儿童的交流能力、合作能力等都是重要的评价内容，但是教师要注意，每个学前儿童发展的优势方面往往是不同的，有的学前儿童对数字敏感，有的学前儿童对空间和几何形体比较敏感，有的学前儿童反应速度快，但是不够细心，有的学前儿童反应慢，但具有较强的专注力，做事认真，有的学前儿童喜欢独立做事，有的学前儿童具有较强的组织协调能力。既注重对学前儿童发展过程进行评价，也注重对学前儿童发展结果进行评价。学前儿童思维水平等数学能力方面的差异往往是比较显著的，因此，过程评价往往比结果评价更为重要，因为过程评价更容易看到学前儿童的思维过程尤其是解决问题的过程，教师更容易根据学前儿童的发展水平随时调整教育方案。

27

📖 **思考与练习**

1. 谈谈你对"现实生活是学前儿童数学概念形成的源泉"观点的理解。
2. 作为一名学前儿童教师应该如何理解"儿童通过自己的活动建构数学

概念"的观点?

3. 结合"发展学前儿童思维结构的原则"谈谈你对目前有些幼儿园数学教育功利化、小学化倾向问题的认识,并提出自己的建议。

4. 学前儿童之间数学能力方面存在一定的差异,分析形成这些差异的原因,在教育过程中应采取哪些对策?

第三章

学前儿童数学教育目标和内容

【本章提要】教育目标是学前儿童数学教育的出发点和归宿，学前儿童数学教育内容是完成数学教育的重要载体和保证，因此教育目标和内容在学前儿童数学教育的整体结构中处于非常重要的地位。本章主要目的是使学生了解学前儿童数学教育目标、内容确定的依据和目标内容的整体结构。

第一节　学前儿童数学教育的目标

一、数学教育目标制定的依据

（一）儿童发展观

儿童是教育的对象，儿童身心发展水平、需要、发展的可能性、必然性和规律性是学前儿童数学教育目标制定的依据之一。培养完整儿童是现代学前儿童教育的新观念。所谓"完整儿童"指的是一个全面发展、和谐发展的儿童，它是指身体的、社会的、情感的、认知的和道德的整体发展的儿童，即 IQ＋EQ＝完整儿童。完整儿童观、整体发展观和全人格教育观是学前儿童数学教育目标确定的重要指导思想。

作为基础教育的学前儿童教育，必须重视儿童的整体发展，重视完整儿童的培养。基于这一认识，人们提出在学前儿童数学教育中应建立认识、情感、社会性等全面协调发展的目标体系，对学前儿童进行全人格教育。

（二）当今社会的发展

当前社会已进入 21 世纪，社会处于高科技时代，不仅对人才的数量要求越来越大，而且对人才质量要求也越来越高，学前儿童的综合素质的培养也更为重要。学前儿童数学教育是对儿童进行素质教育的重要渠道，要培养学前儿童从小学会做人、学会求知、学会健体、学会审美、学会双语、学会创造。因此，学前儿童数学教育应体验素质教育的要求。

（三）数学的学科特点

数学是人们生活中的一个重要组成部分，也是儿童生活内容之一。儿童每天面临许许多多的数学问题，当今数学已渗透到科学技术经济生活和现实世界的各领域。数学所具有的逻辑性、抽象性、精确性和应用性以及数学学科的结构和知识体系，对儿童逻辑思维能力的发展，对数学能力的培养显示出特殊的价值。因此，它对学前儿童数学教育目标的制定有着重要的影响。

（四）学前儿童的心理特点

学前儿童心理发展的总趋势：从简单到复杂，从具体到抽象，从被动到主动，从零散到成体系。学前儿童认知能力的发展，表现在思维的3种方式的变化：初期的直觉行动思维、中期的具体形象思维以及末期的抽象逻辑思维萌芽；还表现为智力运算的三级水平：感知运动智力、前运算智力和具体运算智力。这些都对学前儿童数学教育层次目标和阶段目标的制定提供心理依据。

二、数学教育目标结构

（一）学前儿童数学教育总体目标

学前儿童数学教育总体目标包括以下4个方面：

1）激发学前儿童认识和探索周围环境中的数、量、形等的兴趣，使他们愿意并喜欢参加数学活动。这是有关培养学前儿童对数学的情感和态度目标。

2）引导学前儿童在与环境相互作用过程中，获得有关数、量、形、时间、空间的感性经验，使学前儿童逐步形成一些初步数学概念。这是有关学前儿童学习数学知识方面的目标。这条目标明确指出学前儿童获得的数学知识是经验性的、具体的知识，建构的是初级数学概念，是建立在表象水平上的概念，而未达到抽象水平上的概念。

3）培养学前儿童观察、思考和解决数学问题的数学能力，并学习独立自主选择数学活动内容和检验数学活动结果的错误控制能力。这是有关发展数学认知能力，数理逻辑思维能力和解决日常数学问题的能力目标。同时，培养学前儿童独立性、自主性、专注力、成就感和自信心等个性品质。

4）培养学前儿童正确使用数学操作材料进行数学活动的数学操作技能探究能力，爱动脑筋，养成良好的学习习惯。这是有关培养技能和习惯的目标。

（二）各年龄阶段数学教育目标

1. 幼儿园小班（3～4岁）

（1）感知集合教育要求

1）小班分类教育。

探索物体的特征，学习讲述物体的异同；

学会按物体某一外部特征（如颜色、形状、大小）进行分类；

学习与分类有关的词语，如"相同"、"不同"、"把同样东西放在一起"等。

2）区分"1"和"许多"的教育。

能区别1个物体和许多物体；

感知和体验"1"和"许多"之间的关系。即知道1个、1个……合起来是许多，许多可以分成1个、1个……；

会运用"1"和"许多"词汇。如说："1个老师、许多个小朋友"、"1张桌子、许多把椅子"等。

3）比较两组物体数量的教育。

学习用对应的方法：重叠法、并放法"比较两种物体数量，知道哪组多，哪组少，哪两组一样多"。

会用"一样多"、"不一样多"、"多"、"少"等词语表示两组比较结果。

（2）基数概念的教育要求

会口手一致点数5以内的实物，并能说出总数；

会按实物范例和指定的数，按数取物（5以内）。

（3）几何形体教育要求

认知圆形、正方形、三角形，正确说出图形名称；

能够在周围环境中寻找和图形相似的物体。

（4）量的概念教育要求

会用观察比较的方法，区别大小和长短不同的物体，会正确运用"大小"、"长短"词汇；

能从3个大小或长短不同的物体中，找出并说出哪个最大（最长），哪个最小（最短）；

能按物体量的差异进行3以内物体的排序。

（5）空间认知的教育

让学前儿童区分并说出以自身为中心的上下方位。包括自己身体部位的上下位置，并找出在自己上面的物体，在自己下面的物体等；

让学前儿童判断两个物体之间明显的上下关系，说出什么在什么的上面，什么在什么的下面。

（6）时间认知的教育

让学前儿童初步理解早晨、晚上、白天、黑夜的含义；

学习正确运用"早晨"、"晚上"、"白天"、"黑夜"等词语，说一句话。

（7）理解数量关系的教育

"1"和"许多"的关系。学前儿童不仅认识什么是1个，什么是许多个，还应突出强调理解许多可以分成1个、1个又1个……；1个、1个、又1个……又可合起来就成了许多个；

一一对应关系。学前儿童可采用重叠法、并放法理解两组物体的一一对应关系。如一个杯子配一个盖子，一个小碗里放一个勺子；

大小、多少关系。如：大皮球和小皮球；4比3多，2比3少等。

2.幼儿园中班（4～5岁）

（1）感知集合教育要求

1）分类教育。

学习按物体的数量进行分类计数；

学习按物体的两个特征进行二元分类；

学习并运用有关的词语："分成"、"分开"、"合起来"等。

2）比较两组物体数量关系教育。

学习不受物体大小、排列形式的影响，进行两组物体数量比较，一样多（变式）；

学会把两组物体的不一样多，变成一样多；或将一样多变成不一样多（变式）；

学会对应比较比法：重叠法、并放法、连线法。

（2）基数教育要求

1）计数。

会正确点数 10 以内的实物，并能说出总数；

会顺数和倒数 10 以内的物体数量。

2）认数。

学习不受物体的大小、形状、排列形式影响，正确判断 10 以内物体的数量，即数目守恒；

感知和体验 10 以内相邻两数的数差关系（即多"1"和少"1"的关系）；

认读阿拉伯数字 1，2，3，4，5，6，7，8，9，10。

（3）序数教育要求

1）从左至右认识数序。

能排列 1～10 个圆点卡片；

会用序数词第几，正确地表示物体在序列中的位置。

2）自然数列的形成

认识到自然数是有序排列的。从 1 开始是逐一增加的；

认识和理解自然数列中数与数之间的等差关系（相差"1"）；

认识自然数列怎样形成的。前一个数添上 1，变成后一个数。

（4）量的概念的教育要求

1）量的区分。

能区分物体的粗细，并掌握"粗"、"细"的词汇；

能区分物体的厚薄，并掌握"厚"、"薄"的词汇；

能区分物体的高矮，并掌握"高"、"矮"的词汇。

2）量的比较。

能从五六个大小不同的物体中，找出等量物体，即一样大；

能从五六个长短不同的物体中，找出等量物体，即一样长；

能从五六个高矮不同的物体中，找出等量物体，即一样高；

能从五六个粗细不同的物体中，找出等量物体，即一样粗；

能从五六个厚薄不同的物体中，找出等量物体，即一样厚。

3）量的排序。

能按物体量的差异进行大小正逆排序；

能按物体量的差异进行长短正逆排序；

能按物体量的差异进行高矮正逆排序；

能按物体量的差异进行粗细正逆排序；

能按物体量的差异进行厚薄正逆排序。

（5）加减运算的教育要求

1）动作水平的加减。

学习加法时，将两组物体合并在一起，再逐一计数算出得数；

学习减法时，先将要减去的物体拿走，再逐一计数剩下的物体，算出得数。

2）表象水平的加减。

借助图片等静态形象，理解题意，口述加减算式，并算出得数；

借助头脑中的表象，理解题意，口述加减算式，算出得数。

（6）几何形体的教育要求

1）图形认知。

认识长方形、椭圆形、梯形，正确说出图形名称；

描述平面图形的基本特征。

2）图形转换。

感知图形之间的简单关系。正方形可变成两个长方形或两个三角形；

图形建构。可用小棍、铁丝、绒线等围成椭圆形、正方形、三角形、长方形、梯形等图形。

3）图形守恒。

学习辨认各种各样的三角形、长方形、梯形等；

学习不受颜色、大小、摆放位置的影响，正确辨认图形。

（7）空间认知教育要求

辨别自身为中心的前后方位；

区分并说出物体与物体之间的上下、前后位置关系；

学会按指定方向，如向上、向下、向前、向后运动。

（8）时间认知的教育要求

理解今天、昨天、明天的含义；

能够正确地运用这些时间词汇。

（9）理解数量关系的教育要求

1）邻数关系：相邻两数多1、少1的关系。

2）等量关系：整体等于各部分之和。

3）守恒关系：图形守恒；数量守恒。

4）可逆关系：正逆排序：1⇌5；顺数倒数：1⇌5。

3．幼儿园大班（5～6岁）

（1）感知集合的教育要求

1）分类教育。

一元分类，按物体某一特征的肯定与否定进行分类；

二元分类要求学前儿童能同时从两个角度或二维来分类；

多元分类要求学前儿童能从多角度、多种标准进行分类。

2) 比较两组物体数量要求。

对应比较：重叠比较、并放比较、连线比较；

非对应比较：单排比较、双排比较。

（2）基数概念的教育要求

1) 计数。

100 以内顺数、倒数，即从 1 数到 100，再从 100 数到 1；

100 以内按群计数。即 2 个 2 个地数，5 个 5 个地数；

1000 以内的十进位。个、十、百、千的位数名称。

2) 相邻数。

认识三个相邻数的数差关系；

学会找相邻数的方法。即 $n\pm1$。

3) 数的组成教育要求。

知道 10 以内数除 1 以外，任何一个数都可以分成两个部分数（子集）；两个部分数合起仍是原来的数（集）；

知道一个数和它分出来的两个较小的数之间的关系。即大小关系和包含关系；

感知和体验到一个数所分的两部分数（子集）之间的交换关系，互补关系。

4) 数的守恒教育。

数目守恒：不受物体排列形式影响，仍能进行等量判断；

容量守恒：不受水平面高低的影响，仍能进行等量判断。

（3）序数的教育要求

学习 100 以内的序数，理解数序（第几）的含义；

会用序数词，表示物体在序列中的位置；

学习从不同方向（从左到右、从下而上）表示物体在序列中的位置。

（4）量的概念教育要求

会用目测和自然测量的方法，比较物体的长短、高矮、宽窄、厚薄等；

能按物体量的差异进行 10 以内正逆排序，能用语言表达物体排列的顺序；

初步感知序列之间的传递性、双重性和可逆性关系。会按一定规律排列物体。

（5）加减运算的教育要求

1) 实物加减运算（100 以内）。

100 以内加法运算；

100 以内减法运算。

2) 同数加减运算（20 以内）。

同数加法运算，简便算法（口诀法）；

同数减法运算，简便算法（0 表示空集）。

3) 应用题加减运算。

理解教师口述加法应用题，列算式，算得数（题型 A，B，C，D，E）；

理解教师口述减法应用题，列算式，算得数（题型 A，B，C，D，E）。

（6）几何形体教育要求

正确认识正方体、长方体、圆柱体，能正确说出名称；

学习建构形体。感知立体与平面图形之间的关系；

学习等分形体：二等分、四等分。

（7）空间认知教育要求

1）自我为中心的空间认知教育。

区分并说出自己身体上的左和右；

区分并说出自己身体为中心的左边和右边的物体；

2）客体为中心的空间认知教育。

学习辨别物体与物体之间的左右关系；

学习向右边向左边方向运动。

（8）时间认知的教育要求

学会看钟表上的整点和半点的时间；

看日历，知道一个星期 7 天的名称；

能说出今天是星期几，昨天是星期几，明天是星期几。

（9）认识货币及兑换的教育

认识人民币：元、角、分的特征；

学习兑换人民币：元、角、分。

（10）理解数量关系的教育

1）等量关系：形体的二等分、四等分。

2）守恒关系：长度守恒、面积守恒、容量守恒、重量守恒等；

3）可逆关系：量的正逆排序、加减可逆运算。

4）相对关系：如 3 个相邻数之间，中间的数既大又小，如 4 比 5 小，4 比 3 大；

5）互补关系：如数的组成分解中两个部分之间存在互补关系。

6）互换关系：如数的组成分解中，两个部分数之间互换关系以及加法中的交换律等。

7）包含关系：大班学前儿童分类时，引导学前儿童理解"类和子类"，"集和子集"之间的包含关系。

8）传递关系：大班学前儿童在学习数的形成时，可进行传递关系的探索，也可在量的排序时，理解传递关系。

9）函数关系：当整体分成相等的部分时，份数越多，则每份越少，反之，每份越大，份数越少。

第二节　学前儿童数学教育的内容

数学教育内容是完成数学教育任务的重要保证，又是学前儿童教师从事数学教育活动的主要依据，选择数学教育内容是一项非常重要、带有较强科学性和目的性的工作。应该如何选择学前儿童数学教育内容？应该选择哪些内容？

一、选择内容的依据

第一，符合数学知识本身的科学性、系统性。数学本身具有内在的知识体系和逻辑规律，学前儿童数学教育内容的选择首先要考虑数学学科的特点和规律。

第二，符合学前儿童认知发展的规律和特点。

第三，符合学前儿童入小学数学能力的幼小衔接。

二、学前儿童期数学教育的内容结构

学前儿童数学教育内容由 10 个部分构成，包括集合、数、量、形、时间、空间、加减运算和数量关系等。

（一）感知集合的教育内容

感知集合的教育内容包括：

物体分类的教育，区分"1"和"许多"的教育，比较两组物体数量关系的教育。

（二）基数概念的教育内容

基数概念的教育内容包括：计数教育、相邻数教育、数的组成教育、数的守恒教育、数字的认读与书写教育。

（三）序数概念的教育内容

序数概念的教育内容包括：数序（第几）、自然数列的形成、理解自然数列等差关系。

（四）量的概念教育内容

量的概念教育内容包括：量的排序、量的守恒、量的测量。

（五）加减运算的教育内容

加减运算的教育内容包括：10 以内加法运算（三级运算：动作、表象、符号）；10 以内减法运算（三级运算：动作、表象、符号）；同数加减运算（三级运算：动作、表象、符号）；理解口述应用题列算式，算得数；创编口述应用题列算式，算得数。

（六）几何形体教育内容

几何形体教育内容包括：平面几何图形及建构；立体几何形体及建构。

（七）空间认知的教育内容

空间认知的教育内容包括：自我为中心的空间认知教育；客体为中心的空间认知教育。

（八）时间认知的教育内容

时间认知的教育内容包括：一天内的时间；一周内的时间；一年内的时间；认知钟表及整点、半点。

（九）认识货币的教育内容

认识货币的教育内容包括：区分人民币元、角、分的特征；学习人民币元、角、分兑换关系。

（十）初步理解数量关系

这些数量关系包括："1"和"许多"的关系；对应的关系；大小、多少关系；等量关系；守恒关系；可逆关系；包含关系；互补关系；互换关系；等差关系；相对关系；函数关系

思考与练习

1. 简述学前儿童数学教育的目标。
2. 比较各年龄班数学教育目标的递进性。
3. 简述学前儿童数学教育的内容。
4. 比较各年龄班数学教育内容的异同点。

第四章

学前儿童数学教育的途径与组织形式

【本章提要】学前儿童数学教育的目标和任务是通过多种途径和多样形式来完成的。学前儿童数学教育的途径和组织形式在学前儿童数学教育的整体结构中呈现多元化多样化。本章主要目的是使学生学会运用多种形式和多种途径来组织学前儿童数学教育活动，形成数学教育的职业能力。

第一节　学前儿童数学教育的主要途径

学前儿童数学教育的目标、任务，是在学前儿童亲身参与的数学实践活动中实现的。学前儿童数学教育的目标、任务的实现，尤其要求教师善于灵活选择合适的数学实践活动途径，因为教师只有根据学前儿童年龄特点和数学教育内容选择适合的数学活动形式，才能真正促成学前儿童在活动中获得数学能力。

一般说来，学前儿童数学教育的主要途径包括数学教学活动、数学游戏活动、日常生活中的数学教育活动、数学教育与其他领域教育的渗透、数学区域活动。不同的幼儿园、不同班级以及不同教师在数学教育的过程中不会拘泥于某种固定的教学途径，而是根据实际需要，灵活选择或搭配不同的活动途径，以期取得最佳教育效果。

一、数学教学活动

数学教学活动是指教师通过预设数学教育活动的目标、方法，组织整个活动过程，引导全体学前儿童进行探索，以使学前儿童获得一定数学知识和数学技能，同时获得多方面能力发展的专门活动。

集体数学教学活动的主要特点是：具有较强的目的性、计划性，教师能够预设教育目标、教育过程及教育方法；教育内容主要针对数学知识和数学技能；教育对象是面向全体学前儿童的。

集体数学教学活动比较适合数学教育的新内容或者有一定难度的教育内容，在教师的统一组织与引导下，全体学前儿童统一学习与探索，能够有效降低学习的压力与难度。同时，数学教学活动能够充分考虑到数学知识本身的系统性、逻辑性及学前儿童认知发展规律和特点，因此是学前儿童数学教育的主要途径之一。

在课程改革背景下，数学教学活动应该正确认识教师在教学活动中的地位和角色，切忌不要满堂灌或者限制孩子的自由探索或思维活动，应该充分发挥教师引导者、支持者的作用。

二、分组数学游戏活动

分组数学游戏活动注重了综合性、自然性、趣味性，游戏是把儿童学数学转化为儿童玩数学的有趣形式。引导学前儿童对周围环境中的数、量、形、时间和空间等现象产生兴趣，建构初步的数概念，并学习用简单的数学方法解决生活和游戏中某些简单的问题。

由于学前儿童的认知活动具有无意性和具体形象性的特点，自发的、自主的游戏不仅能满足学前儿童善于想象的需求，为学前儿童带来成功、快乐等不同的情绪体验，同时生动形象、有趣的、活动性、变化性的游戏活动，能提高学前儿童参与数学活动的兴趣，也能较容易地理解事物之间抽象的甚至是复杂的数量关系，最终形成探究性学习的习惯和能力。如：只通过教师讲解让学前儿童掌握抽象的数的组成式有很大的困难，但是如果教师把数的组成学习寓于游戏中，通过翻花片、撒瓜子、超市购物等游戏活动，学前儿童边操作边记录，最后经讨论思考就能很容易地理解数的组成并掌握其互换、互补等数量关系，同时这些开放式的游戏活动，也保护了学前儿童的好奇心、求知欲，激发了他们独立探索的意识。

角色游戏、建筑游戏、操作性游戏等各种各样的数学游戏中都包含抽象的集合、数、量、形、时间、空间等多方面的知识。如角色游戏"娃娃家"，布置房间能够培养学前儿童分类能力和增强空间方位感；建筑游戏"儿童游乐场"，能够培养学前儿童对立体图形和空间感的认知；按物点数、按数取物、理解相邻数和数的组成、分类、排序、自然测量、拼插平面图形等操作性游戏能够提高学前儿童对数量形的感受能力。

教师要根据教育内容和学前儿童已有的知识经验灵活设计不同类型的游戏，但是要注意，寓数学教育于游戏中，尽可能不要改变游戏自发性、自主性、想象性等本质，不要过多限制学前儿童，剥夺学前儿童游戏的自由和探索的空间，游戏指导过程中，教师是一位引导者，适时启发学前儿童，不要害怕学前儿童理解不了内容、完成不了任务，教师过多干预而使游戏活动变成教师控制的活动。

数学游戏活动应该是教师在学前儿童已有经验和初步心理准备的基础上，为学前儿童创设游戏的环境和条件，使学前儿童获得相应的练习，从而巩固和提升学前儿童数学经验的过程。所以我们为学前儿童安排的应该是开放性、选择性的游戏活动。即教育目标对学前儿童来说是隐含的，教师对游戏过程是间接控制的，学前儿童能够获得创新和潜能的更自由发展。

三、日常生活中的数学教育活动

印度著名数学家高塔姆·慕克吉在国际数学家大会上指出，数学与日常生活是两条互相交织的线。

在日常生活中对学前儿童进行数学教育，具有轻松性、随机性、自然性、具体直观性等优势，非常适合学前儿童思维发展的特点，还能够培养学前儿童关注身边生活、关注身边事物的情感态度。

（一）日常生活中数学教育的方式

1. 幼儿园日常生活环节中渗透数学教育

幼儿园的一日生活环节主要有：入园、晨检、早餐、午餐、睡觉、午点、喝水、盥洗、离园等。

可以将时间的认知渗透到一日生活各环节中，如几点入园、离园，几点吃饭、早操，几点午睡、起床，几点吃午点，知道早晨、晚上，今天、昨天和明天，知道哪天是星期几，是几月几日，另外，在日常生活环节中教师还可以自然渗透其他关于时间的词汇，如正在、已经、将要、先、然后、再等。

进餐过程中，可以让学前儿童通过观察一个小朋友一个碗一把勺子获得一一对应的概念，盥洗和喝水时让学前儿童认识许多条毛巾和一条毛巾，一个杯子和许多杯子之间的关系。

还可以将数和量的教育渗透到生活中，如什么东西是1个、2个、3个、4个、5个等，哪个多，哪个少，多几个，少几个，哪些物品是大的、小的，哪些是高的、矮的，哪些是粗的、细的，哪些是厚的、薄的等。

2. 家庭生活中渗透数学教育

要真正实现学前儿童数学教育的目标，学前儿童教师应该谋求多与家长的合作探索出家庭生活进行数学教育的最佳途径，以期在良好的环境影响下，激发学前儿童学习数学的兴趣，培养学前儿童的数学能力。

首先，家长转变教育观念，是实现家庭生活中渗透数学教育的重要保证。

幼儿园可以对学前儿童家长进行《纲要》的培训，开办"学前儿童数学教育专题"宣传栏，定期举办家长讲座等，让家长逐步转变自己的学前儿童数学教育观。

家长的教育观念转变了，不会再把孩子的数学教育完全看成是幼儿园的事情，不会只重视书本知识而忽视生活中的数学教育，不会只重视死记硬背而忽视学前儿童积极主动的探索。

其次，通过让家长参与幼儿园数学教育活动的评价以及家长开放日等活动，让家长了解目前幼儿园数学教育的趋势是生活化、游戏化。

再次，学前儿童教师结合课程进度，帮助家长制定家庭生活中渗透数学教育的方案，使家长更加明确家庭生活中渗透数、量、形、时间、空间、加减法等几个方面的数学内容。

最后，家庭生活中亲子共同学习，体验欢乐。在日常生活中，父母要为孩子创设游戏与探索的环境，并参与其中，与孩子共同体验成功的快乐。

3. 自然和社会生活中渗透数学教育

大自然和社会也是学前儿童自然学习数学的一种途径。植物园春游、秋游，可让学前儿童感受自然的色彩和形状，感受量的差异。家长带孩子外出购物、游玩、走亲访友的过程中，可以让孩子帮助算钱、付费、记住公交车车次和站牌、数楼房的层数、观察楼房的造型等。

4. 各种艺术活动中渗透

例如，歌曲《五只小麻雀》的歌词，能够让学前儿童初步感受减法。

五只小麻雀

五只小麻雀，站在树枝上，飞走一只，还有几只，叽叽喳喳，叽叽喳喳，小麻雀，叽叽喳喳，叽叽喳喳，做游戏。

四只小麻雀，站在树枝上，飞走一只，还有几只，叽叽喳喳，叽叽喳喳，小麻雀，叽叽喳喳，叽叽喳喳，做游戏。

（二）日常生活中数学教育应注意的事项

1. 日常生活中的数学教育要贵在自然

数学教育的生活化意义，就在于其具体形象化，就在于学前儿童能够在生活中真正获得解决生活中实际问题的能力，就在于数学教育目标与方法的自然结合。因此在实现数学教育的生活化问题上，要根据学前儿童的兴趣，讲究自然、快乐教育的原则，切不可不顾学前儿童兴趣，强迫学前儿童学习。

2. 教师和父母要做生活的有心人

日常生活中渗透数学教育，还要求教师和父母要做生活的有心人，善于发现生活中无处不在的数学教育要素，善于把握对孩子进行数学教育的大好时机，善于创设相应的环境，善于创造一个数学抽象概念与学前儿童具体形象认知之间的契机，善于通过引导学前儿童观察，使学前儿童对生活中的数学问题产生好奇心，与教师、父母一起解决生活中的问题而自然获得数学能力。

3. 日常生活中数学教育要注意科学性

在日常生活中对学前儿童进行数学教育非常自然、轻松，但是也要关注数学知识本身的科学性、严密性，否则成人世界里一些错误的认识和做法对学前儿童贻害匪浅。如有诸多数学概念在人们的日常生活里区分不是很严格，人们习惯于把高的、长的、粗的、重的说成大的，把矮的、短的、细的、轻的说成小的，还往往把立体图形说成平面图形。

四、数学区角活动

数学区域活动是指在学前儿童的活动室或其他活动场所，开辟一个专门的区域，提供各种材料，学前儿童在其中可以自由选择并与材料相互作用，获得大量数学经验。

数学区域活动是专门数学教学活动的有益延伸。专门数学活动在时间和空间方面具有限制性的要求，而数学区域活动可以满足学前儿童自由自主探索、反复尝试的愿望。

创设数学区域应注意：活动区域的材料要充分、丰富，具有较强的探索性，玩具、教具的制作可以由教师和学前儿童共同完成，可以鼓励学前儿童搜集生活中的废旧材料，要根据学前儿童的年龄和经验经常灵活更换材料，搜集废旧材料也可以充分利用家长的资源；要向所有学前儿童介绍活动区域的材料、活动规则和要求；教师既不要按严格流程控制学前儿童活动，也不要让学前儿童放任自流，教师要做学前儿童活动的观察者、引导者和支持者，鼓励学前儿童自主创造和探索，同时要经常提出某些具有挑战性的问题，鼓励学前儿童之间进行讨论与合作，使数学区域真正成为学前儿童数学教育的重要途径与场所。

此外，数学教育应以整合教育观为指导，促进各领域教育教学有机融合。数学知识和其他知识是相互联系、相互渗透的，在数学教育中培养学前儿童综合素质和在其他教育活动中提高学前儿童数学能力的要求是统一的，而且要使学前儿童在活动中始终保持学习数学的兴趣、感受学习乐趣，就有必要在活动中自然渗透健康、美术、音乐等多个领域的知识，调动学前儿童的多种感官共同参与活动。环境中到处都有数学的元素，除了数学活动外，幼儿园各领域的教学，都在不同程度上反映有关数量关系和空间关系的内容。

第二节　学前儿童数学教育的组织形式

一、集体型的教学活动

集体型的教学活动是指全体学前儿童在教师的统一指导下进行同一数学探索活动。集体型的教学活动既适合复习旧知识，又适合学习新内容。

集体型的教学活动中导入部分、基本部分、结束部分以及延伸部分等每一个环节都是教师事先计划的，计划容易尊重数学知识的系统性、逻辑性和本班学前儿童的年龄特点，又由于学前儿童按照教师的统一要求活动，通常整个教学过程各个环节比较紧凑，比较容易组织，活动的效率比较高。

集体型的教学活动适合学前儿童人数多，教师少的班级，既能照顾全体学前儿童，又有利于教师的统一指导，但是也有其自身的缺点，不易照顾不同学前儿童的特点，不能较好地因材施教。因此，教师在备课和实施教学的过程中，充分考虑不同学前儿童的兴趣和思维发展水平，以求每一个孩子在自身原有水平获得最大限度的发展是集体型数学教学活动的一个重要研究课题。

二、集体、小组结合型教学活动

集体、小组结合型教学活动是指在一节课内集体活动和小组活动两种形式相结合，这种课型较集体型的教学活动更为灵活，教师可以根据教学内容的难度和特点，既考虑到学前儿童集体参与数学活动的要求，又满足了小组合作探索的需求，如果安排适当，可以取得较好的教育效果。

例如中班学前儿童秋天《捡拾落叶》活动，教师先安排学前儿童集体到树种丰富的地点，捡拾不同的落叶，搜集种类和数量足够丰富的树叶后，教师又将学前儿童分成不同的小组，鼓励每组学前儿童按照一定的标准将落叶分类，并统计好数量。

集体、小组结合型教学活动应该注意的问题：集体、小组结合型教学活动需要教师在集体活动和小组活动之间灵活转换和衔接；小组活动前要向学前儿童讲清活动任务；小组活动准备的教具数量要充足；要引导小组成员在行动前先商讨解决方法，然后协调一致进行活动；教师在小组活动过程中，要注意观察、启发学前儿童；活动结束时，教师评价和小组评价相互结合，教师要充分肯定合作好、有创意的小组。

集体、小组结合型教学活动要求小组内学前儿童具有较强的合作能力，因此小班和中班上学期不宜多用。

三、小组、个人结合型教学活动

小组、个人结合型教学活动是指在一个数学活动过程中小组活动和个人活动两种形式相结合，在某区域，教师根据学前儿童目前的数学经验水平，准备丰富的教具，让学前儿童自主选择材料，自由结成小组活动，学前儿童也可以单独活动。例如，学习自然测量时，既可以小组共同讨论，选择测量工具、测量方法，然后一起测量，记录测量结果，也可以由学前儿童个人自由选择测量对象和测量工具，自行进行自然测量并记录测量结果，最后小朋友之间再进行交流。

小组和个人结合型教学活动最好能够在中班下学期和大班来进行。小组、个人结合型教学活动可以以复习学过的知识为主，也可以是集体教学活动的延伸活动，在已有数学经验的基础上可以创设具有挑战性的新的问题情境。在学前儿童活动的过程中，教师要注意巡回观察、指导，可重点对某些有困难的小组进行启发指导，也可以对有特殊需要的学前儿童重点指导。

📖 **思考与练习**

1. 举例说明数学教学活动与数学区域活动各自的优势与不足。

2. 日常生活中数学教育活动已成为一种越来越重要的数学教育途径，谈谈现实日常生活中数学教育可能会遇到的瓶颈问题是什么？应该如何解决？

3. 谈谈集体型、集体小组结合型以及小组个人结合型数学教学活动的优缺点。

第五章

学前儿童数学教育的基本方法

【本章提要】学前儿童数学教育的基本方法是以学前儿童数学教育的基本观点、基本原则为依据的，是以辩证唯物主义方法论为指导。学前儿童数学教育，一方面要从学前儿童学习数学的特点出发，研究学前儿童如何"学"数学的方法，以便在学前儿童数学教育过程中，体现儿童"主体地位"，让儿童在数学实践活动中体验学习、操作学习、发现学习、探索学习、主动获得数学知识、技能和能力；另一方面还要从教育目标、教育内容、数学学科特点出发，研究学前儿童教师如何"教"数学的方法，以便使教育走在儿童发展的前面，充分体现教师主导作用，积极引导、启发诱导、现场指导、个别辅导，促进儿童的数理逻辑思维能力和分析问题、解决问题能力的发展。本章从学前儿童如何"学"数学的方法和教师如何"教"数学的方法，这两个方面来阐述学前儿童数学教育基本方法的。

第一节　学前儿童"学"数学的方法

一、试误法和发现法

(一) 试误法

试误法，又叫尝试错误法，是美国心理学家桑代克（E. L. Thorndike）首先提出来的。他用对动物的实验证明：在学习过程中，最初总要经历一些错误的尝试动作，以后不断反复纠正，错误动作逐渐减少，成功的动作逐渐增多，最后完全获得成功。其实在儿童的学习过程中，试误法也在被广泛应用着。儿童早期思维带有很大直觉行动性，学习知识、形成技能技巧，往往都需要有一个试误的过程。如，两岁半的孩子放置图形就是一个明显的例子。让孩子把圆形、三角形、正方形积木分别旋转放在圆形、三角形、正方形三孔板上，一开始，孩子尝试放置，逐渐发现正方形放不进三角形、圆形孔洞里，于是，就改变动作，经过多次尝试错误，最后对应放好。试误的过程，也就是图形辨认、感知、配对的过程。由此可见，试误法对幼小孩子智力发展有一定作用。尝试动作能激发孩子积极思考，尝试的成功又能使孩子产生情绪体验，感到愉快，从而激发学习的积极性、主动性，增强求知欲望。试误法与发现法结合使用，就能收到事半功倍的效果。

（二）发现法

发现法是一位美国心理学家布鲁纳（J. S. Bruner）首先提倡的一种方法。发现法是学生通过自己的探索获取新知识，寻求解决问题的新方法的学习方法。当我们一提到"发现"这个词的时候，有些父母可能会想到：孩子那么小，能发现什么？似乎发现法在孩子们学习中行不通。"发现法包括着用自己的头脑亲自获得知识的一切形式"。把学习过程作为对进入感知的信息进行选择、替换和应用的过程。例如，学前儿童学习"数的分解和组合"过程中，当你给孩子8个纽扣，说："小手摇摇，分开瞧瞧，8可以分成几和几，几和几合起来是8?"孩子就动手试着把8个纽扣分成"1和7"，"2和6"，"3和5"，"4和4"，"5和3"，"6和2"，"7和1"。在分纽扣过程中，发现"1和7"与"7和1"，"2和6"与"6和2"，"3和5"与"5和3"，发现它们都有相同的两个数，只是位置变换，但它们合起来都是8。懂得一个整体数分成的两个部分数位置调换，而总数不变的道理。这实际上是一种发现式的学习。通过发现法可以发现关系、发现规律、发现特征、发现方法等。

由于发现法和传授法的出发点不同，因而效果也不同。发现法着重学习的过程，把孩子看成是学习的主体，教育者（教师、父母）不必把答案讲给孩子，而是让他们自己有步骤地去探索、去追求、去发现、去比较、去概括，自己寻找答案，有助于培养孩子思维的广阔性、灵活性、深刻性和独立性。而传授法，把孩子看成是消极地接受知识的容器，孩子的学习处于被动地位，记忆"灌输"给他的知识，只知其然，不知其所以然。因此，孩子不仅获得的知识有限，成人教多少，就记多少，教什么，记什么，而且孩子自己也不会获取知识。也就是说，孩子只是被动学习，而不会主动学习，思维活动必然产生狭隘性、依赖性、肤浅性和刻板性的后果。

由此可见，试误法与发现法是发展儿童数理逻辑思维的有效方法。

父母要培养孩子的聪明才智，就是采用发现法，切忌运用"填鸭"式。因为填鸭式地灌输只能造成孩子机械记忆，处于像鹦鹉学舌的被动地位，缺乏独立思考能力，其后果"小灵通"也会逐渐变成"小木偶"。成人教孩子学习必须注意启发诱导，凡是孩子想一想、试一试、做一做，就能明白的问题，一定不要代替孩子思考，要相信他能自己解决问题。有时为了开阔孩子的思路，可以有意地给孩子留有想象的空间，思考的余地。

二、游戏操作法

（一）游戏法

游戏法是启迪儿童智力的最好形式，也是孩子们最喜欢的一种学习方法。孩子为什么喜爱游戏呢？因为它是最符合学前儿童心理特点的一种活动。可是，有些父母却把游戏与数学教育对立起来。他们把数学教育单纯理解为教孩子读、写、算，而认为游戏只是一种娱乐，消耗孩子精力，浪费时间，是一种无意义的活动。其实，游戏对孩子来说，不仅是娱乐，也是一种学习，而且是一种最愉快、最有效的学习形式。在游戏中，孩子可以学习各种数学知识、形成各种数学技能、开发数学智能、培养速算能力。

学前儿童学数学中的游戏一般有以下几种：

1. 操作性数学游戏

这类游戏是指学前儿童通过操作玩具或实物材料，从而获得数学知识的一种游戏，它也有一定的游戏规则。如小班学前儿童学习分类时做的"图形宝宝找家"游戏，即安排3个动物玩具，分别贴上△、□、○的标记，让学前儿童把"图形宝宝"送到有相应特征的玩具动物"家"里去。又如大班学前儿童学习加减法时的"掷色子"等游戏，都是通过具体的实物操作，一定的游戏规则来学习初步的数学知识的。

2. 情节性数学游戏

这类游戏是指有一定的情节、内容和角色，通过游戏情节的安排来体现所要学习的数学知识的游戏活动。如大班学前儿童学习加法运算"玩超市"的数学游戏。这类游戏一般以一个主题贯穿整个游戏过程中。学前儿童用10元能买几种东西，和是10的加法。买哪几种东西由学前儿童自己选购，但必须花掉10元钱，又不能超过10元。但教师在设计这类游戏时，应注意情节的安排须有助于学前儿童更熟练地掌握数学初步知识，有利于促进学前儿童观察力、注意力、想象力和思维能力的发展。游戏的过程不宜太新奇、规则不宜太复杂，以免分散学前儿童的注意力。

3. 竞赛性数学游戏

竞赛性数学游戏是指带有竞赛性质的数学游戏，它更适合于中、大班学前儿童，这类游戏不仅适合学前儿童的好胜心理，而且有助于学前儿童巩固所学知识和发展思维的敏捷性和灵活性。如小猴子与小老鼠"爬台阶"、"夺红旗"的速算游戏。

4. 运动性数学游戏

这类游戏是指寓数学概念或知识于体育活动之中的游戏。例如，小班学前儿童感知形成集合概念，可以玩"占圈"的体育性游戏；大班学前儿童学习数的组成，可通过掷飞镖、投沙包等运动性游戏来记录不同数量的投掷结果，根据对投掷结果的归纳来学习数的组成。这类游戏既满足了学前儿童好动的天性，又渗透了数学的初步概念。

5. 多感官的数学游戏

这类游戏主要强调通过不同的感官进行数学学习，强调学前儿童对数、量、形物体的充分感知。例如，在学前儿童学习认数的过程中，可以让学前儿童通过看看、听听、摸摸等活动多方面理解数的实际意义。在学习认识、区别几何图形时，可在"奇妙的口袋"游戏中，通过触摸来感知、区别图形的不同特征。

6. 数学智力游戏

这是一种发展智力为主要任务的运用数学知识进行的游戏。数学智力游戏能极大地调动学前儿童思维的积极性，培养学前儿童思维的灵活性、敏捷性、独创性以及综合运用数学知识解决问题的能力。例如，脑筋急转弯的速算游戏，"算得快"。

（二）操作法

1. 操作法的含义

操作法是学前儿童通过亲自动手操作直观教具，在摆弄物体的过程中进行探索，从而获得数学经验、知识和技能的一种学习方法。如运用各种材料（纽扣、杏核等）进行计数；有各种几何形状的塑料片（或硬纸片）、积木等比较和认识几何形体，进行形体的拆拼、分合；亲手拨动玩具钟盘上的长、短针，以获得关于正点、半点的概念等。操作法是学前儿童学习数学的一种十分重要的基本方法。学前儿童期各年龄班儿童的数学教学都应充分地运用这一方法。

瑞士心理学家皮亚杰认为，智力来自动作，活动是连接主客体的桥梁，抽象概念的掌握要从动作开始。儿童在移动、拆散、合并物体的反复动作过程中，再配合以词语使动作"内化"，从而达到"在心理上进行的、内化了的、可逆转的动作"水平，即"内化说"。

根据这一学说，学前儿童学习数学，首先应从外部形式的活动——对物体的操作开始，在操作和积极的探索过程中促进思维活动的发展——由直接感知动作内化为头脑里的智力活动，进而构建起初步的数学概念。因此，操作法的重要性在于：它是儿童在头脑中构建初步数学概念的起步，是儿童获得抽象数学概念的必要之路。我们应将操作法运用到学前儿童数学教育的一切活动中去。

2. 操作法的运用

1）明确操作目的。操作法之所以成为学前儿童数学学习的重要方法在于当学前儿童动手操作材料时，能引起学前儿童思维的积极探索活动，这种思维上的探索活动是操作法的精髓，成人不应忽视这一目的，更不能越俎代庖。目前许多教师已注意到数学教育运用操作法，他们给学前儿童提供了人手一份的操作材料。但整个教学过程仍以教师的讲解演示为主，儿童的操作时间不多，而且操作基本上是以复习、巩固教师所讲的内容为主，抹杀了学前儿童主动探索的目的。因此，从操作的目的出发，数学活动应尽量地从学前儿童操作开始，活动的整个过程亦应以学前儿童操作为主，在教师的启发引导下，学前儿童通过操作，自己开动脑筋探索知识并获得经验，教师在学前儿童操作探索的基础上，再引导讨论操作的结果，达到帮助整理经验、明确概念的目的。当然在必要的情况下，或对幼小儿童缺乏操作经验时，教师先作示范展示后，学前儿童再通过操作予以体验，起到范例引导的作用，也是必要的。因此，教师在运用操作法教学时，应根据教学内容及学前儿童的水平，明确操作的目的，尽量启发学前儿童通过操作进行思考，探索新的数学知识。

2）为学前儿童操作活动创设必要的物质条件。教师要为学前儿童准备充足的各种各样的小材料、小教具（小棍、塑片、石子、果核、瓶盖、纸制或塑料的几何图形片、小积木块、小计算架、各种卡片或其他小玩具等）以便做到每个学前儿童都有足够的操作材料。

3）给予儿童充分的操作时间。操作要达到预期目的，就必须给儿童足够的时间去摆弄物体、去思考和探索，这样才能充分发挥操作法的作用，切忌走过场。

4）在学前儿童动手操作之前，应向学前儿童说明操作的目的、要求和具体的操作方法。

5）在学前儿童操作的过程中要观察儿童的操作情况，及时发现问题，引导学前儿童积极思考和探索。可向全体或个别儿童提出启发性问题或提醒儿童注意的问题。

6）讨论操作的结果。操作是手段不是目的，不应为操作而操作。所以，学前儿童操作以后应该围绕操作所要达到的教学目的的要求和儿童一起讨论他们操作的结果，帮助学前儿童将他们在操作中获得的感性经验予以整理归纳，形成初步的数学概念，促使他们外部物质物理意义的操作活动向内部思维活动转化。操作结果的讨论应采取提问式，也可以在操作的过程中边操作、边提问、边回答问题。

7）操作应根据不同的教学内容及不同年龄的儿童提出不同的要求。如：在小班要求儿童观察、动手、摆弄，比较正方形塑料片和三角形塑料片的不同，而在大班则可以让儿童动手黏糊一个正方体（或长方体）来认识正方体（或长方体）的特点，并和长方体（或正方体）进行比较。

三、比较判断法

（一）比较法的含义

比较法是通过对两个（组）或两个（组）以上物体的比较，让学前儿童找出它们在数、量、形等方面的相同和不同的一种学习方法。比较法是学前儿童数学教育中教和育的重要方法之一，被广泛地运用到数学教育的各项内容和各年龄班中。

比较是人们认识世界的手段。比较是思维的一个过程、是对物体之间的某些属性上建立关系的过程。如认识两根小棍的长短，儿童需要对它们进行比较，从长度这一属性上把两根小棍联系起来（建立关系）考虑，才能作出判断。

（二）比较法的分类

1. 按比较的性质可分为直接的比较和间接的比较

直接的比较，指对两个物体（组）的量或数的比较。两个物体间量的比较，是两个物体在大小、长短、高矮、粗细、宽窄和厚薄等特征方面的比较。如比两本书的厚薄；两根绸带的宽窄等。这种量的比较应将物体靠近在一起才有利于比较的准确性，可避免儿童因物体之间的距离造成视觉上的误差。两个物体组数的比较，如 2 和 3；3 和 4 的比较等也属直接比较。

间接的比较，指两个以上物体（组）的量或数的比较。复杂的比较又可叫连续比较。因为它是连续进行的两个物体（组）间的比较，是以简单比较为基础，所构成的被比较对象之间较为复杂的关系。例如，教学前儿童进行小、中、大 3 个皮球的比较，需先对小、中皮球进行比较，再进行中、大皮球间的比较，最后再以中皮球为中心与小皮球和大皮球比较，比较出中皮球比小皮球大、比大皮球小的相对性关系；或者在小、中和中、大皮球之间比较后，不进行大和小皮球之间的比较，让学前儿童推理出大皮球比小皮球大的传递关系。又如用 3 以上数进行的相邻数比较以及对 3 个以上 10 个以内的物体按某一特征进行排序等，均属复杂性比较。另外对物体两个以上特征的比较也是复杂的比较，例如，按颜色和形状将物体组分类或排序等。

2. 按比较的排列形式可分为对应比较和非对应比较

（1）对应比较

1）重叠比较：把一个物体（组）重叠在另一个物体（组）上，形成两个物体（组的元素）之间一对一对应形式，进行量或数的比较。如将 4 只瓢虫，一只只地重叠在 4 片树叶上，以比较它们数量是相同还是不相同。又如将正方形重叠在同宽度的长方形上面，比较正方形和长方形的不同。

2）并放比较：把一个物体（组）并放在另个物体（组）下面，形成两个物体（组的元素）之间一对一对应形式，进行量或数的比较。如：5 朵红花，一朵一朵对应地放在 4 朵黄花的下面进行比较。

3）连线比较：将图片上面的物体和有关的物体、形状或数字等，用（画）线联系起来比较。

（2）非对应比较

1）单排比较：将物体摆成一排或一行进行比较。

2）双排比较：将物体摆成双排进行比较。如有：异数等长、异数异长、同数异长等。

3）变式比较：即将一组物体作不同形式的排列，进行数量比较。

（三）判断法的含义

判断是思维的一种形式。判断是概念与概念之间的联系，判断是肯定或否定概念之间的联系。比较是判断的前提，而判断是比较的结果。

在学前儿童数学教育中离不开比较判断，通过等量比较作出等量判断：一样多、一样长、一样高、一样厚、一样重、一样粗等。通过差量判断：不一样多、不一样长、不一样高、不一样厚、不一样重、不一样粗等。在这一过程中儿童的思维进行着较复杂的分析和综合活动，因而，判断又能促进学前儿童思维批判性的发展。我们在向学前儿童进行数学教学时，应重视并很好地运用判断法，对数、量、形作出肯定或否定判断。

（四）比较判断法的运用

在运用比较判断法进行数学教育时，应注意以下几个问题。

首先要组织学前儿童进行观察，使学前儿童细致地观察到物体的数量或形状特征，在充分观察基础上，再进行数或形方面的比较判断。

运用比较判断法不只限于让儿童用视觉进行观察比较，还要尽量让学前儿童亲自动手进行比较（详见操作法）。

在比较判断的过程中，教师要以启发性的问题，指导学前儿童进行比较、引导学前儿童进行正确判断。启发的问题应围绕重点要求，突出数、量、形的内容。

在运用重叠、并放、连线等比较形式时应有意识地指导儿童理解对应（配对）的含义并掌握正确进行对应的技能。因为，这些形式的实质是在物体（元素）之间建立对应（配对）关系。其重要意义在于对应是认数和计数的前提和最适当的方法。

比较判断法的选择应根据教学内容、不同年龄班儿童的具体水平来确定。

四、启发探索法

（一）启发探索法的含义

启发探索法是教师在教学过程中，依靠学前儿童已有的数学知识和经验启发他们去探索并获得新的知识。这是学前儿童在教师的指导下学习数学的一个重要方法，也是在数学活动中启迪学前儿童积极思维不可缺少的方法。

学前儿童对他周围生活中的事物总是抱着极大的好奇心，常常动动这，摸摸那，将玩具拆开看个究竟，向成人提出一连串的为什么，这些都是学前儿童探索活动的表现。学前儿童数学知识的获得是他们通过动作，在自己头脑中对事物的数、形、时、空等知识构建的结果，任何外部力量都不能替代。因此，探索活动正是学前儿童依靠自己的力量达到这一目的的最佳途径。在探索活动中学前儿童运用已有的数学知识和经验，积极思考，发现问题，寻找答案。但学前儿童的探索活动需要成人的启发诱导。教师的任务就是在教学过程中运用启发式引导他们自己开动脑筋去扩充数学知识。

（二）启发探索法的特点

启发探索法最大的特点，就是激发学前儿童的兴趣，最大限度地调动学前儿童学习的主动性、积极性，引导儿童通过积极的思维，独立地去探索并获取新的知识。

学前儿童数学学习的启发探索法，主要通过教师的具有启发性的提问进行，通过提问来引起学前儿童思维的积极探索活动。提问的方式，是多种多样的。例如正面提问和反面提问，小班学前儿童比较两组物体数量的多少时，教师问："哪个多？哪个少？还是一样多？"这是正面提问；大班学前儿童认识 3 个相邻数的关系时，教师可正面提问："7 的邻居（好朋友）是几和几？"还可以反过来问："6 和 8 都是谁的邻居？"（反面提问）等。又如一般提问和具体提问。一般提问指提出的问题本身是一般性的问题，问题不包含任何暗示，具体提问是问题本身就包含有解答问题方法上的暗示，但暗示的程度可以有所不同。如大班认识立方体时，让学前儿童将平面正方形与立方体（立方体的每个面都与平面正方形等大）作比较，教师提出的问题可以是"正方形和立方体什么地方不一样？"（一般性提问），这个问题包含的内容较广，对此学前儿童可能做出各种回答，个别学前儿童可能会说出立方体有许多面，教师可进一步提出"立方体到底有几个面？"（具体提问），这个问题只指向组成立方体的面有多少，因而比一般性提问具体化了。在数立方体面的数量时，会有部分学前儿童拿着立方体翻来覆去数不清，对这些确有困难的学前儿童再提出"你从不同的方向数数看？"，甚至直接告诉学前儿童"你从上面、下面、左面、右面、前面、后面都数一数看看有几个面？"，这就是带有暗示解决问题方法的具体提问。但提出从不同的方向和直接告诉上下、左右、前后等方向这两种具体提问的暗示程度不同，后者几乎不具暗示性，因而它们要求儿童在探索中作出的思维努力也不相同，另外，追问也是提问的一种方式，它往往用在要求学前儿童对自己的回答作出证明或申述理由时，例如中、大班学前儿童对数或形的守恒作出了正确的判断后，教师进一步追问："为什么它多呢？"或"为什么它们颜色不一样还都是三角形呢？"等，追问可促使学前儿童对有关的数学知识作进一步的探索，并培养他们最初的逻辑思维能力。

（三）启发探索法的运用

启发探索法适用于各个年龄班，并应贯彻在教学的全过程。我们要使数学教学过程成为在教师指导下，学前儿童积极思考探索的学习过程，而不应成为单纯由教师讲授、灌输知识的过程。

启发探索法应与操作法结合进行。探索活动往往是在学前儿童对具体物体进行操作的过程中进行的。同时，操作要起到引导学前儿童积极探索的作用，也离不开教师必要的启发。因此，操作法中所涉及的注意问题，同样适用于这种方法。

教师要善于提问。提问要问到点子上，才能启发在关键处，使其起到引导学前儿童思路，引导探索方向的作用。

应让学前儿童在教师的启发下，独立地探索问题。教师提出问题后，要鼓励每个学前儿童独立地思考问题的答案，让每个学前儿童尽量作出智力上的最大努力。在此前提下，也要创造条件开展小朋友之间的共同探索活动。因为，有时学前儿童之间对问题的讨论或争论更能起到启迪思维的作用。

运用启发探索法要面向全体，个别对待。儿童对问题的探索能力是不同的，教师应鼓励那些有困难的儿童，并予以帮助，除了表扬能独立探索并正确回答问题的儿童之外，更应赞扬那些虽然未得正确答案但是积极进行探索的儿童。

五、图式建构法

（一）图式建构法的含义

图式建构法起源于瑞士儿童心理学家皮亚杰的《儿童心理学》，皮亚杰在20世纪60年代初创立了"发生认识论"。发生认识论主要是研究知识是怎样形成和发展的。他把知识的发生和发展归纳为两个主要方面：①知识形成的心理结构（即认识结构）；②知识发展过程中新知识形成的机制。他认为新知识乃是连续不断建构的结果。他说，智慧的本质就是适应，而每一个智慧活动都会有一定的认识结构。

认识结构这一概念涉及图式、同化、顺应和平衡4个基本概念。

什么是图式？图式指认知的结构，是人类认识事物的基础。

什么是同化？同化是个体把客体纳入主体的图式之中，这只能引起图式量的变化。

什么是顺应？顺应是主体图式不能同化客体，因而引起图式质的变化，促进主体调整原有图式或创立新的图式。

什么是平衡？平衡是指同化作用和顺应作用两种机能的平衡，直到主体认识与客观事物的适应。

儿童每遇到新事物，在认识过程中，总是试用原有图式去同化，如获得成功，使得到暂时认识上的平衡。反之，儿童便作为顺应，调整原有图式或创立新图式去同化新事物，直至达到认识上的新的平衡。

关于认识结构这个概念，在他的《发生认识论》理论中，占有重要地位。他说，智慧的本质就是适应，而每一个智慧活动都含有一定的认知结构（图式）。

在皮亚杰的理论中，心理、智慧、思维是作为同义语的，按照皮亚杰的理论，儿童的认知是一个整体结构，儿童认知的发展主要表现为思维结构的发展。思维结构具有一般性和普遍性，它是儿童学习数学知识的前提，在学前儿童数学教育中，儿童掌握数学知识只是发展的基础，关键在其思维结构是否得到了发展。

以认识"相邻数"为例，有的教师教给学前儿童记住10以内的各数的相邻数：2的相邻数是1和3，3的相邻数是2和4；4的相邻数是3和5；5的相邻数是4和6；6的相邻数是5和7，在还没教给他们7的相邻数时，学前儿童就不知道7的相邻数是什么？显然，教师教给学前儿童的只是相邻数的数学知识，其认知结构、思维结构没有得到发展。如果教师采用"图式"建构法让学前儿童建立起相邻数之间多1或少1的关系思维结构的图式"$n\pm1$"，儿童就会通过自己的活动主动建构数学概念，建构 $2+1=3$，"3"是大邻居，$2-1=1$，"1"是小邻居，并能用10以内相邻数的认知结构去同化认识20以内甚至100以内的相邻数。

总之，数学知识的获得和思维结构的建构应该是同步的。图式建构法是贯彻"发展儿童思维结构原则"的最佳方法，学前数学教育不应只是着眼于具体数学知识和技能的教学，而应指向儿童认知结构、思维结构的发展。因此，在学前儿童数学教育中，教师要采用"图式建构法"在教给儿童数学知识的同时，还要考虑到儿童数理逻辑思维结构的发展。

（二）图式建构法的运用

学前儿童数理逻辑思维结构的建构，要从动作开始，建立动作图式，动手操作是儿童建构思维结构的最坚实的基础。但不要为操作而操作。

采用图式建构法必须设计 3 阶梯教学程序来完成建构过程。下面以"5"的分解组成数学为例。

第一阶梯：动作表征，建立动作图式。即动作水平的认知结构。例如"5"可以分成几和几，几和几合起来组成"5"呢？儿童把"5"的组成"动作化"：把"5"个纽扣放在手里，小手摇摇，分开瞧瞧，"5"可以分成"1"和"4"，"2"和"3"。"1"和"4"合起来是"5"，"2"和"3"合起来也是"5"。儿童是用动作来表示，数是可分、可合的，即为"动作表征"，也就是建立了动作水平的认知结构（动作图式）。如图 5.1 所示。

第二阶梯：形象表征，建立表象图式。即表象水平的认知结构。例如"5"可以分成几和几，几和几合起来是"5"呢？儿童把"5"的组成"形象化"。儿童用形象表示，数是可分、可合的，即为"表象表征"，也就是建立了表象水平的认知结构（表象图式）。如图 5.2 所示。

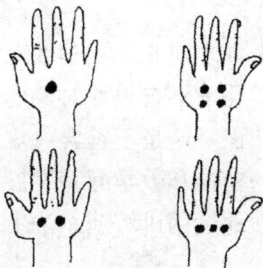

图 5.1

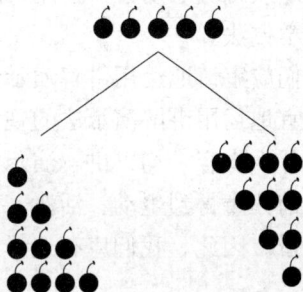

图 5.2

第三阶梯：符号表征，建立概念图式。即概念水平的认知结构。例如，"5"可以分成几和几，几和几合起来是"5"呢？儿童把"5"的组成"符号化"，儿童用分和号"∧"来表示，数是可分、可合的，即为"符号表征"，也就是建立了概念水平的认知结构（概念图式）。如图 5.3 所示。

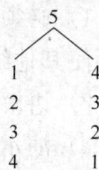

图 5.3

在学前儿童数学教育中，图式建构法是幼儿园大班（5～6岁）儿童在学习数学实践活动中，主动建构数学概念的常用方法。这种方法应该应用到数学教学活动的全过程中。

第二节　学前儿童教师"教"数学的方法

一、讲解演示法

（一）讲解演示法的含义

讲解演示法就是教师通过向学前儿童展示直观教具并配合以口头讲解，把抽象的数、量、形等知识、技能或规则，具体地呈现出来的一种教学方法。这是一种讲解与演示相结合的方法，就是边讲解边演示。因为抽象的数概念是不宜对学前儿童用单纯口头讲解来教授的，而且演示本身又离不开成人口头语言的讲解。

例如，小班学前儿童初学计数，教师可用讲解演示法予以示范：教师先举起右手用食指，一边逐个地点桌面上排成一排的玩具小汽车，一边说明，"现在老师用右手指，从左边开始，点一个小汽车，说一个数，1，2，一共2辆小汽车。"在说出一共是2辆小汽车的同时用手指在2辆小汽车的周围划一圆圈（表示集合），以示2的总数意义。在这过程中既讲解了如何正确地进行计数的技能，又直观地呈现了数2的实际含义，从而帮助学前儿童掌握计数的技能和理解数的含义。随后再让学前儿童自己操作实物学习点数。

可以认为，讲解演示法是学前儿童数学教育的主要方法。对幼小儿童和学前儿童在学习一些难以理解的新内容或遇到较多学前儿童尚未很好掌握的某个内容的难点或游戏规则时，运用讲解演示，作为帮助学前儿童克服困难、引导思路的数学方法。

但我们应审慎地运用讲解演示法。长期以来，学前儿童数学教育活动过多地、不适宜地运用讲解演示法的现象甚为普遍，几乎不看教育对象的年龄和水平，不管什么内容，均以讲解演示为主，灌输知识，这是不符合《规程》所要求的让学前儿童得到生动、活泼、和谐的发展的精神和数学教育发展学前儿童思维的宗旨。因此，我们应有选择地、有针对性地运用讲解演示法。

（二）讲解演示法的运用

运用讲解演示法时，应注意以下问题：

1）必须突出重点。讲解演示法应围绕要求学前儿童掌握的知识和技能，不要使其他细节分散学前儿童的注意力。

2）讲解时语言要简练、准确生动形象和通俗易懂。

3）演示的直观教具要真实、美观、整洁并为学前儿童所熟悉的物体，以免用新奇的教具分散学前儿童的注意力。

二、归纳演绎法

我们在学习、科学研究和日常生活中，时时刻刻都得运用推理。推理是逻辑思维的一种重要形式，也是学习数学的一种重要能力。由于数学具有抽象性和严密的逻辑性，所以不论初等数学还是高等数学，都是以逻辑推理的形式来表述量的关系和空间形式的。如何进行推理，就有一个思维方法的问题。归纳法和演绎法则是人们进行归纳和演绎推理的两种最基本的方法。

学前儿童学习的一些简单的初步数学知识，同样具有抽象性和逻辑性的特点，它既要求学前儿童具有初步的推理能力，又能通过对数学知识的学习发展学前儿童简单的推理能力。学前儿童心理学认为，通过教育，到学前儿童中期，对于学前儿童有一定知识经验的事物，他逐渐能够运用初步的归纳和演绎方法进行推理。因此，在学前儿童中、后期的数学教学中引导学前儿童运用归纳和演绎法进行学习，是十分重要的两种方法。

（一）归纳演绎法的含义

学前儿童数学教学的归纳法是指在学前儿童已有知识的基础上，概括出一些简单的本质特征或规律，以获得新的数学知识的方法。这是从特殊到一般的思维方法。如中班学前儿童认识了各种各样的 5 个物体之后，能从不同颜色、不同大小以及不同排列方式的若干张物体卡片中归纳出"它们数都一样，都是5"的结论。又如大班学前儿童认识了 10 以内数及其相邻关系后，他们能从中概括出 10 以内自然数列中的任何一个数都比前面一个数多 1，比后面一个数少 1 的普遍规律性的知识。

学前儿童数学教学的演绎法是指学前儿童运用一些带有规律性的知识进行推理以获得新的数学知识的一种方法。这是从一般到特殊的思维方法。如中班学前儿童认识了三角形有 3 条边、3 个角后，对多种多样的三角形也能作出正确的判断，因为"它们都有 3 条边，3 个角，所以都是三角形"。又如当大班学前儿童通过学习 4 和 5 的组成，掌握了以上部分数之间的互补和互换关系之后，他们能运用这一规律推理出 6～10 各数的组成形式，起到举一反三的作用。

教师应重视引导学前儿童运用归纳法和演绎法进行数学学习，以促进学前儿童初步推理能力的发展。

（二）归纳演绎法的运用

在运用归纳和演绎法时应注意：

1）要在学前儿童具有必需的知识和思考能力的基础上运用归纳法和演绎法。

2）归纳法和演绎法是学前儿童学习数学知识的思维方法。教师要启发引导学前儿童运用归纳法和演绎法，不要越俎代庖。

3）归纳法和演绎法一般宜在中、大班运用，但也应视学前儿童情况，不可强求，以免流于形式，达不到预期的目的。

三、情境设疑法

(一) 情境设疑法的含义

情境设疑法是按照教学内容和要求，设计一个情境，使学前儿童身临其境，从中传授数学知识技能的方法。如在奇数和偶数教学时，可把教室的椅子摆成如戏院里的座位并贴上单双号，布置一个戏院的情境，学前儿童手拿"戏票"对号入座，问学前儿童"你的座位号是几号？是双号？还是单号？"

(二) 情境设疑法的运用

运用情境设疑法应注意的问题：

1）情境设疑法往往在教学活动导入部分或开始部分采用。激发学前儿童求知欲和好奇心，吸引学前儿童注意力，引起学前儿童极大学习兴趣，身临其境地体验学习、操作学习和发现学习、探索学习。

2）数学教育中的情境创设，突出数量化，不宜搞得复杂、花哨。

3）在所创设的情境中的疑点，突出数学知识点，容易被学前儿童发现。

4）教师激发学前儿童找到解决问题的好奇心和求知欲以及学习兴趣和愿望。

四、设问应答法

(一) 设问应答法的含义

所谓设问，是修辞方式的一种为学前儿童教师在数学教育中借用。其实教师并无疑问，为了引起学前儿童的思考和注意，而提出假设性的提问，强调强化某种问题，也不要求学前儿童立刻作出回答，而是让学前儿童通过自己的探索后，自行做出结论。结论是对设问最好的应答。设问应答法实质是条件反射：S—O—R（"S"刺激、问题，"O"探索反思过程，"R"反应、回答）。

学前儿童是按照"疑—问—思"的顺序去寻找答案的。

例如，教师在引导学前儿童创编应用题时，经常采用设问法，应用题的结构应当受到强化。教师说假设：铅笔和水果放在一道题里，应该怎样编？你试一试。假如，在应用题里，只有一个数，能不能算？你们可以试一试。假如编应用题时，不会提问题，你能不能找到计算方法？你们也可以试一试。

学前儿童尝试的结果，回答相应的问题。在学前儿童数学教育中，设问法是一种投石问路的方法，极大地激发学前儿童思维的浪花，激励他们探求的积极性和主动学习的行为。

如果教师过于注重让儿童获得某种结果而教给儿童很多知识或希望儿童能"记住"什么数学知识，实际上就剥夺了他们自己主动获得发展的机会。事实上，无论是数学知识，还是思维能力，都不可能通过单方面的"教"得到发展，而必须依赖学前儿童自己的活动，儿童的活动过程既包括外在的摆、操作材料的过程，也包括内在的思考和反思活动。

（二）设问应答法的应用

应用设问应答法应注意的问题：

1）教师应设计好要提出的问题。

2）教师应在学前儿童已有知识经验基础上采用设问法。

3）教师应为学前儿童提供充分的探索和反复思考的时间和条件。

五、变式守恒法

（一）变式守恒法的含义

变式守恒法是由瑞士儿童心理学家皮亚杰的守恒实验而演绎过来的一种方法，目的在于了解儿童是否获得某些数学概念，或者所获得的概念是否具有稳定性。

所谓变式，就是在运用典型材料说明问题时，不断地变换呈现形式，使其中本质属性恒在，而非本质属性则不断出现变化，即称为变式。

什么是守恒？皮亚杰把概念的稳定性称为守恒。具体指的是：一定数量（如长度、面积、体积、数量、重量等）的物体，在改变其形状、排列位置或方向，并不改变原来总量的情况下，儿童能确认其总量的恒定性（不变性），而不受其无关因素变化的干扰，就说明他掌握了守恒概念，儿童已真正理解了这一数学概念。

变式守恒法，是指通过数量的变式训练使学前儿童形成守恒认知结构的教学方法。

（二）变式守恒法的运用范例

1. 数目守恒的变式范例

目的：促进学前儿童数目守恒概念的形成。

材料：5个茶碗，5个茶盘。

方法：每个茶碗配上一个茶盘，呈现在学前儿童面前，问："茶碗和茶盘一样多吗？"当学前儿童确认是一样多之后，将茶碗从茶盘上拿下堆放一起后，再问："现在茶碗和茶盘还一样多吗？"如果他说："不一样多。"再问："你怎么知道不一样多？"可将茶碗排成一排，将茶盘堆放一起，重复以上提问。反复做还原的练习。

说明：根据我国心理学工作者的实验研究表明，数目守恒概念的形成，平均年龄为6岁。如果儿童还没有形成数目守恒概念，也不必惊奇，可以用棋子、纽扣等材料，随意改变排列形式进行反复练习，大大有利于数目守恒概念的形成，培养思维灵活性。

先把相同数量的黑白围棋子（具体数量根据被试儿童的年龄而定）一一对应排成两排，问儿童这两排棋子是否一样多，待儿童确认一样多以后，当面将其中一排棋子的距离缩短或拉长，然后问他们，现在这两排棋子一样多还是不一样多，回答后再询问理由。

2. 长度守恒的变式范例

目的：促进学前儿童长度守恒概念的形成。

材料：两只长度相等的铅笔（最好是没有削过的铅笔）。

方法：将两支铅笔平行排列，两端对齐。呈现在学前儿童面前，问："这两支铅笔一样长吗？"当学前儿童确认是"一样长"之后，将一支向左移动一寸，再问："现在两支铅笔还一样长吗？"如果他说不是一样长，问他："哪支长一点？"

移动两支铅笔使彼此成直角，重复以上的提问。再将一支铅笔立起来，重复以上提问，当学前儿童还不守恒时，可以反复做还原练习。

说明：根据瑞士心理学家皮亚杰的实验，约有 12.5％的 5 岁儿童能达到长度守恒。长度概念的发展，平均年龄是 7 岁。如果儿童还没形成长度守恒概念，还可用等长的铁丝、线绳等随意改变形状，反复进行实验，大大有利于长度守恒概念的形成，培养孩子的思维灵活性。

先用两根长度相等、并列摆放的铁丝，待儿童确认它们一样长之后，当面将其中一根向旁边拉动成不并列状，问现在它们是否一样长，为什么，然后再将其中一根弯曲，重复上述问题。

3. 面积守恒的变式范例

目的：促进学前儿童面积守恒概念的形成。

材料：两张大小相等的正方形薄纸板，边长约 30 厘米。

方法：将这两张纸板并排放在桌上呈现在学前儿童面前，问："这两个正方形大小一样吗？"（让学前儿童将一张纸板放在另一张上，看看是否一样大。）当学前儿童确认是一样大之后，将其中一张沿着对角线剪开，重新组合，构成新的图形。再让学前儿童说一说"现在这两张纸板还一样大吗？"如果他说："不一样大。"再问："哪张纸板大些？"如果他说："还是一样大。"再问："你怎么知道还是一样大？"还可将另一张剪开，组合新的形状，重复上述提问。

说明：皮亚杰的实验认为，把剪下的部分形状移至新的位置面积不变这种概念，4～5 岁儿童是没有的。随着认识的发展，大约 7～8 岁的儿童才能获得面积守恒概念。如果儿童还没形成这种守恒概念，可以通过类似的实验反复练习，将大大有利于面积守恒概念的形成，培养思维灵活性。

如用两块形状、面积均相同的绿纸板代表草地，并假设有两头牛分别在这两块草地上吃草。用两组相同数目的小方积木（或方纸板）代表牛棚，分别放在两块草地上。一块草地上的牛棚是盖在一起的，另一块上的则是分散的。问儿童：两头牛是否可以吃到一样多的草（即面积是否相等）？为什么？

4. 液体数量守恒的变式范例

目的：促进学前儿童容积守恒概念的形成。

材料：两个相同的普通大小的玻璃杯。两个小一点的玻璃杯。两种不同颜色的液体（如茶水和橘子水）。一个浅底碗。

方法：在两个相同的玻璃杯中，一个盛有四分之三的茶水，另一个盛有四分之三的橘子水（或其他液体）。将两个杯子放在桌上摆成一排。两个杯中的水面一定要在一条水平线上。呈现在学前儿童面前问："我的玻璃杯中的茶水和你的玻璃杯中的橘子水一样多吗？"当学前儿童确认是一样多时，当面将茶水倒入两个较小的玻璃杯中（边说边做）。"现在茶水和橘子水还是不是一样多呢？"知道守恒的儿童会说：还是一样多。他们亲眼看见茶水没倒撒。而不知道守恒的儿童说：茶水比橘子水多了。这时你可让他再把茶水倒回原来的杯中。实验可反复进行。

说明：如果儿童还没有形成液体数量守恒概念也不必惊奇。四五岁的孩子差不多都达不到。皮亚杰的实验证明一般要到 7 岁才能发展容积概念，而在这之前还有一般发展过渡时期。如果注意进行训练，大大可以加速这种概念的形成。

5. 重量守恒的变式范例

目的：促进学前儿童重量守恒概念的形成。

材料：两块质量相等的橡皮泥（或面团）。

方法：把两块质量相等相同球形的橡皮泥（或面团），放到天平上称一称，当学前儿童确认是一样重以后，当着学前儿童的面，把其中一个压成圆饼状，另一个揉成香肠状，问："现在这两块橡皮泥（或面团）还一样重吗？"如果他说："不一样重"。再问："哪个重一些？"如果他说："还是一样重。"再问："你怎样知道还一样重？"实验可反复进行。

说明：一般说来，四五岁以前的学前儿童还不能形成重量守恒概念，一般重量守恒概念要到六七岁以后才有可能形成，但如果加强教育训练，可以提前掌握这种概念。

研究还发现，儿童通常是通过 3 种方式达到守恒的：①可逆：变化了的东西还可以恢复到原来的形状。有的儿童认为压扁了的泥球和没压扁的一样重，因为"还可以把它团成这样的圆球"；粗、细杯子里的水一样多，因为"你把它倒回原来的杯子，水看着就一样了"。②补偿：一方面的变化可以由另一方面的变化来补偿。有的儿童这样来解释质量和液体守恒："这块压扁的泥看起来大了，但是也薄了。""这个粗杯子里的水看着比那杯少（指水面高低）但是这边（指粗细）比那个杯子多，所以它们一样多。"③同一：虽然形状变了，但还是原来那些东西，既没有增添，也没去掉。

有的孩子这样谈自己的理由：我看它们是一样多的，因为它还是原来那块泥（那杯水）。

这 3 种方式表明儿童的思维水平已摆脱具体形象，故而能透过表面现象而把握其本质，保持概念的稳定性。这 3 种方法可运用在教学过程中，作为训练儿童思维方式和促进其数学概念发展的手段。

六、数学能力训练法

(一) 数学能力的含义

数学能力是指儿童在掌握一定数学知识、技能的基础上，表现出的对事物数、量、形的认知能力、分析综合思维能力、链锁思维能力、逆向思维能力、思维迁移能力及发散思维能力等，以及运用数理逻辑思维解决各种与数学有关的问题的能力。

（二）数学能力的结构

数学能力并非是一种孤立发展的能力，它与许多能力有密切的关系。在学前儿童期数学能力与学前儿童的思维能力、语言表达能力、接收和处理信息的能力有直接的关系。人的数学能力是多方面的，下面简单介绍数学能力的组成部分：

处理数学材料的能力，也就是从不相关的材料中发现最重要的东西，以及从外表不同的材料中找出共同点的能力。

数字记忆的能力，主要指：运用数学或其他符号进行运算的能力；数学逻辑推理能力；缩短、简化推理过程的能力；逆向思维推理能力，即互逆运算能力；灵活而敏捷的速算能力；求证的能力；空间想象的能力；独立掌握数据的能力。

（三）数学能力训练法的价值取向

研究表明学前儿童期是人类数学能力开始发展的重要时期，其中2岁半左右是数学能力的萌发期。儿童数概念的发生始于对集合的笼统感知，2～3岁儿童已产生了对集合的笼统知觉。5～6岁是学前儿童掌握数概念，进行抽象运算，以及综合数学能力开始形成的关键期。

如果能在关键期进行系统化、个性化训练，学前儿童相应的数学能力会得到理想的发展。而一旦错过关键期就会造成发展不足，以后就是花费几倍的气力也难以补偿。如果在关键期受到非科学而杂乱的教育，则会严重影响数学能力的发展，出现严重偏差，为以后的发展造成阻碍。

学前儿童期数学能力的潜在素质开始显露。用辩证唯物主义观点来分析：一方面学前儿童期（3～6、7岁）儿童数学能力发展水平还较低，掌握的数学知识也很有限，这主要表现为以下的特点：

第一，学前儿童的思维以具体性和形象性为主要特点。这主要是指学前儿童的思维方式是一种具体形象思维，离不开具体事物的形象或表象。抽象逻辑思维刚刚开始萌芽，为学前儿童数学能力的训练发展打下了较好的心理基础。

第二，学前儿童掌握数概念不稳定，还没完全形成数量守恒概念。经过数学能力训练可以促进守恒认知结构的形成和发展。

第三，学前儿童接收和处理大量信息的能力较差，有待提高。

在学前儿童阶段，在一定时间里，所能接受的信息的量是很有限的，大约只有成人的1/10～1/15，这主要与学前儿童记忆能力与意义联系能力较差有关。学前儿童也许可以连续1小时注意力集中地看动画片，但很难连续10分钟集中注意力解数学题。研究发现，一个学前儿童可以一分钟解3道数学题，但如果让他连续10分钟解数学题就只能解5道题。但如果经过数学能力训练，学前儿童在短时间内处理信息的量提高了，对他整体智力的发展有极好的推动作用。

第四，数学教育的幼小衔接，主要反映在数学能力方面的不足。

调查发现，学前儿童入学后，在学习适应方面的问题主要反映在能力方面，读写能力、数学能力和社会适应能力。

例如，从儿童完成知识型和智力型数学试题的比较来看，5~8岁儿童学习数学的思维能力发展明显不足，其知识型的平均得分为70.5%，智力题型的平均得分只有40.8%，经检验差异十分显著。

数学能力训练法，既反映了学前儿童数学教学改革的需要，也是幼小衔接，降低衔接"坡度"的需要。

学前儿童数学能力训练的具体作用：

训练能有效提高学前儿童运算速度，发展速算能力；

训练能有效提高学前儿童数学记忆能力；

训练能有效提高学前儿童抽象水平的加减运算能力；

训练能有效地提高学前儿童运用最简化的推理方式的能力；

训练能有效地发展学前儿童理解应用题和创编应用题能力；

训练有利于学前儿童对数学概念的理解、掌握和应用能力；

训练有效地促进学前儿童在短时间内快速接收和处理大量信息的能力；

训练有效地培养个性心理素质，有利于培养学前儿童对数学的兴趣和自信、独立和竞争心理。

(四) 数学能力训练法的运用

1) 遵循学前儿童"可接受性"原则。

用学前儿童能理解的语言讲解有关数学知识和要求。例如，我们向学前儿童讲解加法运算中"和与两个加数位置无关"这个法则时，如果说："两个加数位置互换其和不变。"恐怕学前儿童很难理解是什么意思。如果换句话解释："一个数加上另一个数时，哪个数在前，哪个数在后，计算结果都一样。"再结合写出算式进行讲解，学前儿童就很容易理解了。

可以把有意训练转化为学前儿童无意学习。例如，教学前儿童学习数的组成时，可以让学前儿童帮忙分东西。增强"情境性"色彩，不知不觉地学习数学。

从学前儿童已掌握的知识入手，"引旧出新"。掌握数的分解组成时，逐渐引进加、减的概念。让学前儿童把前后知识衔接起来，就会减少"爬陡坡"现象。

善于利用学前儿童较强的形象思维能力发展抽象逻辑思维能力。

为学前儿童创造一个竞争环境。训练时，可让学前儿童与其他的学前儿童一起比赛，向家长表演怎样算得快等。

口算比笔算更能训练学前儿童思维的灵活性和敏捷性，以及数理逻辑思维能力，口算可以在任何场合进行，不需要任何工具，适当笔算为入学作准备。

2) 心算训练的相对时间集中一些，每次训练内容相对多一些，要求学前儿童解题速度尽量快些。

3）循序渐进，由简到繁、由易到难，有步骤按规律进行。

多年研究表明，我国学前儿童数学能力发展有以下规律：

按自然数顺序，口头唱数；按物点数，说出总数；按数取物，说出总数；逐一顺数，接龙数数；逐一倒数，接龙数数；认读数字，描写数字；比较物体多少一样多；比较物体大小一样大；认识序数、相邻数、数的形成；掌握数的分解与组成；掌握加法概念及运算法则；掌握减法概念及运算法则；掌握同数加法（口诀）；掌握等分方法（动作）。

按照上述学前儿童数学能力发展规律安排训练内容，科学、系统，其正体现循序渐进原则。

4）难易交替波浪式内容设计。

研究发现，如果训练难度是逐渐递增的，学前儿童需要控制自己，付出一定努力，这样对于毅力、自信与耐心不够的学前儿童来说是难以做到的，如果训练内容难易交替编排，学前儿童就会尝到胜利滋味，感到既不太易也不太难。

思考与练习

1. 学前儿童数学教育有哪几种基本的方法？
2. 学前儿童"学"数学的方法，主要有哪几种？
3. 学前儿童教师"教"数学的方法，主要有哪几种？
4. 操作法的重要理论依据是什么？如何应用？

第 六 章

学前儿童数学教育活动设计

【本章提要】学前儿童数学教育活动设计是将学前儿童数学教育目标和内容转化的教育行为和学前儿童发展的关键环节。学前儿童数学教育活动的实施，首先就要进行数学教育活动的设计，它是富有成效的数学教育的关键。学前儿童数学教育活动设计是教师根据学前儿童学习数学的规律和特点，根据应学习的数学内容和应选择的教育教学方法，对教育活动程序的整体构想和有序安排的实施方案，也称为教案。学前儿童数学教育活动设计主要有两种类型：一是正式数学教学活动的设计；二是正式数学操作活动的设计。通过本章的教学和学生的设计实践作业重点掌握数学教学活动设计的结构和程序、设计的方法。

第一节 学前儿童数学教学活动的结构设计
——三阶梯教学结构设计

一、学前儿童数学三阶梯教学结构设计的指导要点

学前儿童数学教学活动设计一般包括：活动名称、活动目标、活动准备、活动程序以及活动延伸等5个部分构成。

(一) 活动名称

如何给教学活动命名？这是数学教学活动设计所要解决的首要问题。

现有的数学教学活动名称一般可以两种形式命名：

1) 生活化命名。如"给数找邻居"、"图形宝宝找妈妈"这种形式命名，更贴近学前儿童生活，富有生活气息，也感到亲切有趣，符合学前儿童直观形象性的认知特点，多用于3～4岁学前儿童（小班）数学教学活动设计，用生活语言定名称。

2) 学术化命名。如"5的分解组成"和"10的加法"这种形式命名，更符合数学的精确性、抽象性特点，活动名称直接反射出所进行的教学内容和主题。多用于5～6岁学前儿童（中、大班）的数学教学活动。

(二) 活动目标

活动目标是指教学活动要达到的具体教育效果。那么，应如何确定教学活

动目标呢?

1. 教学活动目标的构成

教学活动目标由认知、情感、社会性和个性发展 4 个方面的具体目标所组成。

（1）认知目标

1）学习哪些数学知识，掌握什么数学技能。

2）形成什么智力和数学能力以及解题能力。

（2）情感目标

1）学习态度和学习习惯的养成。

2）理智感、成就感方面的要求。

（3）社会性目标

1）同伴合作学习：培养学前儿童与同伴合作学习、相互学习、社会交往、协商解决问题能力。

2）同伴交流学习：培养学前儿童同伴比较、取长补短、勇于发言的表达能力。

（4）个性发展目标

1）独立思考、主动探索、积极发言、表达自己意愿和经验。

2）规则意识、学习兴趣、好奇心、求知欲和秩序感及专注力等。

2. 教学活动目标的表述

在数学教学活动中，常见的目标表述方式有两种：

1）教师作为活动主导：用教师所做的事来表述。如"使学前儿童……"、"启发学前儿童……"、"引导学前儿童……"等这些都是教师作为主导，用教师所做的事来表述目标。

2）学前儿童作为活动主体，用学前儿童的行为变化来表述："学会……"、"理解……"、"体验……"等，清楚地看出其活动主体是学前儿童，是用学前儿童的行为变化来表述目标。

以上两种表述方式中，都未列出主体的名称，但是可从目标使用的行为动词中看出该行为是教师还是学前儿童发出的。在同一活动中，表述的方式应该统一为宜。一般来说，以学前儿童作为行为主体，表述行为变化更为合适。

（三）活动准备

数学教学活动的准备一般包括：物质准备和心理准备两大方面。

1. 物质准备

1）教具：是指教师在数学教学过程中向学前儿童演示讲解所用的直观材料。

2）学具：是学前儿童数学活动中，摆弄、操作和练习用的各种直观材料。

3）环境创设：是教师为使学前儿童身临其境体验学习，进行环境教学所创设的有准备的教育环境。

2. 心理准备

1）学前儿童的经验准备，即学前儿童对将要进行的学习活动，必须先期掌握哪些知识技能，具备哪些能力。

2）教师的心态准备，即教师对将进行的教学活动把握程度，为学前儿童所创设的环境的满意度。

在教师选择、制作教具、学具时，应注意以下几个问题：

1）教具、学具的制作和选用要有助于学前儿童对数概念的学习和掌握，有利于学前儿童思维能力的发展。

2）教具、学具的大小、多少要适中，能较好地体现数学教育规律：实物→半抽象物→抽象物，引领学前儿童学习由具体到抽象，不要过分新奇，过于花哨。

3）教具、学具应尽可能一物多用，充分发挥多功能作用。不可忽视发挥表象的桥梁作用。表象可以使学前儿童逐步摆脱具体实物的束缚，为学前儿童理解和掌握抽象的数、量、形的抽象概念打下良好基础。在数学教学中发挥表象作用，能促进学前儿童思维由直观行动性、具体形象性向抽象逻辑性方向发展。

（四）活动程序

活动程序一般分为以下 3 个部分：

1. 活动开始部分

教师介绍活动内容和要求，教师可采用实物刺激法、情境设疑法、设问应答法、问答游戏法等导入活动，激发学前儿童的好奇心、求知欲和学习兴趣。

2. 活动进行部分

教师通过启发诱导、范例引导、现场指导以及个别辅导等主导作用，引领学前儿童进行三阶梯教与学的互动。

第一阶梯：动作表征，即动作水平。实物操作法、操作游戏法、尝试操作法、试误法、发现法等是这一阶梯主要教学方法，引领学前儿童通过操作在动作水平上理解和认识数、量、形的特征及其关系。

第二阶梯：形象表征，即表象水平。图片观察法、看图描述法、激活表象法、演示讲解法等是这一阶梯主要教学方法，引领学前儿童在表象水平上建立数、量、形的认知结构。

第三阶梯：符号表征，即抽象水平。归纳演绎法、总结谈话法、图式建构法、语言表述法、符号认知法等是这一阶梯主要教学方法，引领学前儿童由具体形象思维向数理逻辑思维方向发展。在概念符号的抽象水平上建立数学认知结构，在此基础上使学前儿童形成一些初级的数学概念，同时，从另一角度看，在数学经验提升和整理的过程中，也就是将学前儿童建立的新图式获得的信息经同化顺应迁移到新的认知结构中去，使其系统化，不仅易于储存，而且也便于今后使用时的检索和提取。

例如"和"是10的加法教学所建立的认知结构，为学前儿童运用"凑10法"进行速算提供信息和检索思路。

题目1：请你将下列□填上数字：□＋□＝□＋□＝□＋□＝□＋□＝□＋□＝10。

题目2：请你尽快计算出下列题的和是多少？1＋2＋3＋4＋5＋6＋7＋8＋9＝□，请说明速算的方法。

3.活动结束部分

教师可请部分学前儿童讲述自己的活动过程和结果，并引导学前儿童相互讨论或交流，对他们的进步给予表扬和鼓励，采用讨论法、竞赛游戏法、作业展示法等主要教学方法，使学前儿童尝试胜利的滋味，体验学习的成就感，激发再学习的欲望。例如，小熊队与小猴队速算比赛"攀高峰夺红旗"的游戏。

二、结构活动设计范例

（一）以《和是10的加法》教学活动目标为例

1）复习"10"的分解组合式，学习列式运算技能并把组合式转换为加法算式。

2）发展学前儿童群集运算的数理逻辑思维能力和"分开来"、"合起来"的逆向思维转换能力。

3）启发诱导学前儿童探索学习，列算式的积极性、主动性、交通性，并让学前儿童体验到分组合作学习的乐趣和成就感。

（二）以《和是10的加法》教学活动准备为例

1）物质准备。①教具："10"的分解组合式和加法算式挂图或课件；②学具：每名学前儿童10个可供操作的小纽扣、小石子、小雪花片等操作材料和一张记录单。

2）环境创设：用多媒体大屏幕创设情境如"超市"情境，"电影院"情境，"动物园"情境以及"数学王国"等情境。

第二节　学前儿童数学教学活动的程序设计
——三阶梯教学程序设计

一、学前儿童数学三阶梯教学程序设计的指导思想

（一）"三阶梯教学程序"设计的含义

三阶梯教学程序是指在学前儿童数学教学过程中，根据学前儿童认知发展的3个阶段、思维发展的三级水平，教师有目的、有计划地引导学前儿童认知能力递进式的由低级向高级发展，由外部感知运动智力逐渐内化为形象表征智

力以至达到词语概念智力的过程。像"爬台阶"、"上楼梯"一样引导儿童心理向前发展。

第一阶梯：感知操作认知维度，即动作水平；

第二阶梯：形象表象认知维度，即表象水平；

第三阶梯：词语符号认知维度，即概念水平。

(二)"三阶梯教学程序"设计的理论依据

1. 关于儿童思维发展阶段性的理论

瑞士儿童心理学家皮亚杰把儿童智力或思维发展分为 4 个阶段：感知运动智力阶段；前运算智力阶段；具体运算智力阶段和形式运算智力阶段。学前儿童主要是前 3 个阶段。

(1) 感知运动智力阶段——直观行为思维

这一阶段，儿童主要是通过感觉动作图式来和外界取得平衡，处理主客体的关系，这只是感知运动智力，动作思维萌芽阶段。如：婴儿可以用小瓶盖上盖理解——对应关系。

(2) 前运算智力阶段——具体形象思维

这一阶段是在前一阶段发展基础上，各种感知运动图式开始内化为表象或形象图式，日益频繁地用表征符号代替外界事物。如用"○"代替皮球、苹果、汤圆或纽扣等。

(3) 具体运算智力阶段——初步的逻辑思维

具体运算是在前一阶段很多表象图式融化、协调的基础上形成了守恒认知结构，所谓守恒，就是内化的可逆动作，头脑中的智力动作。例如，口手一致点数内化为不出声的默数；由实物运算→表象运算→符号运算就是内化的可逆动作，即智力动作。由物理意义的操作内化为心理意义的操作。可以进行群集运算。

上述皮亚杰的智力发展阶段性理论为学前儿童数学教育的三阶段教学程序设计奠定了认知心理学基础。

2. 思维的信息加工理论

美国著名的科学家，认知心理学和人工智能创始人之一司马贺把人的认知过程看成是信息输入，信息编码，译码储存和信息提取运用输出过程。

学前儿童数学教学三阶梯程序设计是以信息加工理论为指导的。

第一阶梯：感知操作，即为接收信息，信息输入环节；

第二阶梯：形象表象，即为信息加工，信息编码储存环节；

第三阶梯：词语符号，即为信息输出，语言符号表达信息环节。

延伸变化：信息提取运用解决数学问题的环节。

从信息论的观点来看，三阶梯教学程序设计，完整的体现了信息加工理论的新观点和全过程。

（三）学前儿童思维发展的趋势和特点

数学是思维的体操，学前儿童数学教学三阶梯程序设计既要以学前儿童思维发展趋势和特点为前提，体现可行性和可接受性，又要促进思维能力的发展，尤其要促进儿童数理逻辑思维的发展，体现递进性和发展性。

学前儿童思维发展的趋势和特点主要表现在：思维方式变化和思维工具变化两个方面。

1. 从思维方式发展特点

学前儿童思维最初是直观行动思维为主，然后是具体形象思维为主，最后发展起来的是抽象逻辑思维萌芽。

直观行动思维的主要特点是在感知中进行的，思维离不开直观的物体和事物；思维又是在实际行动中进行的，思维离不开摆弄物体的动作。直观行动思维的工具主要是感知和动作。因此，数学教学程序设计的第一阶梯就应该是感知操作认知维度，通过摆弄操作材料认识数、量、形及其关系。

具体形象思维的主要特点是依靠形象表象，即依靠事物在头脑中具体形象的联想进行的。具体形象思维所用的工具主要是形象和表象。因此，数学教学程序设计的第二阶梯就应该是形象表象认知维度，通过激活形象和表象来认识数、量、形的特征和全面的空间关系。

抽象逻辑思维的主要特点是反应事物的本质属性和规律性联系的思维。抽象逻辑思维所用的工具是词语或符号。因此，数学教学程序设计第三阶梯应该是抽象概念认知维度。

2. 从思维工具发展特点

直观行动思维所用的工具主要是感知和动作；具体形象思维所用的工具主要是形象表象，而抽象逻辑思维所用的工具则是词语或符号。思维水平由动作→表象→概念。

二、学前儿童数学三阶梯教学程序设计的方法

（一）第一阶梯：感知操作认知维度的设计方法

1）实物操作法：如学前儿童选择棋子、纽扣、杏核、石子等物，放在手里：小手摇摇，分开瞧瞧，"5"可以分成几和几，几和几合起来是"5"？

2）感官体验法：如听声计数、拍手计数、跺脚计数等多感官计数法。

3）尝试操作法：如等分圆形、等分正方形、等分蛋糕、等分小人等尝试操作。

4）试误发现法：如图形配对，可发现三角形有多种：直角三角形、钝角三角形、锐角三角形、等腰三角形等。

5）游戏操作法：跳图形，跳一跳，说一说，及图形宝宝找妈妈等。

6）听数取物法：听一听，数一数，建立数量与数名结合关系。

7）换物说数法：如你给小猫 5 条鱼，我给小兔 5 个萝卜，他给小狗 5 个骨头，数量一样多么？

8）感知配对法：图形配对，数量配对，区分物体多少，一样多。

9）尝试探索法：盖印章，找邻居，寻找"大邻居"和"小邻居"，学习相邻数等。

10）情境体验法：创设"超市"，"电影院"等情境，学习加减法或奇偶数等。

（二）第二阶梯：形象表象认知维度的设计方法

1）连数成图法：用彩笔把数字连起来，呈现"龙摆尾"、"小汽车"的图像。

2）激活表象法：描述应用题："6 个果冻，吃掉 3 个，还剩几个果冻？"

3）范例引导法：教师示范创编应用题，学前儿童仿编应用题，多用模仿学习法。

4）报告发现法：报告发现：自然数列的数差都是 1，即多 1 少 1 关系。

5）图式表征法：数的组成可以用图式：动作表征、形象表征、符号表征。

6）正逆排序法：学习序数可用 10 张圆点卡片正逆排序。

7）观察发现法：看图编应用题时，观察发现图片上的数量关系。

8）演示讲解法：认读书写阿拉伯数字，教师边演示笔顺，边讲解写法。

9）情景设疑法：认识钟表，整点半点，教师设疑：谁能告诉米老鼠几点了？

10）看图描述法：看图描述图片上有谁？做什么？编出各种题型的应用题。

（三）第三阶梯：概念符号认知维度的设计方法

1）词语概括法：同数加法的简便算法，词语概括：口诀法。

2）符号认知法："＋""—""＝""＜＞""＜"">"各种符号的含义。

3）归纳演绎法：学前儿童认识相邻数 的多 1 少 1 关系后可归纳为"$n\pm1$"。如，$8+1=9$，"9"是 8 的大邻居，$8-1=7$。"7"是 8 的小邻居。

4）规律发现法：学习 10 的分解组合过程中，发现部分数之间互补、互换规律。

5）填空练习法：学习 100 以内数的排序时可适当进行填空练习，找排序规律。

6）能力训练法：分析综合能力训练，逆向思维能力训练，链锁思维能力训练以及速算能力训练等。

7）符号标记法：韦恩图"o"表集合，分合号"∧"表示分解组成等标记。

8）总结归纳法：一个数分成两部分，有 $n-1$ 种分法，可总结归纳为：某数减 1，是几就有几种分法。

9）检查反馈法：应用题的改错练习，就是学前儿童是否理解应用题结构的反馈。

10）迁移推理法：由 10 以内相邻的数的认识概括为"$n\pm1$"之后，由 10 以内相邻数的认识迁移到 100 以内相邻数的认识。

三、程序活动设计范例

（一）认数活动——计数（一）

活动内容：顺数：1～100；倒数100→1。

活动目的：使学前儿童掌握100以内逐一计数的技能，形成自然数列的序数概念；发展学前儿童逆向思维能力和遇"10"递进的数理逻辑思维能力；培养学前儿童爱动脑筋，发现学习、探索学习的良好学习品质。

活动准备：实物每人一个百孔板，100个小棍，一张100个点的图片和一套1～100数字卡。

活动程序与方法：接龙计数法导入活动。教师让学前儿童从1数起，一个个接龙数到100。

第一步：感知操作认知维度

动觉计数法：①听口令数小棍。教师发信号，学前儿童边插孔边口数，口手一致地数，看谁最先数到100；②看信号发小棍。再发信号，让学前儿童把小棍拔下，边拔边数看谁最先从100数到1。老师让数得快的学前儿童介绍计数方法。

第二步：形象表征认知维度

图像计数法：出示圆点图，让学前儿童按群计数，发现规律，寻找简便计数方法。

第三步：概念符号认知维度

数字排序法：把1～100字卡排队，教学前儿童认读数字。

结束：延伸活动法：①从头往后数完29，还会数吗？②再从头数，30以后怎么数？看圆点数字图计数。

（二）认数活动——同数加法简便算法（一）

活动内容："2"的同数加法简便算法；"3"的同数加法简便算法。

活动目的：使学前儿童掌握"2"和"3"的同数加法的简便算法口诀；发展学前儿童的速算能力和思维归纳推理能力；培养学前儿童探索多种解题方法的学习兴趣和善于动脑的学习品质。

活动准备：黑白棋子（白4个，黑6个）每个学前儿童一套；表征图式卡片每人一套；"2"和"3"加法算式符号各一套。

活动程序与方法：接龙数数法导入活动。①1个1个地数1～100；②1个1地数100→1。

第一步：感知操作认知维度

等分操作法：请小朋友打开小盒，把白棋子分成一样多的两份，每一份是几个白棋子？一共有几个白棋子？说一说，你是怎么知道的？请你再把黑棋子分成一样多的两份，每一份是几个黑棋子，一共有几个黑棋子？说一说，你是怎么知道的？

第二步：形象表征认知维度

图式表征法：教师出示用半抽象物组成的图式。提问：一份是 2 个白棋子，2 份有几个白棋子？一份是 3 个黑棋子，2 份有几个黑棋子？说一说，你是怎么算出来的？

表象推理法：一个笼子关 2 只小鸟，2 个笼子关几只小鸟？一条红领巾有 3 个角，两条红领巾有几个角？说一说，你是怎么知道的？

第三步：概念符号认知维度

列式转换法：教师让学前儿童将上述两道应用题用算式表示出来：2＋2＝4；3＋3＝6 转换成简便算法口诀：二二得四；二三得六。小朋友记住口诀，就能算得快了。

结束："算得快"比赛。学前儿童两两一对，米老鼠和唐老鸭互相出题，相互问答，答对有奖。

（三）认数活动——同数加法简便算法（二）

活动内容："4"的同数加法简便算法；"5"的同数加法简便算法。

活动目的：使学前儿童掌握"4"和"5"同数加法的简便算法；发展学前儿童的速算能力和思维的归纳推理能力；培养学前儿童探索多种解题方法的学习能力和善于动脑的学习品质。

活动准备：黑白棋子（白 8 个，黑 10 个）每个学前儿童一套；表征图式卡片一套；"4"和"5"加法算式符号各一套。

活动程序与方法：接龙数数法导入活动。双数 2～100、100→2。

第一步：感知操作认知维度

等分操作法：请小朋友打开小盒，把白棋子分一样多的两份，每一份是几个白棋子？一共有多少白棋子？说一说，你是怎么知道的？再请你把黑棋子分成一样多的两份，每一份是几个黑棋子，一共有多少黑棋子？说一说，你是怎么知道的？

第二步：形象表征认知维度

图式表征法：教师出示用半抽象物组成的图式，提问：①一份是 4 个白棋子，2 份有多少个白棋子？②一份是 5 个黑棋子，2 份有多少个黑棋子？说一说是怎么算出来的？

表象推理法：一头大象 4 条腿，两头大象几条腿？一枚红星 5 个角，两枚红星几个角？说一说，你是怎样算出来的？

第三步：概念符号认知维度

列式转换法：教师让学前儿童将上述两道应用题，用算式表示出来：4＋4＝8；5＋5＝10。转换成简便算法口诀："二四得八，二五一十"，就能算得快了。

结束："算得快"比赛。学前儿童自由结伴，米老鼠和唐老鸭，互相出题，一问一答，答对有奖。

1. 什么是数学教育"三阶梯教学"设计？
2. "三阶梯教学"设计的理论依据是什么？
3. 实践作业：请你利用"三阶梯教学法"设计一个数学教学活动。

学前儿童数学教育理论与实践

第七章

学前儿童数概念的发展与教育

【本章提要】学前儿童数概念的形成和发展包括：集合概念、基数概念、数的组成的掌握等几个方面。基数是学前儿童数学教育的重要内容，基数概念是数运算的前提和重要基础。学前儿童只有掌握基数概念，学前儿童的加减运算才能由动作水平、表象水平上升到抽象水平。学前儿童基数概念发展的规律的认识，学前儿童感知集合教育、基数概念教育、数的组成的教育是本章学习的重点。

第一节 学前儿童集合概念的发展与教育

集合是现代数学的一个最基本的概念。在当代数学教育的改革中，重视集合概念的教学已成为一个重要的方向。

在数学中，把具有某种相同属性的事物的全体称为集合。集合中的每个对象叫做这个集合的元素。学前儿童在生活中，会接触到各种各样的集合。如一个班级的所有小朋友组成一个集合，盘子里的 5 个苹果也组成了一个集合。

集合概念对数学的学习和逻辑概念的形成起着基础概念的作用。集合的观念及其运算是儿童学习数学概念的感性基础。早期逻辑入门的最合适、最自然的原始材料是具体东西的集合和对它们的初等运算。

学前儿童感知集合的教育，主要是在数学教育中渗透集合的一些观念，将集合、元素及集与子集的关系渗透到数学教育内容中去，这有利于学前儿童数学概念的学习，也有利于学前儿童思维能力的发展，并为学前儿童以后的数学学习打下良好的基础。

一、学前儿童感知集合概念的发展特点

第一，2~3 岁左右儿童已产生了对集合的笼统知觉。

儿童的集合概念在发展的最初阶段是很泛化的，是一种笼统的知觉：他们不能看到集合的明显界限，也不能一个接一个地感知集合中的元素。儿童这时期感知的是一堆不确定的模糊不清的东西，而不是作为结构完整的统一体集合；儿童也没有精确地意识到集合的元素数量。例如，儿童看到很多样子相同的雪花片会很高兴，但他拿走了几个雪花片后，剩下的就忘记了。对于集合中的元素的数量减少了几个，他们是不会注意到的。这一情况在日常生活中也经常会观察到，例如，教师让儿童把所有的玩具都放进盒子里，他们在收了一部分皮球后就认为完成任务了，成人如问他是否把所有玩具都收拾好了，他会回答是把所有的玩具都放好了。这说明儿童还看不到集合的范围和界限。

第二，3~4 岁儿童已能感知集合的界限，对集合中元素的多少的感知也逐渐精确。

3 岁儿童已经能够经常在集合的界限以内来感知集合。实验证明，儿童能完成一个杯子配一个杯盖的动作的人数分别为：3 岁半时有 50％，4 岁时就高达 84％。从这一实验中可以看出，3 岁半至 4 岁是儿童对应能力迅速发展的阶段。此时儿童可运用对应比较的方法，来确定两个集合间元素数量的相等和不相等。

第三，4~5 岁儿童已能够准确地感知集合及其元素，能通过计数比较两个集合元素的多少。

这一阶段的学前儿童在感知两个物体组集合的数量时，能通过计数准确比较哪组数量多，哪组数量少。并逐渐地能不受物体大小和排列形式的影响，正确判断集合中元素的数量的多、少、一样多，即数目守恒。同时有了持久等价集合的概念。

第四，5~6 岁儿童对集合的理解进一步提高和扩展。

学前儿童能进行多角度（多重）分类，即能将一系列物体用多种方法分类，而一个物体可以被划分到不同的类别中，他们能按两种特征将集分成子集。

在直观条件下，学前儿童能对集（类）和子集（子类）做比较，能初步理解它们之间的包含关系。

二、学前儿童感知集合的教育

学前儿童感知集合教育是指在不教给集合术语的前提下，让儿童感知集合及元素，学会用对应的方法，比较集合中元素的数量并将有关集合、子集及其关系的一些思想渗透到数学教育内容和方法中去。向学前儿童进行感知集合的教育，目的是在学前儿童数学教育中注意渗透集合的思想，为学前儿童学习计数和形成数概念等做好准备，同时也为数学概念和逻辑概念的初步形成提供和积累感性经验。因而在数学教育中一定不能要求学前儿童去学习、掌握关于集合的名词和术语。它是学前儿童学数前的准备教育。

学前儿童感知集合的教育内容主要包括：分类教育、区分"1"和"许多"教育、比较两组数量的教育等内容。

（一）物体分类的教育

1. 分类活动的教育意义

分类就是把具有相同特征的物体归并在一起。分类活动是感知集合教育的重要内容。

1）分类活动可帮助学前儿童感知集合并逐步形成关于物体的集合概念。当学前儿童把具有共同特征的物体归放在一起时，他们也就对这些物体集合元素有所感知。

2）分类是计数的前提，是形成数概念的基础。人们要了解某类物体的数量，必须先将这类物体与其他的物体区分开来，然后才可能正确计数。

3）分类经验的获得有利于学前儿童掌握数的组成和加减运算。学前儿童在分类活动中，获得的对整体与部分关系的认识，为学前儿童数的组成和加减运算学习打下了必要的基础，因为数的组成和加减运算反映的就是集与子集之间的关系，也就是总数与部分数之间的关系。

4）分类能促进学前儿童思维能力的发展。学前儿童要将一组物体进行分类，需要经过辨认（分析）和归并（综合）这两个步骤。按照某一标准，对物体进行逐一辨认和比较，找出它们的相同点和不同点，这就是对问题进行分析、比较的过程。在此基础上，再将具有同一特征（即具有相同特征）的物体归并在一起，这是综合的过程。所以说将物体进行分类，这是思维进行分析综合积极活动的过程，是学前儿童思维能力得到锻炼和发展的过程。

2. 分类教育要求

（1）小班（3～4岁）

探索物体的特征，学习讲述物体的异同。

学习按物体的某一外部特征（如颜色、形状、大小）进行分类。即"一元分类"。

学习与分类有关的词语：如"相同"、"不同"、"把同样的东西放在一起"、"找出一个和某某一样的东西"等。

（2）中班（4～5岁）

学习按物体的数量进行分类。

学习概括物体（或图形）的两个特征。即"二元分类"。

学习并掌握有关的词语："分成"、"分开"、"合起来"等。

（3）大班（5～6岁）

学习按某一特征的肯定与否定进行分类，讲述出某种事物所不具有的特征。

学习按两个特征进行分类和表格中摆放图形。

学习把集合分成若干组成部分（子集），比较集与子集的数量，初步体验集与子集的关系。即"多元分类"。

3. 分类教育的方法

（1）讲解演示法

教师可先从一堆物体中拿出一个物体，说出它的名称和特征，讲明按什么要求分类。同时，要使学前儿童理解"把一样东西放在一起"的含义。例如，教师在小盒里拿出"红色"纽扣问："我拿的是什么东西?"学前儿童回答：

"纽扣",教师把纽扣放在红色小盒里,再让学前儿童把红纽扣一个一个放在红色小盒里。在学前儿童感知理解分类含义之后,教师可加大难度,让学前儿童把"绿色"、"黄色"、"蓝色"等纽扣分别放在相同颜色的小盒里。

（2）排除分类法

又称分类挑多余,是分类的一种特殊形式。

教师依次在学前儿童面前呈现若干组图片,每组4~5张,其中有一张与其他几张是非同类关系,要求学前儿童将这一张挑出来。例如,苹果、西瓜、鸭梨、皮球的一组4张图片,请学前儿童看看哪一张与其他三张是不一样的,请拿掉它,并说明取走的理由。

（3）游戏分类法

例如游戏《图形宝宝找妈妈》,不同颜色、不同大小的几何图形小卡片,找到同样形状的妈妈。学前儿童听到教师说儿歌:"图形宝宝别着急,你的妈妈在哪里?仔细看,认真找,找到妈妈多欢喜。"学前儿童很喜欢,很高兴,很认真去做。

（4）多端分类法

按名称分类、按特征分类、按用途分类、按数量分类、按关系分类、按材料性质分类等。

（二）区分"1"和"许多"的教育

1. 区分"1"和"许多"教育的意义

儿童很小的时候,对数量的多少就有所感知了,如他们拿东西时常会去拿多的一份;某样食物吃完了,会说:"我还要。"3岁的学前儿童大多知道什么是1个,什么是许多,如他们会说:"我有一辆漂亮的小汽车。""我有一个大大的皮球。"还会说:"妈妈买来了许多苹果。"等等。但他们一般不了解"1"和"许多"之间的关系,他们不知道许多是由1个、1个……合起来的,许多可以分成1个、1个……

"1"是自然数的基本单位,也是表示集合中元素数量的基本单位。"许多"是一个笼统的不确定的数量,它代表两个以上元素的集合,"许多"总是由单个元素组成的。让学前儿童学习区分"1"和"许多",目的就是要引导学前儿童感知集合及其元素,能区分和确切感知组成集合的单个元素。而这一经验是学前儿童学习手口一致点数及认识10以内数的基础。

2. 区分"1"和"许多"的教育要求

能区别1个物体和许多物体。

感知和体验"1"和"许多"之间的关系。即知道1个、1个……合起来是许多,许多可以分成1个、1个……

在日常生活中会运用"1"和"许多"词汇（如会说:"1个老师,许多小朋友"、"1张桌子,许多椅子"等）。

3. 区分"1"和"许多"教育的方法

（1）多感官体验法

引导学前儿童通过看（视觉）、听（听觉）、摸（触觉）、动（运动觉）感知"1"和"许多"。各种感觉互相配合，有助于各分析器官之间建立联系，使学前儿童能更好感知、认识"1"和"许多"及其关系。例如，请学前儿童听一听老师敲了1下小铃？还是许多下小铃？

（2）环境寻找法

让学前儿童在周围环境中寻找"1"和"许多"，相对来说要比在教师布置好的环境中，寻找"1"和"许多"要困难一些。因为在周围环境中，所要找的物体是分散的，学前儿童要克服因空间知觉的影响造成的困难，才能将分散在空间的同类物体概括起来，在头脑中形成一个整体。

（3）游戏操作法

教师采用游戏的形式，引导学前儿童学习"1"和"许多"，感知和体验"1"和"许多"之间的关系。

例如，游戏"我拿1个玩具"：

教师出示1只大篮子，里面放着许多玩具（玩具数量与学前儿童人数相等）。教师请学前儿童说说，篮子里面有什么？有多少玩具？

请每个学前儿童从篮子里拿1个玩具，要求他们一边拿、一边说："我拿了1个玩具。"全部玩具拿完后，请学前儿童看一看"篮子里还有玩具吗？""篮子里一个玩具也没有了。"变成空篮子了，即"0"表示空集合。

（三）比较两组物体数量关系的教育

1. 比较两组物体数量的教育的意义

通过比较两组物体的数量是相等还是不相等，让学前儿童更好地感知、区分集合中的每一个元素。使学前儿童从小就养成会按组成集合的元素的数量，而不是按集合所占空间面积的大小，来确定两集合（两组物体）的数量是相等还是不相等。

通过比较两组物体的数量是相等还是不相等，可让学前儿童在学数前阶段学习用集合中的元素——对应的方法，对集合元素的数目进行比较。这种一一对应逻辑观念的建立，是学前儿童数概念学习和形成的必要心理准备。例如，学前儿童会用重叠和并放的方法比较两集合的数目是相等还是哪个多（或少）？

2. 比较两组物体数量教育的要求

1）学习用对应的方法比较两组物体的数量，知道哪组多，哪组少，或是一样多。

2）会用"一样多"、"不一样多"、"多"、"少"等词语表示两组物体数量比较的结果。

3）学习不受物体大小、排列形式的影响，比较两组物体数量是相等或不相等。

3. 比较两组物体数量教育的方法

引导学前儿童学习用重叠法和并放法比较两组物体的数量是相等或不相等。

1）重叠法：将一组物体从左向右摆成一行，再将另一组物体逐个——对应地重叠在前一组物体上面，比较两组物体是一样多还是不一样多的方法。例如，小盘与小勺——对应，小勺放在小盘里。

2）并放法：把一组物体从左向右摆成一行，再将另一组物体——对应地摆放在前一组物体的下方，然后比较两组物体的数量是不是一样多。

向学前儿童进行感知集合教育，除了在集中上课时间内进行教育外，还应引导学前儿童通过日常生活、自由活动、游戏活动、活动区角内进行延伸活动。

第二节　学前儿童基数概念的发展与教育

一、学前儿童基数概念的发展规律与水平

所谓基数是指表示事物数量的自然数，或正整数。虽然儿童很早就开始学习数数，他们对数的基数意义的理解却发展缓慢。研究数据表明，中国儿童一般在3岁半和4岁之间形成数的基数概念。中国儿童在3岁半到4岁之间是掌握点数的关键期（吕静、王伟红，1984），沈庆华（1988）也发现了相似的结果，中国儿童在3岁半至4岁之间在点数和取数的成绩上发展很快。点数和取数都是衡量掌握基数概念的手段，其中取数又是更准确的评定方法。大多数4岁中国儿童能通过逐一点数来说出总数（方格等人，2001）。美国儿童大多也是在3岁半和4岁之间形成数的基数概念（Wynn，1990，1992；Becker，1989）。而英国儿童一般要到4岁半才掌握基数概念（Fluck & Henderson，1996）。

（一）学前儿童基数概念发展的规律

儿童的数数技能发展在先，基数概念的掌握在后。体现如下规律：

1. 儿童基数概念的发展是一种渐进的过程

近年来大量的有关儿童数数的研究证据表明，儿童基数概念的发展是一种渐进的过程，这种发展依赖于儿童的具体生活经验。认知领域的研究表明，早期认知能力的发展是一种渐进过程，这种过程"在很大程度上，是由相当个别的，与具体情景有关的规则和技能的习得所组成的，这些技能和规则慢慢发展成更一般性的一体化的原则"。计数能力的发展经历4个阶段：口头数数—按物点数—读出总数—按数取物等4个阶段。学前儿童计数能力的发展是学前儿童形成基数概念的必要条件。基数概念的建构是一种渐进的过程，因为儿童根本不可能一下子建构起对数的全部理解。

2. 儿童基数概念的发展是一种主动的建构过程

儿童对数学知识的学习是一种对该知识的主动的重新建构，而不是被动的接收。这是皮亚杰早就指出的，如今已被人们普遍认同的一种观点。数学并非是一种可以通过成人的口述和儿童的模仿、记忆或重复性的练习来学习的互不相关的事实和程序。如儿童学会了说3加4等于7或7比6大1这样的句子，并不能表明他们真正地理解了这两个句子中所包含的数的含义和数之间的关系。数学包含了通过关系建立起来的高度结构化的，有着内在逻辑性关系的，抽象的信息体系，是一种网络性概念结构。有意义的数学学习涉及对这些关系理解的主动建构，这种建构是建立在儿童已有的发展水平和知识经验的基础上。

3. 儿童基数概念的发展依赖于感性的经验

儿童基数概念的发展是一个由感性到理性的发展过程。

数是一种无感知的物体。数知识是指数量之间的抽象性关系。因而这种知识的发展最初必须依赖于能够给这种抽象的实体之间的关系提供中介的具体事物。在儿童能够真正理解这些概念性关系以前，他们必须经历一个对包含在这些概念性关系中的概念性实体的建构过程。这一建构过程依赖于儿童主动获得的感性经验。例如，儿童理解"应用题"就是因为应用题源于生活，用于生活，"应用题"在感性到理性之间架起桥梁。

4. 儿童基数概念发展的社会性建构

近几十年来，多方面的研究资料表明，社会环境的影响和成人教育在儿童认知发展上扮演了重要的角色。维果斯基的"最近发展区"给儿童发展的解释和儿童教育提供了一种新的重要的依据。这一发展区被定义为：在解决一个难题时儿童自己可以解决这个问题的能力和儿童在同伴及成人的指导帮助下解决这个问题的能力之间的差距称为"最近发展区"。研究发现，儿童在有指导和帮助的情况下能力表现得更强，发展更快，所以，儿童数概念发展是在儿童的社会性交往、亲子交往、同伴交往、师生交往以及社会交往过程中建构起来的。

(二) 学前儿童基数概念发展的水平

学前儿童基数概念发展体现6种不同的发展水平：第一种水平为不理解"有多少物体"的提问。儿童不理解基数情景，任意随机地回答。第二种水平为不完全的数数和基数关联。当提问"有多少物体"时，儿童已根据他们的经验知道，对于这种问题，通常是用一个数词来回答。儿童甚至眼睛都不去看物体就报出一个数词。这个数词显然和物体的真实数量没有关联。第三种水平为完全的数数和基数关联。当提问"有多少物体"时，儿童知道要数物体。他们用手指每一个物体，但数完后不会说出总数。当主试再问一遍时，他们会把物体再重复数一遍。第四种水平为最后一个数词规则。儿童能把所数的最后一个数词作为对"有多少物体"的答案。在这一水平上，儿童只是知道要重复最后一个数词，但他们所说的数词并没有基数含义。这一水平是儿童基数概念掌握的初级水平。第五种水平为儿童不完全的基数反应。儿童在数完物体以后能说出数数所用的最大的数词。因为儿童可能知道，基数一般是用数数中用过的最后一个和最大的一个数词来表示。但如果标准的数顺序改变了，他们仍然用最大的数词而不是最后一个数词来回答。第六种水平是儿童真正的基数反应。儿童理解了基数含义，用与集合中物体的数量相应的正确数词来回答基数的问题。

二、学前儿童认识基数的教育

（一）基数教育要求

1. 小班（3～4 岁）

1）会手口一致地点数 5 以内的实物，并能说出总数。
2）会按实物范例和指定的数（5 以内）取出相等数量的物体。

2. 中班（4～5 岁）

1）会正确点数 10 以内的实物，并能说出总数。
2）学习不受物体的大小、形状和排列形式的影响，正确判断 10 以内物体的数量。
3）感知和体验 10 以内相邻两数的数差关系（即多"1"和少"1"的关系）
4）认读阿拉伯数字 1～10。

3. 大班（5～6 岁）

1）会 100 以内数的顺数和倒数，能注意生活中运用顺、倒数的有关事例。
2）认识 100 以内的相邻数，知道相邻 3 个数之间的数差关系，知道 100 以内的数除"1"以外任何一个数比它前面的数大"1"，比它后面的数小"1"，自然数是按大小顺序排列的。
3）学会按群计数。2 个 2 个地数，5 个 5 个地数。

（二）基数教育方法

1）多感官计数法：主要是运用视觉、听觉、触觉和运动觉来感知物体的数量，加深对数意义的理解。
2）接龙计数法：顺接数 1～100，倒接数 100→1，体验和理解顺接数逐一递增，倒接数逐一递减的数差"1"的关系。
3）按数取物法：教师说数词，让学前儿童能按数词取出等量物体。
4）数量数字配对法：教师给学前儿童准备石子、杏核、棋子、纽扣、雪花片等可操作材料以及数字卡片，进行数量、数名、数学配对操作活动。
5）变式守恒法：这是由瑞士心理学家皮亚杰的守恒实验而演绎过来的方法。一定数量的物体，在其外形或空间位置改变而其数量未发生变化的情况下，儿童能确认数量的不变性而不受其他无关因素的干扰，这表明，儿童已真正理解了这一基数概念，达到了数守恒。如黑白棋子：学前儿童仍确认变式后与原来棋子还是一样多。

6）数量转换法：教师引导学前儿童将两组物体由一样多变为不一样多，再把不一样多变成一样多，两组物体数量相互转换。

7）数字认读法：教师示范，正确读准数字的字音，并引导学前儿童辨认每个数字的字形。如"1"像铅笔，"2"像鸭，"3"像小鸟飞呀飞，"4"像小旗高高举，"5"像秤钩弯向下，"6"像小哨吹一吹，"7"像镰刀手中拿，"8"像麻花扭个劲，"9"像虫网把向下，"10"像香肠和鸭蛋，娃娃见了笑哈哈。

8）书写练习法：教师示范书写数字姿势和笔顺，激发学前儿童书写练习、描画练习、在沙纸数字板上触摸练习，以及抢占田字格等的游戏练习。

9）游戏活动法："找邻居"、"找朋友"、"盖印章"等游戏操作法都是认识奇、偶数或相邻数的好方法。

第三节 学前儿童数的组成概念的发展与教育

一、学前儿童学习数的组成的意义

（一）数的组成概念的含义

数的组成包括数的分解与组合，故又可称作数的分合，指一个数（总数）可以分成几个部分数，几个部分数又可以合成一个数（总数）。学前儿童学习数的组成只是学习将一个数分成两个部分数，理解总数与部分数之间的分合关系。

（二）学前儿童学习数的组成的意义

1. 数的组成学习，有助于学前儿童对组成中蕴涵的数量关系的感知和理解

数的组成实质上是数群和子群之间存在等量关系、互补关系、互换关系的反映。总数可以分成相等或不相等的两个部分数，两个部分数合起来等于总数，这是总数和部分数之间的等量关系。

数的组成学习可使学前儿童对等量关系、互补关系、互换关系有一定的感知和认识。

2. 数的组成的认识是理解加减运算的基础

数的组成中数群之间的等量、互补和互换关系本身就包含了简单的加减运算。如两个互补的子集相加等于集，集减去一个子集，等于另一个子集。当学前儿童将 5 分成 2 和 3，以及将 2 和 3 合起来组成 5 时，也就可以导出"5＝2＋3"、"5－2＝3"、"5－3＝2"等。因此，可以说数的组成实质上是一种数运算。学前儿童掌握数的组成，可以为学习加减积累感性经验。他们在抽象概念水平上掌握数的组成之间的数群关系，也就直接成为掌握加减运算中数群关系的基础。

3. 数的组成的学习促进了学前儿童思维能力的发展

研究表明，儿童掌握数的组成，在心理上是对总数和部分数之间 3 种关系的综合反应。所谓综合反应是指儿童必须同时掌握并运用集与子集、子集与子集之间的关系，才能完全掌握数的组成。

学前儿童在感知、理解并能运用这 3 种关系时，其思维能力也就得到了相应的发展。如前面提到的，学前儿童从 5 的分合中，可以导出"5＝2＋3"、"5－2＝3"、"5－3＝2"等，这一学习过程使学前儿童对 5 与所分的 2、3 两个部分数之间的关系有所体验和认识，同时也促进学前儿童逆向思维的发展。

二、学前儿童认识数的组成教育

（一）数的组成教育要求

1）知道 10 以内数除 1 以外，任何一个数都可以分成两个较小的数，两个较小的数合起来仍是原来的数。

2）知道一个数和它分出的两个较小的数之间的关系。这个数比分出的两个较小的数都大，分出的两个较小的数都比这个数小。

3）能感知和体验到一个数所分的两个较小的数之间的互补、交换关系。

（二）数的组成教育方法

1. 单元教学法

10 以内数的组成学习，在内容安排上一般可分成 3 个单元，每一单元应有其重点内容与要求。

1）第一单元学习 5 以内数的组成，主要内容与要求：

知道除 1 以外，任何数都可以分为两个较小的数，两个较小的数合起来仍是这个数。

知道在将一个数（除 2 以外）分作两份时，可以有不同的结果（有不同的分法，如 3 可以分成 1 和 2，也可以分成 2 和 1）。在将一个数分作两份时，能分出所有的结果（即能将全部分合形式分出）。会用数字、分合号记录数的分合过程。在教师引导下，能分析、比较记录的几份分合式的相同点与不同点。

2）第 2 单元可学习 6，7，8 三个数的组成，主要内容与要求：学前儿童学习按序将一个数的全部分合形式分出来。学前儿童在教师引导下，感知和体验两个部分数之间的互补和互换关系。

3）第 3 单元学习 9，10 两数的组成，主要内容与要求：

教师引导学前儿童运用已有的经验（即对数的组成规律的感知），类推 9，10 两数的组成，会按序或按交换的关系进行数的分合。

2. 分合操作法

教师为学前儿童准备丰富多彩的小物件，宜于学前儿童动手操作。如，小手摇摇，分开瞧瞧，10可以分成几和几，几和几合起来是10。

学前儿童组成概念的掌握也是从外部动作向内部动作发展的，也就是说，学前儿童组成概念的建构同样是从动作开始的。学前儿童首先需要的是分合实物的操作经验，在此基础上形成数的组成的表象和概念才可能是牢固的。

3. 启发探索法

"小朋友，我们都知道5能分成几和几，几和几合起来是5。那么总数换成6，你们会分吗？先想一想，6分成两个数可以分出几组？（5组）会分的小朋友可以直接用数字写出来。如果还不太会，也别着急，每桌都有一盘扣子，请你取出6个扣子，排成一排，再取出一张记录纸，想一想学5的组成用翻瓶盖的办法，现在改用移扣子，用从左往右移动扣子的办法，看看6可以怎样分，分一次，把分出的左右两个数做一次记录，直到右边只剩下1个扣子，再数一数你的记录单上记下的一共有几组。"

4. 问答游戏法

练习数的分解组合游戏很多。如："小朋友，我问你，'5'可以分为几和几？"学前儿童回答：老师，老师，我告诉你："5"可以分为1和4，1和4合起来是"5"，"5"可以分成2和3，2和3合起来是"5"。

📖 **思考与练习**

1. 学前儿童集合概念的发展有哪些特点？
2. 学前儿童基数概念的发展有哪几种水平？
3. 试述认识基数的教育主要有哪些？
4. 学前儿童数的组成教育有何意义？
5. 请设计一个"感知集合"的教育活动。
6. 请设计一个"数的组成"的教育活动。

第八章

学前儿童运算能力发展与教育

【本章提要】 学前儿童在初步掌握数概念、数的分解组合以及形成一定计数能力的基础上进而可以理解数量关系，掌握 10 以内加减运算。算术运算包括了加、减、乘、除四则运算。学前儿童重点是学习 10 以内加减运算，也可以迁移到 20 以内或是 100 以内的运算，这就是所谓的以 10 保底上不封顶的开拓式数学教育，突出培养数学能力。数的运算实际上是对数量关系的一种运用。学前儿童在生活的早期就已有了对加减运算的最初接触。虽然他们还不会运算，但在生活中会遇到很多加减的实际事例。这些生活经验为他们学习加减运算提供了重要的基础。学前儿童学习 10 以内的加减运算，目的是使他们对日常生活中遇到的数量关系及其变化能有所感知和认识，并能初步地用加法和减法口头解答实际生活中的一些简单问题。

第一节　关于加减运算的基本概念

算术运算包括了加、减、乘、除四则运算，学前儿童主要学习简单的 10 以内加减运算。它是学前儿童数学教育的主要内容。

一、加法运算

（一）什么是加法运算

把两个数合在一起，得出总数的运算方法叫加法运算。它是在某一个数上再增加另一个数的计算方法。

（二）加法运算由哪些部分组成

加法运算由"加数"、加号"＋"、等号"＝"与"和"组成。一般加数为两个：第一个加数与第二个加数。加法运算的结果即得数叫和。例如在 4＋3＝7 这个加法运算中，4 为第一个加数，3 为第二个加数，得数 7 叫和。在加法运算中，任意交换加数的位置，其和不变。

二、减法运算

（一）什么叫减法运算

减法运算是已知两个数的和及其中一个加数，求另一个加数的运算。

（二）减法运算由哪些部分组成

减法运算由"被减数"、减号"一"、"减数"、等号与差组成。被从中减去一部分数的数叫被减数，所减去的这个数是减数。减法运算所得的结果叫差。例如，在 $7-2=5$ 这一减法运算中，7 为被减数，2 为减数，5 为差。

第二节　学前儿童加减运算能力的发展

一、学前儿童加减运算能力发展的规律性

学前儿童加减运算能力的发展，可从具体到抽象和从逐一加减到按群加减两个方面予以考察。这两方面的发展过程，均从不同角度反映着学前儿童思维抽象性的发展过程和水平。对学前儿童加减运算能力一般发展规律的研究将为如何指导学前儿童学习 10 以内加减运算提供科学依据。

（一）学前儿童加减运算能力发展的一般规律

1. 从具体到抽象

学前儿童加减法运算能力要经历从感知动作水平加减到形象表象水平加减再到概念符号水平的加减的发展过程。

（1）感知动作水平加减

感知动作水平加减是指以摆弄实物或手指等直观物体材料为工具，借助合并、分开等动作进行的加减运算。

（2）形象表象水平加减

形象表象水平加减，就是可以不借助于实际的物体，在头脑中依靠对形象化物体的再现进行加减运算。口述应用题就是运用表象进行加减运算的典型事例。口述应用题以生活中熟悉的情节表示出数量关系，唤起学前儿童头脑中积极的表象活动，从而帮助学前儿童理解题意和数量关系，选择正确的方法进行运算。

运用表象进行加减是学前儿童学习加减的主要手段。尤其在学前儿童开始学习加减时，以表象为依托的口述应用题，对学前儿童理解加减含义和数量关系以至运算符号和运算式题等均起着十分显著的作用。

（3）概念符号水平加减

抽象水平的加减也可称作群集概念水平的数运算，是指直接运用抽象的数概念进行加减运算，无需依靠实物的直观作用或以表象为依托，表现为能直接进行口头或书面的加减算式符号等，这是较高水平的加减运算。

可用一个例子对这 3 种水平运算做出区分：①出示绒布教具同时叙述：有3 只小鹿在树林里玩耍，一会儿又跑来 2 只小鹿，现在树林中一共有几只小鹿？这是具体水平，因为有教具呈现在眼前，学前儿童可凭直观，计数小鹿的数量。②不出现小鹿，只口头叙述情景，引起学前儿童头脑中小鹿数量的再现进行运算。③口述或出现数字算式题 $3+2=$ ？这是舍去了所有可凭借的直观

和表象的形象，只凭抽象的数字进行的加减运算。

2. 从逐一加减到按数群加减

学前儿童掌握加减法要经过逐一加减到按数群加减的发展过程。这一过程，从形式上看似乎是个运算方法问题，实际上是反映了学前儿童在加减运算中思维抽象性的不同水平。

（1）什么叫逐一加减

所谓逐一加减，就是用计数的方法进行加减运算。加法是以第一个加数为起点，开始逐一计数，直到数完第二个加数为止，如 $4+3=?$，就数成 5、6、7，结果为 7。减法则是从被减数开始逐一倒数，直到数完要减去的数量为止，如 $6-2=?$ 算法是 5、4，结果为 4。

逐一加减就是用计数的方法进行加减运算。这种方法还可分为两种水平，一种是先将两组物体合并在一起，再逐一计数它们一共是几个的加法运算。减法是先把要减去的物体取走，再逐一计数剩下的物体数以求得数。这种加减的方法实际上是逐一计数，运用的不是数群概念。另一种水平是在原有物体的数量上接着数的办法，一直数到得数为止。

（2）什么叫按群加减

按群加减就是依靠抽象数概念进行加减运算的方法。学前儿童把数看成一个整体，运用数的组成关系直接进行加减的方法，就是按群加减。如 $3+4=?$ 学前儿童不用计数能立即回答出 7，表明已达到抽象数概念的水平。

学前儿童掌握加减法要经过逐一加减到按群运算的发展过程。这一过程，反映了学前儿童在加减运算中思维抽象性的不同发展水平。开始学前儿童需要用逐一计数的方法进行加减运算。如学习加法时，将两组物体合并在一起，再逐一计数算出得数。学减法时先把要减去的物体拿走，再逐一计数剩下的物体以算出得数。在这以后学前儿童在学加法时可以先数一组物体的数目，再逐一计数另一组物体的数目，寻求得数。而学减法时，他们可能采用逐一倒数的方法，倒接到要减去的数量为止。学前儿童在这里进行的是逐一计数，倒接数或倒接数，而不是按数群加减。按数群加减实质上是依靠抽象的数概念进行加减运算。学前儿童此时能将所说的数或数字作为一个整体把握，这样才可能按数群进行加减运算。这一发展过程，实质上是学前儿童思维发展的一个质变，同时也是以后加减运算能力进一步发展的一个必要的基础。

总之，以上两方面的发展规律从不同角度反映着学前儿童思维抽象性的发展过程和水平。对学前儿童加减运算能力一般发展过程的研究将为如何指导学前儿童学习 10 以内加减运算提供科学依据。

（二）学前儿童学习加减运算的特点

1. 学习加法比减法容易

学前儿童受生活经验的影响，在生活中接触加法先于减法。如计数就是从小到大。

受运算方法的影响，在进行加法运算时，学前儿童可运用顺数的方法来解决，而进行减法运算时，要运用倒数的方法才能解决，学前儿童运用倒数的方法要困难一些。

更主要的是，加法是把两个数群合并为一个新数群，在被加数（第一加数）和加数（第二加数）之间无须进行比较大小、多少，仅在判断"和"的正确性时才涉及 3 个数群的关系；而减法在一开始就需要对被减数与减数两个数群进行比较哪个大、哪个小、哪个多、哪个少，然后又涉及被减数、减数与差 3 个数群关系。可见减法中数群的比较和关系比加法复杂。实验表明，学前儿童掌握数群之间的逆反关系要难于等量关系。

减法是加法的逆运算，学前儿童在运用数的组成知识学习减法时，需具备两个数群关系的逆反能力，即需将两个部分数合起来等于总数，同时还需再转换为总数减去一个部分数，等于另一部分数。在解决减法问题时，很多学前儿童常是做减想加。如问："小兔一天吃了 8 根萝卜，它上午吃了 3 根，下午吃了几根呢？"学前儿童回答："下午吃了 5 根，因为 3 和 5 合起来是 8。"可见学习减法时，学前儿童在思考时需要做一个逆转，故学前儿童学习减法要难于加法。教师在数学教学中，应有意识地引导学前儿童运用组成知识解答加减运算问题，其中特别要注意引导学前儿童感知和体验减法中的逆转关系，使学前儿童对 3 个数群之间的关系有一定的认识。如学前儿童在学习 5－2＝3 这道算式时，在学前儿童回答了得数后，教师可出示 5 的组成分合式，并指着这一分合式进行讲解，即从 5 里面拿去 2，剩下 3。

2. 学前儿童学习加小数、减小数的问题容易，学习加大数、减大数的问题难

学前儿童在学习加法时，大数加小数容易掌握，而小数加大数则感到困难。

在学习减法时，减数小容易掌握，减数大也较难掌握，出现错误也较多。这可能与学前儿童已有的数概念经验有关。

学前儿童在认识基数和序数时，对相邻两数的数差关系，相邻数之间的数差关系，10 以内数序的已有认识，以及顺数、倒数的学习等，这些经验都可以帮助学前儿童解决加小数、减小数的问题。如 6＋1 等于几，就可以想作比 6 多 1 的是几，或 6 添 1 是几；6－1 等于几，可以想作比 6 少 1 的是几，或 6 去 1 是几等。相反加大数、减大数，不太可能运用上述经验来解决问题，故这类加减运算问题学前儿童学习时困难较大。

3. 学前儿童理解和掌握应用题比算式题容易

应用题是用文字或语言叙述生产或生活实际中一些已知数量和未知数量的关系，而要求得未知数量的题目。应用题包括 3 个组成部分：一是内容，反映生产或生活的实际事实；二是条件，已知数量及它与未知数量的相互关系；三是问题，要求解答的未知数量。学前儿童学习的应用题是语言叙述的应用题。

应用题最主要的特点，就是它来源于生活，它以人们熟悉的生活情景表述

数量关系，以及要求解答的数量问题。这种寓加减运算于生活情景中的题目，由于其情景性和贴近生活的特点，为学前儿童表象的积极活动提供了素材。学前儿童借助于头脑中的表象，较好地理解了应用题中的数量关系，从而能够容易地解决应用题中提出的问题。加减算式题是以数字和符号组成的，它既无实物的直观性，又无表象作为思考的依托，学前儿童在理解和解答上都会有一定的困难。

有时人们会看到学前儿童对加减算式题也能较快地掌握，这可能是一种对符号意义的理解。当学前儿童加减运算概念还未达到抽象概念的水平时，他们往往不能回答加减算式题所表达的含义。

因此，教师应通过引导学前儿童学习口述应用题，促进其加减运算能力和数理逻辑思维能力的发展。

二、学前儿童加减运算能力发展的年龄特点

（一）3～4岁实物运算阶段

3岁半以前的学前儿童面对实物，却不知道用它来帮助进行加减运算。他们要依靠成人将实物分开、合拢给他看，才能说出一共有几个或还剩下几个。他们不理解加减的含义，不认识加减运算的符号，数的运算对这个年龄的学前儿童来说是很困难的。但是经过有目的有计划的实物运算教育，4岁左右学前儿童可以掌握逐一加减的运算：$1+1=2$，$2+1=3$；$2-1=1$，$3-1=2$。

（二）4～5岁表象运算阶段

4岁学前儿童一般会自己运用实物进行加减运算了，但在进行加法运算时，需要将表示加数和被加数的两堆实物合并，再从第1个开始一个一个地逐一点数后说出总数（即得数）。在进行减法运算时，也一定要把减掉的实物部分拿掉，再逐个数剩下的物体个数，得到剩余数。这时学前儿童完全依靠动作思维，是在最低的思维水平上学习数的运算。但值得注意的是4岁以后的学前儿童已经表现出有初步的运用表象进行加减法运算的能力了。如"树上有3只小鸟，又飞来了1只，现在树上一共有几只小鸟？""树上有3只小鸟，飞走1只，现在树上还有几只小鸟？"这类问题，研究结果表明，4岁学前儿童正确解答求和、求剩余口述应用题的人数可达90%和56%，但他们不能回答"用什么方法算的"的问题。学前儿童是凭借生活经验和应用题中熟悉的情景而引起积极的表象活动，使问题得到正确解答，这虽不是真正意义的加减运算，但可以看出口述应用题在学前儿童学习加减运算中的重要作用。

（三）5～6岁群集运算阶段

5岁以后，学前儿童学习了顺数和倒数，他们能够将顺数和倒数的经验运用到加减运算中去。此时，多数学前儿童可以不用摆弄实物，而是用眼睛注视物体，心中默默地进行逐一加减运算。5岁半以后，随着学前儿童数群

概念的发展，特别是在学习了数的组成以后，他们在教师引导下，开始运用数的组成知识进行加减运算，这样就从逐一加减向按数群加减的水平发展。但这中间还存在着一定的个体差异，如有的大班儿童在遇到困难时，还会伸出手指进行逐一计数。对这一情况，教师不要硬性禁止，而应引导学前儿童用顺数、倒数的方法进行加减运算，再逐步地引导他们学习用组成知识进行群集加减运算。

第三节　学前儿童加减运算能力的教育

一、实物运算能力的教育训练

（一）训练依据

根据学前儿童初期直觉行动思维占主导的特点，教学前儿童学习加、减运算，不能从数字运算开始，而应从实物运算开始。

直觉行动思维，主要以直观的、行动的方式进行。这种思维的主要特点是：一方面思维是在直接感知中进行的，思维离不开客观事物，要紧紧依靠对物体的直接感知；另一方面思维是在实际行动中进行的，思维离不开儿童自己的动作。因此，教师应重视学前儿童动作水平的数学能力。

实物运算，就是依靠实物进行的运算，就是学前儿童在感知物体与手摆弄实物的过程中做加、减运算的。实际上是通过动作和知觉进行运算。

（二）训练目的

学前儿童喜欢摆弄实物，通过"分开"、"合拢"、"添上"、"取走"等一系列动作，初步理解加"1"减"1"的含义；

学会口手一致逐一点数，说出总数；按数取物，说出总数等的计数方法，得出加、减运算的结果（5以内）。

（三）训练方法

给物说数法：教师先给学前儿童2个玩具，再给1个玩具，让学前儿童说出老师一共给他几个玩具？

听数取物法：教师先说取2面小旗，再送给小伙伴1面小旗，还剩几面小旗？

合拢点数法：教师拿着两小盘水果，同时倒入大盘里，问大盘里一共有几个水果？

加一减一法：$1+1=?$　$2-1=?$　$2+1=?$　$3-1=?$　$4+1=?$　$5-1=?$

问答游戏法："我说1，谁答1，2减几等于1；我说2，谁答2，1加几等于2；我说3，谁答3，2加几等于3；我说4，谁答4，3加几等于4；我说5，谁答5，4加几等于5。"

二、表象运算能力的教育训练

（一）训练依据

根据学前儿童具体形象思维占主导的心理特点，具体形象思维依靠表象，即依靠事物在头脑中的具体形象的联想进行的。这是学前儿童思维的典型方式。因此，教师应加大表象运算能力训练，培养学前儿童表象水平的数学能力。表象运算，就是心算。心算就是以实物运算经验为基础，根据记忆中的表象，并依靠词的帮助进行的。表象运算可以不必借助具体实物，但必须把抽象的数想象为形象的东西。它要比实物运算难得多。它的前提不仅要明确数量关系的表象，而且还要有理解表示数量关系及实际生活情节的语言。学前儿童必须知道："增加……"、"又买来……"、"飞来了……"、"一共是……"等词语是表示加起来的意思。"用去了……"、"吃掉了……"、"飞走了……"、"还剩……"等词语是减去的意思。当学前儿童听到这些词时，头脑中就出现了相应的表象，于是激活表象进行运算。

（二）训练目的

引导学前儿童在表象水平上理解加法和减法的含义；
学会解答简单的"求和"、"求剩余"的口述应用题；
学会看图描述或模仿编题，口述算式，算出得数；
培养学前儿童分析综合的思维能力和解决生活中数学问题的应用能力。

（三）训练方法

1. 看图描述法

看图描述法：教师为学前儿童准备动态图片引导学前儿童观察图片，并用词语描述"飞来了"、"飞走了"、"一共"、"还剩"，熟悉应用题的结构。

2. 题型教学法

题型教学法：教师口述各题型的应用题前例引导学前儿童分析题意，寻找方法，得出结果。以此培养训练学前儿童思维的灵活性和广阔性的品质。

（1）加法题型

加法题型 A：两个集合元素合在一起一共是多少？用加法。

例 8.1 老师拿来 4 个桃子，又拿来了 3 个苹果，合在一起共有多少个水果？

解 $4+3=7$

例 8.2 有 4 只小花猫，又来了 1 只小狗，合在一起是多少只动物？

解 $4+1=5$

加法题型 B：一个集合的扩大，求现在有多少，用加法。

例 8.3 原来有 5 条小鱼，在池塘做游戏，后来又游来了 3 条小鱼，现在有几条小鱼做游戏？

解 5＋3＝8

例 8.4 在草地上原来有 4 只兔子在吃草，又跑来 3 只小兔，现在草地上有几只小兔在吃草？

解 4＋3＝7

加法题型 C：某个号码再加上几个号，求新号数，用加法。

例 8.5 老师让小朋友拿出 2 号苹果，再拿出比 2 号多 3 个号的苹果，这个苹果应该是几号？

解 2＋3＝5

例 8.6 小芳是 6 号运动员，小红比小芳多 4 号，小红是几号运动员？

解 6＋4＝10

加法题型 D：某顺序号再加几个号，求新顺序号，用加法。

例 8.7 数一数这座大楼共九层。公鸡住在第 2 层，唐老鸭比公鸡高 6 层，想想唐老鸭住在第几层？

解 2＋6＝8

例 8.8 小熊住在第 3 层，小山羊比小熊高 3 层，小山羊住在第几层？

解 3＋3＝6

加法题型 E：已知去掉多少，和剩下多少求原来是多少，用加法。

例 8.9 在池塘的荷叶上有许多青蛙在唱歌，其中有 2 只跳下水，荷叶上还剩 5 只青蛙，求原来荷叶上有几只青蛙在唱歌？

解 2＋5＝7

（2）减法题型

减法题型 A：求还剩多少用减法。

例 8.10 小红的爸爸给家人买了 7 个雪糕，化掉了 3 个，还剩几个雪糕？

解 7－3＝4

例 8.11 小刚有 6 个苹果，送给邻居小妹妹 1 个，还剩下几个苹果？

解 6－1＝5

减法题型 B：求减少了多少用减法。

例 8.12 在水池里原来有 9 条鱼，现在剩了 6 条，减少了多少？

解 9－6＝3

例 8.13 原来 9 个柿子，现在剩下 4 个柿子，吃掉了几个柿子？

解 9－4＝5

减法题型 C：比某个顺序号少几个号，求新的顺序号，用减法。

例 8.14 小山羊住在第 6 层楼，大公鸡比它低 4 层，大公鸡住第几层楼？

解 6－4＝2

例 8.15 森林的草地上的动物运动会，黑熊跑第 4 名，猎豹在黑熊前 3 名，问猎豹跑在第几名？

解 4－3＝1

减法题型 D：求两组物体数量相差多少用减法。

例 8.16 在花园里，有 7 只蝴蝶在找花朵，可是只有 5 朵小花，问：蝴蝶与花朵相差多少?

解 $7-5=2$

例 8.17 小兔和小猫在分梨，小兔分到 2 个，小猫分到 6 个，问：小猫比小兔多分了几个梨? 小兔比小猫少分几个梨?

解 $6-2=4$

减法题型 E：求少几个号? 用减法。

例 8.18 幼儿园庆"六一"制作不倒娃娃，一个女娃娃是 4 号，有一个男娃娃是 2 号，问女娃娃比男娃娃多几个号?

解 $4-2=2$

3. 改错练习法

教师出几道条件不全的应用题，让学前儿童分析判断找出错误，补充条件，填充完整加减法应用题。

1) 出缺一个已知数的题："妈妈给小华买了 4 支铅笔，爸爸又给小华买了彩笔，小华一共有几支笔?"（讨论这道题能不能算? 为什么?）

2) 出缺少问题的题："妈妈给小华买了 4 支铅笔，爸爸给小华买了 10 支彩笔，小华高兴极了!"（这道题能不能算? 为什么?）

3) 出一道不是一类或不是一回事的题：如"院子里有 5 只鸭子，4 个小孩子，一共有多少?"（这道题能不能算? 为什么?）

4) 出一道无数量关系的 3 个数字，让学前儿童用 3 个数字编题，如"3"、"4"、"9"（这 3 个数能编题吗? 为什么?）

三、符号运算能力的教育训练

(一) 训练依据

抽象逻辑性是人类思维的典型方式。5 岁以后的儿童，明显地出现了抽象逻辑思维的萌芽，这具体表现在分析、综合、比较、概括等思维基本过程的发展、概念的掌握和判断推理能力的形成以及理解能力的发展，为符号运算能力训练奠定了心理基础，提供了训练依据。

数的组成是抽象加减运算的基础。5 岁以后，儿童数的组成能力发展很快，6 岁左右的儿童能运用数字和分合号"∧"表示数群之间的总数与部分数之间的关系。如，"10"可以分成"1 和 9"，$1+9=10$；"10"可以分成"2 和 8"，$2+8=10$，"10"可以分成"3 和 7"，$3+7=10$，"10"可以分成"4 和 6"，$4+6=10$，10 可以分成"5 和 5"，$5+5=10$；……

(二) 训练目的

1) 符号运算能力的训练，可以提高学前儿童加减运算能力由动作水平、表象水平上升为抽象水平。

2) 符号运算能力的训练，可以提高学前儿童思维敏捷性、灵活性和加减运算速度，培养速算能力。

3）符号运算能力的训练，可以使学前儿童掌握更多的运算技巧和方法，如"凑10法"、"口诀法"、"先减后加法"以及"做减想加法"等等。

（三）训练方法

1）符号认知法：教师要引导儿童认识加号"＋"、减号"－"及等号"＝"的特征并理解这些加减运算符号的实际意义。

2）数字书写法：幼儿学习书写数字，应运用日字格，教师用范例（如图8-1所示）做书写示范，再让幼儿在砂纸数字板上进行坐姿及笔顺练习，最后在日字格本上书写练习，掌握正确用笔方法。

3）算式转换法：教师引导儿童进行加、减互逆运算。如，$1+9=10$，$2+8=10$，$3+7=10$，$4+6=10$，$5+5=10$可转换为$10-1=9$，$10-2=8$，$10-3=7$，$10-4=6$，$10-5=5$。……

4）速算游戏法：教师引导幼儿进行"算得快"游戏竞赛，提高对加减法算式的敏感性和思维的敏捷性。

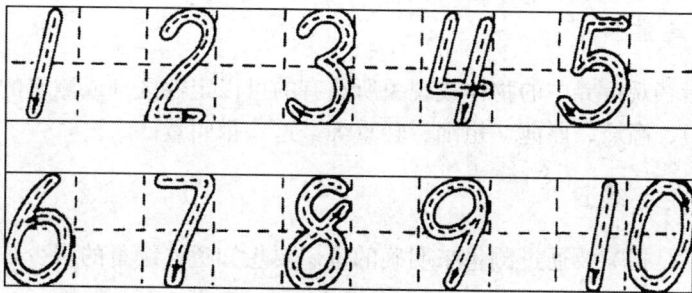

图 8-1

📖 **思考与练习**

1. 什么是加减法运算及其组成部分？
2. 简述学前儿童加减运算能力发展的一般规律。
3. 创编加法应用题：A，B，C，D，E各种类型。列算式，写答案。
4. 创编减法应用题：A，B，C，D，E各种类型。列算式，写答案。

第九章

学前儿童量的认知发展与教育

【本章提要】量是指客观世界中的物体或现象所具有的可以定性区别或测定的属性。量的学习是学前儿童数学教育的重要内容之一。通过本章的教学和学生的设计实践作业重点掌握学前儿童量的相关知识、发展特点和活动设计的程序和设计的方法。

第一节　关于量的基本概念

一、什么是量？

量是指客观世界中的物体或现象所具有的可以定性区别或测定的属性。如大小、长短、高矮、厚薄、粗细、轻重等，这些都叫量。

二、什么是连续量？

连续量是指需要通过测量来明确的量。要想知道连续量的多少，必须借用测量的工具测量才能得出结果。如物体的长度、重量、容积等。

三、什么是不连续量？

不连续量是指物体的多少，是用计数来明确的量。如有多少个小朋友、多少把椅子、多少个苹果等。

四、什么是量的守恒？

物体量的守恒是指物体的量不因外部因素的干扰而发生变化。如长度守恒、面积守恒、重量守恒、容积守恒等。

五、什么是量的排序？

排序是指学前儿童按照一定的要求或规定，把事物按照一定的次序进行排列的过程。如按照长短把木棒进行排列、按照大小对苹果进行排队等。

六、什么是测量？

测量就是把待测定的量同一个作为标准的同类量进行比较的过程。测量又分为：直接测量和间接测量。而这个作为标准的量就是测量单位。如长度的测量单位是米。

七、什么是自然测量？

自然测量是指利用自然物作为量具（器）进行直接测量。如用杯子测量有多少杯水，用小棍测量桌子有多长，用脚测量房间有多宽等。

第二节 学前儿童量的认知能力的发展

一、学前儿童认识大小和长度能力的发展

（一）2 岁左右

儿童感知物体大小的能力发展较早，2 岁左右大部分儿童就能对大小不同的物体做出不一样的反应，一般儿童选择较大的物体，并且能按照成人的要求和指示选择大小不同的物体。

（二）3～4 岁左右

3～4 岁儿童已经能正确区分大小、长短不同的物体，并且感知物体大小、长短的准确性在提高，能正确判断远处物体的大小和不同位置物体的大小；也能对物体大小、长度概念给予积极反应，能用简单词汇进行表达。如我要吃大的苹果，这个是长的。

（三）4～5 岁左右

随着儿童自身的发展和教育的作用下，4～5 岁儿童在大小、长度上的认知能力进一步发展。表现在：能区分大小、长短不同的物体，并能按照物体大小、长短排序；能从一组物体中找出大小或长短一样的物体，并能判断是否一样大小或长短；能认识物体的大小、长短、厚薄、粗细等，并能用相应词汇进行正确的表述。

（四）5～6 岁左右

5～6 岁的儿童随着思维能力的发展，在对物体大小、长度正确认识的基础上，进一步理解物体大小、长短的相对性，具有了初步的守恒能力。

二、学前儿童排序能力的发展

（一）学前儿童排序能力的年龄特点

1）3 岁学前儿童在完成排序任务时，带有很大的游戏性、任意性和不稳定性。

2）4 岁学前儿童往往用分组比较方法，进行 5 的排排。

3）5 岁学前儿童排序时，具备一定目测能力，开始进行 10 的排序。

4）6 岁学前儿童进行 10 的排序时，目测能力提高并能自学利用简便的排

序方法如 10 根棍从最长或最短开始排。

（二）四种排序能力的年龄特点

1）正排序：3～4 岁进行 3 以内物体的正排序；4～5 岁能进行 5 以内物体正排序；5～6 岁能进行 10 个以下物体的正排序。

2）逆排序：3 岁不能逆排序；4～5 岁是逆排序能力迅速发展的时期，由 20％上升到 75％。

3）传递性：传递性是指根据 A＞B，B＞C 从而得出 A＞C。3 岁学前儿童传递性回答正确率只有 10％左右；3～4 岁学前儿童有 50％可以说出 3 种物体的传递性，但大部分说不出原因；5～6 岁是认识传递性较快的时期，这时大部分学前儿童能正确说明回答的原因，达到 50％左右。

4）双重性。双重性是指物体根据所比较的对象不同，而据有不同的比较结果。如，一个物体既可以是大的或长的，又可以是小的或短的，关键是做比较的对象。研究发现：3 岁学前儿童不能进行双重性的判断；4 岁为 20％；5 岁后这种能力迅速发展可达到 70％；6 岁学前儿童基本都能做出正确判断。但是能正确回答理由的学前儿童较少，直到 6 岁也只有 40％左右的学前儿童能正确解释原因。

三、学前儿童重量感知的发展

1）3 岁左右的学前儿童已能感知和判断具有明显差异的两个物体重量的不同。

2）4 岁左右的学前儿童已基本上能用正确的词汇表示自己对物体的轻重感知和判断。

3）5 岁左右的学前儿童判断轻重差异的精确性有了较大的提高，并能理解和运用"轻"、"重"等词汇。

4）6 岁左右的学前儿童已具备认识物体重量和体积之间关系的能力。

第三节　学前儿童量的认知能力教育

一、教育要求

（一）小班（3～4 岁）

1）学会用比较的方法区别并说出大小、长短、高矮差别明显的两个物体。

2）能从 5 个以内大小、长短、高矮差别明显的物体中找出并说出最大（最长、最高）和最小（最短、最矮）。

3）能按物体的外部特征或量的差异进行 3 个物体的排序。

（二）中班（4～5 岁）

1）能区别说出物体的宽窄、粗细、厚薄、轻重。

2）能从 5～6 个物体中找出等量物体。

3）能进行 5 以内的正、逆排序。

（三）大班（5～6 岁）

1）认识理解量的相对性。
2）学会量的守恒。
3）能进行 10 个物体正逆排序，并掌握方法。
4）学习自然测量，掌握方法。

二、教育方法

（一）感官比较法

学前儿童最初对物体量的认识不是通过测量的方法，而是通过各种感官去感知量，在视觉、运动觉、触觉等各种感觉分析器的作用下，他们在活动中体验到物体在大小、长度、重量等方面的特性。因此，成人作为教育者应该充分的发挥学前儿童看、摸、摆弄等活动的作用。

（二）环境寻找法

教师要创设一个有准备的环境，激发学前儿童在环境中主动探索的愿望，积极寻找感知和认识各种量，感知和理解各种量之间的关系。

（三）游戏练习法

游戏是学前儿童最喜欢的活动。教师要选择和创造各种游戏活动，让学前儿童在游戏中，不知不觉的无意识中获取量的知识。

（四）范例排序法

学前儿童最初不能很好的理解排序的要求和标准，所以教师应先予以示范，做出范例，同时说明要求，让学前儿童按照要求模仿和练习。

（五）自然测量法

自然测量是指利用自然物作为量具（器）进行直接测量。学前儿童不宜用通用的标准测量单位，只用他们熟悉的一些物品作为测量工具。如用筷子、小棍、脚步、手等测量物体长度。

思考与练习

1. 什么是量、连续量、不连续量？
2. 简述学前儿童量的认知发展的一般规律。
3. 设计一个学前儿童量的教学活动方案。

第十章

学前儿童几何形体认知的发展与教育

【本章提要】形体是物体的一种空间存在形式，几何形体是对客观事物形状的抽象和概括。几何形体包括平面图形和立体图形。对学前儿童进行几何形体的教学，是学前儿童数学教育的重要内容。几何形体的教育，可以提高和改善学前儿童空间认知能力，并为学习数学概念奠定基础；还可以发展学前儿童空间想象能力和解决实际问题的能力。本章的教学主要是掌握有关几何形体的概念；了解学前儿童几何形体认知发展的特点，掌握进行学前儿童几何形体教学的方法。

第一节　关于几何形体的基本概念

几何形体分为平面几何图形和立体几何图形（几何体）。

一、什么是平面几何图形

平面几何图形是指由不同的线在二维空间所形成的一个面中封闭而成的图形。如圆形、正方形、长方形、梯形等。

二、什么是立体几何图形

立体几何图形是对客观物体形状的抽象和概括，它是由几个面所围成的三维形体，具有普遍性和典型性。它源于客观世界物体的形状，又不同于任何一个具体物体的形状，而是对相似形状的一类物体的概括，反映物体的形状属性，是确定物体形状的标准。

立体几何图形是数学的重要内容，是数学研究的对象。几何形体的教学是学前儿童数学教育的一项重要内容，它的认知是学前儿童数学能力发展的重要任务。学前儿童学习简单的几何形体，可以帮助他们对客观世界中形形色色的物体作出辨认和区分，发展他们的空间知觉能力与初步的空间想象力，从而为下一步学习奠定基础。

第二节　学前儿童几何形体认知能力的发展

一、学前儿童认识几何形体的发展趋势

（一）认识几何形体的顺序

1）先认识平面几何图形后认识几何体。

2）认识平面图形的顺序：先圆后正方，然后逐次是三角形、长方形、半圆形、椭圆形和梯形等。

3）认识立体几何体的顺序：球体、正方体、圆柱体、长方体和圆锥体。

（二）认识几何形体的特征

认识几何形体的特征，可以通过配对→指认→命名。配对是指找出与给定的范例图形相同的图形。指认是按成人口述图形的名称，找出（指出）相应的图形。命名是说出给定图形的名称。

二、学前儿童认识几何形体的年龄特点

（一）3～4岁

1）对平面图形具有较好的配对能力。

2）对圆形、正方形、三角形达到正确认识的水平，但不是从形状的特征上来认识，而是与现实生活中熟悉的物体相对应。

（二）4～5岁

1）能正确认识长方形、半圆形、椭圆形、梯形。

2）能理解平面图形的基本特征。

3）能对相似的平面图形进行比较，找出相同与不同。

4）能做到图形守恒。中班能做到不受大小、颜色和位置的影响，正确辨认和命名。

5）能理解平面图形之间简单关系。分、合、拆、拼的转换。

6）学前儿童对使用平面图形拼搭表现出积极性和创造性。

（三）5～6岁

1）进一步理解图形之间的关系。

2）能认识一些基本的立体几何体：命名和认识特征。

第三节 学前儿童几何形体认知能力的教育

一、教学要求

1. 小班（3～4岁）

1）认识圆形、正方形、三角形，看到图形能叫出名称，按名称找出图形；逐步实现配对→指认→命名。

2）能不受图形颜色、大小的影响，按圆形、正方形、三角形进行分类。

3）认识圆形、正方形、三角形的基本特征。

2. 中班（4～5岁）

1）认识长方形、椭圆形、梯形，能正确说出名称，认识图形的基本特征。

2）能不受图形颜色、大小及摆放位置的影响，正确辨认和命名图形，形成图形守恒，并会按不同的图形进行分类。

3）理解图形之间的简单关系，自由的进行简单拼图。

3. 大班（5～6岁）

1）认识球体、正方体、圆柱体、长方体、圆锥体，能正确说出名称和基本特征。

2）区分平面几何图形与立体几何体，进行平面几何图形与立体几何形体的建构。

3）能利用几何形体进行拼凑建构活动。

二、教学方法

1. 观察触摸法

在现实生活中，单纯的平面几何图形是没有的。因此，在学前儿童开始认知平面几何图形时，应选用学前儿童熟悉的、尽量接近平面几何图形的物体让学前儿童观察、抚摸，多感官的进行感知，丰富他们的感性经验，引导他们注意物体面上的轮廓。

2. 图形比较法

在平面几何图形中，有的图形比较接近，并且图形之间具有一定的关系，因此在进行平面几何图形教学时，应加强图形之间的对比，让学前儿童在比较中发现图形之间的关系以及各种图形的本质特征。

3. 图形分合法

平面几何图形相互之间存在着密切的关系，像正方形或长方形都可以分解成两个同样大小的三角形,这两个三角形合起来又成为原来的图形,因此在进行平面几何图形教学时,应进行图形的分合训练,让学前儿童在分合中发现图形之间的关系以及各种图形的基本特征。

4. 图形分类法

设计各种游戏或任务,让学前儿童把各种物体或图形进行分类操作,可以让学前儿童进一步巩固对平面几何图形特征的认识,增强解决实际问题的能力。

5. 剪贴拼图法

这种方法,也是一种实际操作练习的方面,让学前儿童自由的或按要求对图形进行剪贴拼图,既可以巩固对图形间相互关系的认知,又可以增强学前儿童学习的兴趣,提高空间想象能力和解决实际问题的能力。

6. 图形触摸法

大班学前儿童也是通过各种分析器的综合感知认识几何体的。所以应让学前儿童充分地观察比较、触摸感知几何体,并在这个过程中启发学前儿童认识几何体的特征。例如认识球体,现发给每人一个球体物,如皮球、乒乓球、玻璃球等,请他们自由的观察、触摸和摆放,并思考它们是什么样子的?摸上去有什么感觉?再放在桌子上看看它会怎样?它叫什么名字等问题,然后组织学前儿童共同讨论,使学前儿童认识到,球体无论从哪一个方向看都是圆的,放在平面上能向任意方向滚动。

7. 形体建构法

各种各样的积木都是较为标准的几何体,教师可以利用这些几何体,让学前儿童按照自己的构思,根据各种几何体的形状和特征,选择适宜的积木摆放在相应的位置,搭建各种建筑物。这样,不仅加深学前儿童对几何体的认识,同时,也学习了拼搭的技能。

8. 手工、泥工法

制作的各种各样立体的手工或泥工,也是较为标准的几何体,教师可以利用这些手工、泥工制作活动,让学前儿童按照自己的构思,自由制作各种物体,通过制作物体巩固对各种几何体的认识。这样,不仅增加学前儿童学习几何体的兴趣,同时,也发展了学前儿童动手操作的能力。

9. 分类、排序法

让学前儿童按几何形体的特征正确地进行分类。也可给学前儿童各种几何体,让他们按一定的规则进行排序,加深对几何形体的认识。

10. 图形比较法

学前儿童学习几何体,可以将所学几何体与相应平面几何图形做对比,也可以把几何体相互作对比。

几何体与平面几何图形的区别在于几何体有长短、宽窄和高低，平面几何图形只有长短和宽窄。将平面几何图形与相应的几何体比较既加深了对平面几何图形的认识又突出了几何体的特征，帮助学前儿童克服平面几何图形与几何体混淆的现象。因此，认识几何体应与相应的平面几何图形进行比较。例如，教学前儿童认识正方体，可以用一块正方体积木和一张与正方体的面等大的纸作比较。让学前儿童先指出正方形的一个面，它有长和宽；而正方体有6个一样大的面，正方体有长和宽外还有高，并让学前儿童用食指沿着正方形的长和宽以及正方体的长、宽、高的3条棱运动比划，使学前儿童清楚长、宽、高具体指的是什么，学会以此辨别平面和立体。还要用多种物体让学前儿童指出不同几何体的长、宽、高，反复进行练习，以求真正理解和掌握。

将几何体与几何体作比较也是认识几何体的一种有效方法。它能突出不同几何体的异同，使学前儿童在原有几何体知识的基础上获得新的知识。例如认识长方体，可以运用已经认识的正方体与长方体（两个对称的侧面与正方体的面等大）作比较，使学前儿童认识到长方体和正方体都有6个面，都有长、宽、高，但是正方体的6个面是一样大的正方形，长方体有4个面是长方形，还有两个面可以是长方形，也可以是正方形。

思考与练习

1. 什么是几何体？
2. 学前儿童几何体认知的顺序是什么？
3. 学前儿童几何体认知的年龄特点是什么？

第十一章

学前儿童时间和空间认知的发展与教育

【本章提要】时间和空间都是比较抽象的概念，但它们又是人们日常生活中经常面临的、不可回避的问题。学前儿童时间和空间概念从出生起就不断的发展，对他们进行时间和空间的教育，有利于发展他们的时间和空间知觉能力，帮助他们更好的适应日常生活。本章的教学主要是掌握时间和空间的概念及其特点；了解学前儿童时间和空间认知发展的特点，掌握进行学前儿童时间和空间教学的方法。

第一节 关于时间和空间的基本概念

一、时间的含义及其特点

（一）时间的含义

时间是物质运动变化过程的持续性和顺序性。任何客观事物都要经历一个持续发展的过程。例如，物体的掉落是在很短时间内发生的，而一个人的生长则是一个缓慢的过程，要持续很长的时间。

在日常生活中，我们会经常涉及到时间概念，但我们所用的表示时间概念的词汇往往表示不同的含义。有的表示时间的长短，如一天，一小时等；有的表示时刻的先后，如早上、晚上、几点钟等；还有的表示速度，如快、慢等。

（二）时间的特点

1. 流动性

时间不是静止的，它在永不停息的流逝着，而且不以任何人的意志为转移。这是时间的流动性。

2. 不可逆性

时间的流动是有方向的，即"时光不可倒流"。今天过去了再也不会有第二个今天。因此，时间是不可逆的。

3. 周期性

时间的流动虽然是不可逆的，但又是有周期性的。时间年复一年、日复一日，今天有早晨、中午、晚上，明天又有早晨、中午、晚上；今年有春、夏、秋、冬四季，明年又有春、夏、秋、冬四季。时间就是在这样的周期性的流动中走向它无尽的历程。

4. 抽象性

时间不具有直观的形象，我们只能通过某种媒介来认识时间、测量时间。这种媒介可以是自然界的周期性现象，如太阳的升落、昼夜的更替、季节的变化等，也可以是机体内部一些有节奏的生理活动，如脉搏、心跳的节奏以及有节奏的呼吸等，还可以是计时的工具，如钟表、日历等。但是不管怎样，我们都看不见、摸不着时间，这就是时间的抽象性。

二、空间的含义及其特点

(一) 空间的含义

空间是客观物质存在的形式。任何物质都存在于一定的空间之中，并且和周围的其他物体存在着空间上的相互位置关系，也就是空间方位关系，一般用上下、前后、左右等词语表示。空间方位关系是数学的研究对象之一。

狭义的空间概念，即空间方位概念，是指对客观物体的相互位置关系的认识。而广义的空间概念，还包括对各种空间变换关系的认识（如辨识物体在空间中的移位、翻转或旋转变换），甚至包括对大小和形状的认识。

我们这里讨论的空间概念教育，主要是狭义的空间概念，即空间方位的辨别。空间方位的辨别，就是对客观物体在空间中所处位置关系的判断。它是由多种感觉器（尤其是视觉和触觉）协同作用完成的。

(二) 空间的特点

空间方位概念具有相对性、可变性和连续性的特点。

1. 相对性

我们在描述物体的空间方位时，总是要和一定的参照物联系在一起。如：我在老师的后面，我在黑板的前面。根据不同的参照物，就会得出完全不同的判断。

物体的空间方位不是一个绝对的特征，而必须相对某个参照物而言。我们不能像描述物体的颜色、质地一样描述它的空间位置，而必须以一定的参照物为标准，这就是空间方位概念的相对性特点。

2. 可变性

正因为物体的空间方位具有相对性的特点，它也具有可变性。当参照物的方位发生变化时，该物体的方位也会随之发生变化。比如，原来甲站在乙的前面，如果乙移动了自己的位置，甲就可能变成在乙的旁边或者后面了。再如，即使乙不移动位置，只要他掉转方向，甲也会变成在乙的后面。所以，一个物体的空间方位是会随着参照物的位置或朝向的改变而改变的，这就是空间方位概念的可变性。

3.连续性

物体位置的改变或参照物位置的改变，都会导致物体的空间方位的改变。但这种改变是连续的，而不是突变。比如，在乙从甲的后面移动到甲的前面的过程中，它们之间的空间方位关系也出现了一个连续的变化过程：原先乙在甲的后面，逐渐变成在甲的左后面、左面、左前面、前面。这其中，空间方位的变化是渐进的、连续的，并没有明确的界限。这实际上反映了空间方位概念的连续性特点。即空间方位往往不是就某一个点而言，而是指向一个区域。相邻区域之间的界限是模糊的，无法截然分开。

第二节 学前儿童时间和空间认知能力的发展

一、学前儿童时间概念的发展

（一）学前儿童时间概念发展的一般特点

学前儿童理解时间概念的困难和他们的思维特点有关。学前儿童的时间概念具有以下特点：

1.主观性

儿童对时间的感知具有很大的主观性和情绪性。心理学的研究发现儿童估计时间长短的能力很差，对他们来说，进行有兴趣的活动时，时间就显得很短，相反，若要他们等待，时间就觉得很长。

2.含糊性

儿童的时间概念是很含糊的，他们往往用"昨天"泛指过去，"明天"泛指将来。例如，有个中班儿童说："昨天我爸爸带我去公园了"，实际上是很久以前去的；有小朋友说："我明天就要过生日了"，实际上离他过生日还有很长时间。

3.易受实际生活经验影响

由于时间是抽象的，没有具体形象作支柱，因此，儿童的时间概念多是与生活经验相联系的，而不是依赖标准时间的支持。和他日常生活紧密联系的时间概念，儿童比较容易掌握，如：早上就是起床的时候，上午就是上幼儿园的时候，下午就是妈妈来接回家的时候。可见，儿童的时间概念还带有感性的、直觉的性质。

4.易和空间关系混淆

皮亚杰认为，学前儿童常把一个物体移动的距离远近与时间的长短混同起来，不会考虑速度。因此，他们很难将空间关系和时间关系严格的区分开，而是将二者混淆。他让儿童看同时开动的两个机械蜗牛，当慢蜗牛跑了较长时间而没有赶上快蜗牛时，儿童事后都不能准确再现这件事情，都说是慢蜗牛先停。可见，他们对时间的知觉受到了空间关系的干扰。

（二）学前儿童时间概念发展的年龄特点

1. 3~4 岁

3~4 岁的学前儿童能够掌握一些初步的时间概念，如早上、白天、晚上等，但对时间的理解是与日常生活事件相联系的。3~4 岁学前儿童还不能理解昨天、今天、明天等具有相对意义的时间概念，虽然有时候会用言语进行表述，但还不能真正的掌握。

2. 4~5 岁

4~5 岁的学前儿童都能理解并说出早上、白天、晚上、夜里等一些初步的时间概念，并知道它们合在一起就是一天；并在此基础上，逐步理解昨天、今天、明天等具有相对意义的时间概念，知道昨天就是刚刚过去的一天，今天过去了就是明天。

3. 5~6 岁

5~6 岁的学前儿童对时间概念的认知范围不断扩大，逐步理解更短和更长的时间概念。他们能理解昨天、明天的含义，并能知道它们的相对关系；逐步掌握"星期几"的概念，知道一个星期有七天，能分别说出从星期一到星期天，并学会看钟表，知道几点了。但整个学前期儿童对更大和更小的时间概念还不能掌握。

二、学前儿童空间概念的发展

（一）学前儿童空间概念发展的一般特点

儿童对空间方位关系的辨别，既有赖于他的空间知觉能力，也有赖于他的思维能力的发展，特别是思维的相对性的发展。

我们知道，儿童从很早开始，就能通过他们的视觉、触觉等感官和周围世界中的物体相接触，探索它们的空间关系。儿童会移动自己的身体，以接近目标物体或者伸手拿取特定位置的某个物体。尽管儿童不能用语言明示物体之间的空间关系，但他们已具备了在动作水平上处理空间关系的一定能力。

随着儿童思维的发展，儿童的空间概念也逐渐发展起来。这主要表现为他们能将自己对周围物体位置的感知，逐渐转化成抽象的空间关系。那么，儿童的空间概念是如何发展起来的呢？

儿童最初是以自己的身体为参照系认识空间方位关系的。他们首先把不同的方向与自己本身的一定部位相对应，建立了一种类型的联系：上边是头，下面是脚，前面是脸，后面是背，右面是右手，左面是左手。在儿童掌握空间方位的过程中，是以自己的身体为出发点的。

在进行空间定位时，儿童通常表现为两个发展阶段。在第一阶段，儿童是以实际动作来试验方位，将环境中的物体和他自身的各边相连，比如将身体直接移到物体前和它接触，如果是后退、背向物体，就会说物体在他的后面，如果用伸出的左手摸到物体，就说物体在他左边。在第二阶段，则是以视觉估计物体之间的空间安排以及物体与主体之间的空间安排。刚开始可能会转身或用手指向物体，渐渐地动作就内化了，只是注视物体的位置。这实际上表明了儿童正逐渐摆脱自身参照，而逐渐建立起以客体为参照的新系统。

在学前阶段，儿童虽然开始以外部物体为参照判断方位，但由于其思维的自我中心状态，他们还很难站在别人的立场上思考问题，因此，还不能完全以客体为中心区分空间方位关系，更不能理解空间关系的相对性。比如，他们在理解左右关系的时候，或者是从自己的角度来判断左右，或者是把左右看成是一个绝对的特征，而不能理解左右是两个物体的相对关系。

实际上，理解物体之间的空间关系是一个很长、很复杂的过程，儿童直到小学阶段还在发展。

儿童空间概念发展的总体趋势：从绝对的空间概念逐步过渡到相对的空间概念；从以自我为中心的参照过渡到以客体为中心的参照。儿童辨别空间方位的难易顺序是：先上下，再前后，最后认识左右。

（二）学前儿童空间概念发展的年龄特点

1. 3～4岁

3～4岁的学前儿童能够辨别上下，并开始认识前后。只能理解自己能直觉感知狭小区域的空间方位和正对自己稍远距离的空间方位；否则，他们就无法正确辨认。

2. 4～5岁

4～5岁是学前儿童空间概念发展最快速的时期，他们已能够熟练地辨别上下、前后，并开始以自己为中心辨别左右方位。能够辨别比较远距离物体和稍偏离正向方位物体的空间方位。

3. 5～6岁

5～6岁的学前儿童已能够正确熟练地辨别上下、前后，并把空间分为左右两个区域或前后两个区域，并且能把两者结合，在各自区域中再分出另外的两个区域。但该年龄段的儿童还不能完全做到以客体为中心辨别左右，更不能辨别相对的左右方位。

第三节 学前儿童时间和空间认知能力的教育

一、时间认知的教学

（一）时间认知的教学要求

1. 小班

1）教学前儿童初步理解早晨、晚上、白天、黑夜的含义。

2）能在日常生活中，正确使用这些词汇。

2．中班

1）教学前儿童理解昨天、今天、明天的含义；
2）能在日常生活中正确应用这些词汇。

3．大班

1）认识钟表及其用途。知道时针和分针的名称、用途及其旋转规律。
2）学会看日历，知道一星期有 7 天，7 天的名称及顺序，能确定当天是星期几，昨天是星期几，明天是星期几。

（二）时间认知的教学方法

生活经验是儿童感知和理解时间概念的基础。儿童对时间概念的理解是通过日常生活中对时间关系的经验和体验逐渐发展起来的。所以教学前儿童认识时间应主要通过日常生活来进行，而不是集体的教学活动。具体方法有：
1）看图谈话法：如小猫的一天。
2）游戏活动法：如老狼老狼几点了。
3）生活谈话法：如小宝的一天。
4）演示讲解法：如钟表的构造。
5）操作练习法：如学习听口令、拨钟点。

二、空间认知的教学

（一）空间认知的教学要求

1．小班

1）能以自身为中心，区分并说出上、下方位；
2）能认识并说出近处物体上、下位置。

2．中班

1）能以自身为中心，区分并说出上下、前后方位；
2）让学前儿童学会按指定方向运动。如向上、向下、向前、向后。

3．大班

1）能以自身出发，区别并说出左、右。
2）知道上下、前后、左右方位是可以变换的，学会向左、右运动。
3）在日常生活中，正确运用左、右词汇。

（二）空间认知的教学方法

1．自身寻找法

在教学中，我们应当充分利用儿童的身体，并且提供儿童移动物体或进行躯体动作的经验。不仅要结合儿童自己的身体来认识上下、前后、左右等方位，还要提供儿童动作和运动的机会。比如，可以让儿童按照教师的指令朝某个方向运动：向前走、向后走、向左转、向右转等，还可以让儿童把某物体放到某物体的"上面"，或者请儿童到自己的"左边"选一个自己喜欢的玩具等。

2. 体育游戏法

在体育活动中，可以让儿童做各种运动的同时渗透空间方位的教学。教师还可以组织儿童玩和空间方位有关的游戏，比如"寻宝"游戏，先让儿童把"宝贝"藏起来，同时说出它在什么位置，再让别的儿童去寻找。

3. 环境寻找法

我们在日常生活中随时随地都会用到空间关系：位置、方向和距离等。比如，儿童在上下楼梯时就会知道上下，走路、排队时就会知道前后，吃饭拿筷子、写字握笔就要区分左右。还有，日常用具的放置，搭积木、钻大型玩具，都离不开对空间关系的认识。因此，儿童的空间经验是完全生活化、游戏化和趣味化的。教师也应该注重利用儿童实际生活的情景，在日常生活中教儿童认识空间。

4. 观察讨论法

儿童对空间概念的理解从根本上还是他们对物体之间关系的主动探索的结果，是他们努力克服"自我中心"并学习从别人的立场上思考问题的结果。在教学中，我们要鼓励儿童的探索行为，包括鼓励儿童仔细观察并描述物体之间的空间关系，鼓励他们大胆预测：如果以别的物体为参照，可能是什么样的空间关系。当儿童出现不同的结果时，教师要善于引导，让儿童进行讨论，帮助儿童意识到冲突的存在，甚至可以让儿童扮演不同的角色，使他们亲身体验，由于观察者位置的不同，所观察到的空间关系也可能是不同的。这对于帮助儿童克服并摆脱"自我中心"，最终做到以客体为中心判别空间方位是非常重要的。

思考与练习

1. 时间的概念及其特点？
2. 空间的概念及其特点？
3. 结合学前儿童时间概念发展的特点，谈谈如何对学前儿童进行时间概念的教育？
4. 结合学前儿童空间概念发展的特点，谈谈如何对学前儿童进行空间概念的教育？

第十二章

学前儿童数学教育的评价

【本章提要】通过本章的学习使学生掌握教育评价的基本理论，掌握学前数学教育评价的目的和意义、学前数学教育评价的内容以及学前数学教育评价的主要方法及评价的主要工具，并学会在学前教育实践中如何进行数学教育评价。

第一节　学前儿童数学教育评价概述

一、学前数学教育评价的含义

（一）什么是儿童教育评价

教育评价是1929年由美国教育家泰勒（R. W. Tyler）首次提出的科学概念。人们普遍认为，教育评价是系统地、有步骤地从数量上测量或从性质上描述受教育者的学习过程与结果，据此判定是否达到所期望的教育目标的手段。对于教育活动效果的价值判断是教育评价定义的关键。

教育评价具有3个方面的特点：教育评价是一种特殊的、连续性的活动过程；教育评价是有目的、有计划的活动过程；教育评价中的评价者与被评价者是统一的。

（二）什么是学前教育评价

学前教育评价是以学前教育为对象，对其效用给予价值上的判断。

学前教育评价作为教育评价的重要组成部分，具有反映学前儿童发展水平是否达到教育目标要求、评定学前教育教学、检查幼儿园管理水平、考察学前儿童教育改革与实验效果，为学前儿童教育决策提供反馈信息等重要作用。

学前教育评价有助于保证教育目标的实现，是一种有目的、有计划的活动；学前教育评价有助于使学前教育中诸组成部分处于协调活动状态，要对各组成部分进行不断的调整控制；学前教育评价有助于选择最佳的教育模式或方案。

（三）什么是学前数学教育评价

学前数学教育评价是以学前数学教育为对象，对其效用给予价值上的判断。

学前数学教育评价是学前教育评价的重要组成部分。学前数学教育评价，着重对学前数学教育知识评价、数学教育技能评价、数学教育能力评价，其中数学教育能力评价为重点。

二、学前数学教育评价的目的和意义

（一）学前数学教育评价的目的

学前数学教育评价的主要目的是检查数学教育是否达到数学目标要求，儿童数学知识掌握的如何、是否形成了数学技能、数学能力发展到什么程度，要揭示数学教育的价值和效果，调整和改进数学教育的教学方法，促进每一名儿童的发展，提高教育教学质量。

通过学前数学教育评价，激励儿童学习数学的兴趣和积极性，使儿童获得成功感，促使儿童运用数学的能力得到发展。

（二）学前数学教育评价的意义

第一，学前数学教育评价是教学管理的一个重要组成部分，具有导向的功能。

教学的各个环节都需要评价。有了教学评价，才能使整个教学管理健全、科学、有序地进行。通过教学评价指标体系的引导，可以为幼儿园和教师指明教学目标。教学评价是根据教学目标进行的，通过对教学现状和教学目标之间的差距的判断，会有效地促进被评价对象不断地接近预定的目标。

对学前数学教育的评价，是教学管理的重要组成部分。通过对学前数学教育现状和教学目标之间的差距的判断，会有效地促进学前数学教育不断地接近预定的目标。

第二，学前数学教育评价是提高数学教育质量的重要手段，具有检查和改进的功能。

通过数学教育评价，能及时发现教学中的不足和问题，及时总结经验，对教学活动进行改进和控制，纠正出现的问题，使教学工作始终保持良好的状态，从而不断有效地提高数学教育教学质量。

教育行政部门和家长也可以通过数学教育评价，了解幼儿园教学情况和学前儿童数学教育学习情况。

第三，学前数学教育评价是深化教学改革的重要措施。

要进行数学教育改革，首先要进行改革方案的可行性评价；在改革过程中，要实施形成性评价才能保证改革的顺利进行；完成一项数学教育改革后，还要进行终结性评价。通过数学教育评价，会激发竞争意识，创造出一个公平竞争的环境。通过竞争促进学前数学教育质量的提高。

第四，学前数学教育评价是教学研究的重要内容。

教学研究有广泛的领域，学前数学教育评价是教学研究的重要内容，又是一门新兴的学科。在实施素质教育中，幼儿园领导和教师更应该加强对数学教育评价的研究。

三、学前数学教育评价的内容

（一）学前数学教育知识评价

依据符合数学知识本身的科学性、系统性要求、符合学前儿童认知发展的规律和特点、符合学前儿童入小学数学能力的衔接，选择学前儿童数学教育的内容。

学前数学教育的知识内容应该使学前儿童学习简单的基础数学知识，这也是学前数学教育知识评价的主要内容。包括如下内容：

1) 感知集合及元素。

2) 认识基数、序数、相邻数、奇数和偶数等。

3) 认识几何形体：平面几何图形、立体几何形体的特征。

4) 认识连续量和非连续量及量的守恒的概念。

5) 认识时间、空间及表示时间、空间概念的词语。

6) 认识货币——人民币元、角、分的特征。

要评价学前数学教育上述基础知识内容在幼儿园各年龄阶段实施的情况，学前儿童数学知识掌握的情况，从而提高数学教育质量，促进学前儿童的发展。

（二）学前数学教育技能的评价

学前儿童要把所学的数学知识转化为技能，能熟练地加以运用，这就需要进行数学教育技能训练。

学前儿童要培养和形成的数学教育的基本技能包括以下方面：

1) 操作技能：对应、计数、物体数量分解组合操作技能。

2) 建构技能：平面几何图形建构、立体几何形体建构技能。

3) 测量技能：自然测量、工具测量等简单技能。

4) 排序技能：数的排序和量的排序技能。

5) 分类技能：一元分类、二元分类、多元分类。

6) 读写数字符号、列加减算式技能。

对学前儿童数学教育技能的评价，要贯穿在数学教育的教学过程中进行形成性评价；每一个年龄阶段或教学单元数学教育技能训练后，要通过测试等评价手段进行终结性评价，了解儿童数学教育技能掌握情况。

（三）学前数学教育能力的评价

学前数学教育评价中，学前数学教育能力评价是最重要的，因为儿童掌握数学教育知识、技能，最后要形成数学教育能力，培养和形成解决学前数学问题的能力。

学前数学教育能力评价，着重评价学前儿童发展数理逻辑思维能力和多元智能的开发。

1. 数理逻辑思维能力

1）比较判断能力。
2）分析综合能力。
3）抽象概括能力。
4）链锁思维能力。
5）逆向思维能力。
6）发散思维能力。
7）复合思维能力。

2. 多元智能

1）感知观察力：感知集合及元素的敏感性。
2）集中注意力：数学学习的专注力。
3）理解记忆力：理解数的实际意义和数量关系的意义记忆力。
4）创造想象力：仿编和创编数学应用题的再造想象力和创造想象力。
5）抽象思维力：思维敏捷性、灵活性、多端性、逻辑性、深刻性等品质。

通过学前数学教育知识评价、数学教育技能的评价、数学教育能力的评价，全面了解幼儿园数学教育教学质量及学前儿童数学教育学习情况，为改进数学教学提供依据。

第二节　学前儿童数学教育评价的类型和方法

一、学前数学教育评价的类型

（一）按照评价的对象和内容划分

学前儿童数学教育的评价包括两个方面的内容：一是对学前儿童发展状况的评价，一是对学前儿童数学教育活动乃至课程的评价。

1. 学前儿童发展状况评价

儿童发展评价是以儿童为对象的评价。在教育评价中，经常需要对儿童的发展状况进行评价。在学前儿童数学教育中，对学前儿童发展状况的评价主要是指学前儿童数学概念及数学能力发展的评价。

2. 学前儿童数学教育的课程评价

数学课程评价，就是从整个课程的角度，对学前儿童数学教育的实践活动进行整体性的评价，以判断其价值和效用。包括对学前儿童数学教育的目标评价、内容评价以及实施评价。

课程评价首先要评价其教育目标和内容是否体现正确的教育价值观、是否符合学前儿童的年龄特点。

课程评价还包括对课程有效性的评价，即评价该课程框架及其实施方法和手段在实践中是否能取得预期的教育效果和有效地促进学前儿童的发展。我们从学前儿童发展状况的测查中得到相关的评价信息。

（二）按照评价的功能及运行时间划分

根据教育评价的不同功能，以及它们的运行时间，可以把学前儿童数学教育评价分为三种类型：诊断性评价、形成性评价和终结性评价。

1. 诊断性评价

诊断性评价是在开展数学教育之前，对教育对象进行的预测性评价。其目的在于充分发展教育评价的诊断功能，了解教育对象的发展基础，发现存在的问题，从而为制定教育计划和实施教育时做到有的放矢，因材施教。

诊断性评价既可以在学期开始时进行，也可以在一个活动开始时进行。

2. 形成性评价

形成性评价是在教育过程中持续进行的评价。其目的在于及时了解教育活动的反馈信息及成效，以便及时调整教育策略，以优化教育过程。

在某一种数学教育活动中的评价主要是对儿童的操作过程进行评价。形成性评价经常渗透在教育活动过程中，教师的评价形成也多种多样。教师对学前儿童的反馈，就是发生在活动中的形成性评价。

形成性评价还能使教师把握教育过程中的随机教育机会，灵活地、创造性地组织教育活动。

3. 终结性评价

终结性评价是在完成某个阶段教育活动之后进行的评价，其目的在于了解这一阶段的教育效果，对达到教育目标的程度作出总结和鉴定。

终结性评价是一种事后的评价。幼儿园里某一阶段（如一学期）教育结束后，就需要对儿童的各方面发展进行终结性评价，借以了解每个儿童的发展情况。对于一个教育活动来说，在活动结束时也有必要进行终结性评价，以了解这次教育活动的效果。

终结性评价是针对儿童的学习结果而进行的评价。它一般只关注结果，基本不涉及对过程的评价。

以上3种类型的评价只是在运行时间上不同，在具体评价方法的使用上，并没有严格的区分。

二、学前数学教育评价的主要工具和方法

学前数学教育评价所使用的方法包括数量化方法和非数量化方法。主要

有：观察法、问卷法、测试法、临床法、作业分析法、个案研究法等。

（一）观察法

观察法就是在自然状态或准自然状态下，对评价对象的行为进行现场观察，并根据观察结果进行分析作出评定的一种方法。这种方法既可以用于对学前儿童行为的观察，也可以用于对教学情境中的师幼互动行为的观察。

1. 行为检核

在观察之前，依据评价的内容确定观察的目标，并制成一份观察行为检核表，将要观察的行为列在表中，检核表中的行为必须反映想要评价的内容，而且具有一定的代表性。

行为检核可以通过现场的观察和记录进行，也可以通过面对面的测试进行。

2. 事件详录

事件详录，就是详细记录某种特定行为或事件的完整过程，并作出评价。

事件详录的方法，需要观察者能够敏锐地捕捉到有价值的信息，并加以及时记录。这种方法便于教师灵活地记载观察到的学前儿童的各种行为，并作出评价。

（二）问卷法

问卷实际上就是书面调查。由于问卷法不受空间的限制，使用问卷法可以在较短的时间内获得更多的资料。

问卷有多种类型，如自由记述法、多项选择法、判断对错法、评定量表法、序列法等。

在学前数学教育评价中使用问卷法，由于学前儿童没有文字语言能力，学前儿童家长要帮助学前儿童填写问卷有关内容。

（三）测试法

在学前数学教育评价中，尤其是在学前儿童数学概念和能力发展的评价中，测试是一种重要的方法。它由统一的测试题目和测试程序构成，可以对大量的对象进行标准化的测试，能在较短的时间内获得大量的反馈信息，而且便于进行量化的统计分析。

在运用测试法时，要做好题目的设计和编制，测试的问题及指导语应该明确、简练、易懂；要准备好测试所需要的各种操作材料；要设计记录表格；拟定好评分标准。

（四）临床法

"临床法"是皮亚杰独创的一种研究儿童思维发展的方法。实质上就是和儿童的谈话，它是自然主义的观察、测验和精神病学的临床法的合并应用。作为一种"质"的研究方法，临床法能够向我们提供儿童思维的丰富、生动而真实的情况，因此在学前数学教育评价中，也有其应用价值。

在运用临床法时，应该研究儿童，特别是研究他们出现的错误，让儿童充分暴露自己的错误，引导儿童自己认识自己的错误，从而真实地看到儿童的发展水平。

临床法对评价者的素质要求较高。要求评价者非常熟悉评价内容，评价者本人具有较高的语言技巧和敏锐的洞察力，善于倾听、理解和引导对方，不用自己的观点影响对方。

（五）作业分析法

通过分析儿童的作业间接了解他们的学习情况，同时儿童的作业还是对教师教学效果的反馈，教师可以根据儿童作业中的错误加以诊断，改进教学。

我们还可以根据儿童的作业情况分析作业的难度，以便合理提供作业的难度。

（六）个案研究法

个案研究法是选择一个或几个儿童为研究对象，对他们进行追踪，搜集有关资料，分析研究对象的问题、特点及形成原因，以便采取相应的有效措施。

进行个案研究需要综合运用各种评价手段和方法，其中以观察为主要方法。

对学前儿童进行数学教育的个案研究，要注意搜集儿童的家庭背景（父母受教育情况、家庭教育情况等）、幼儿园的情况、学前儿童教师的素质情况、学前儿童数学教育学习及活动情况、学前儿童使用的各种材料等。

搜集和记录的信息，要尽可能客观、准确和详尽。通过对积累的资料分析，发现儿童形成问题的原因，找到解决问题的措施和方法。

在学前数学教育评价中，我们选择评价方法一要服从评价目标，二要考虑到学前儿童行为表现的特点。在收集资料时，要采取正式和非正式相结合、开放与封闭相结合的手段，既要有封闭式的、标准化的测量，也要有开放性、随机性的评价。在对测查结果进行分析、评价时，要坚持质的分析和量的分析相结合的原则，全面地理解所得信息。

学前儿童数学教育理论与实践

思考与练习

1. 学前数学教育评价的目的和意义是什么？
2. 学前数学教育评价内容包含哪些方面？
3. 学前数学教育评价的方法手段有哪些？

实践活动篇

第十三章

学前儿童数学教育活动

【本章提要】学前儿童数学教育目标的实现，离不开具体数学教育活动的设计、组织与实施，数学教育活动是学前儿童数学教育的精髓和灵魂，是数学教育的载体。本章首先介绍了学前儿童数学教育的计划和进程，学前儿童数学教育活动的整体设计、组织与实施；然后介绍了小班、中班、大班学前儿童数学教育活动的设计、组织与实施，内容与前面所学理论相联系，用理论指导具体的实践活动，进一步掌握学前儿童数学教育活动的设计、组织与实施。

第一节　学前儿童数学教育活动设计

一、小班

　　认数活动——计数（一）

　　唱数 1～5，游戏：数数歌。

　　点数 1～5，口手一致，说出总数。

　　认数活动——计数（二）

　　复习点数 1～5，正确说出总数。

　　学习数字：1、2、3、4、5。

　　认数活动——计数（三）

　　复习点数 1～5，迁移点数 1～10，找规律。

　　学习数量词：一只手、一双手、10 个手指。

　　认数活动——群集（一）

　　感知集合：认识"1"和"许多"。

　　等量比较："多""少"，"一样多"（对应）。

　　认数活动——群集（二）

　　感知集合：一一对应比较多少。

　　等量判断：一样多（变式）。

　　认数活动——序列（一）

　　按多少排序 1～3 个实物。

　　按高矮排序 1～3 个娃娃。

　　认数活动——序列（二）

　　按鱼的大小排序（1～3）。

按鱼竿长短排序（1~3）。

认数活动——群集（三）

等量判断：比较多、少、一样多（变式）。

差量判断：最多、最少、比较多（对应）。

认数活动——群集与运算（一）

认识"1"和"2"：找找脸上的 1 和 2。

实物运算：1＋1＝2，2－1＝1。

认数活动——群集与运算（二）

按数取物："2"、"3"。

实物运算：2＋1，3－1。

认数活动——群集与运算（三）

按数取物："3"、"4"。

实物运算：3＋1，4－1。

认数活动——群集与运算（四）

按数取物："4"和"5"。

实物运算：4＋1，5－1。

认数活动——图形认知（一）

直观辨认：几何图形种种。

图形发散：图形变式训练。

认数活动——图形认知（二）

图形组合粘贴"新年老人"。

图形变换粘贴"小娃娃"。

认数活动——计数（四）

复习顺数 1~5 找规律（加 1）。

学习倒数 5→1 找规律（减 1）。

认数活动——计数（五）

学习点数 1~10 找规律。

认读数字 1~10，数图与数字对应。

认数活动——群集（四）

等量判断：实物—圆点—数字连线，认识一样多。

数目守恒：一样多（变式）（10 以内）。

认数活动——群集（五）

复习等量判断："一样多"对应变式。

学习差量判断：最多、最少，比较多（一一对应）。

认数活动——序列（三）

排列物序：1~10 根小棍的长短。

排列圆点：1~10 张圆点的数量卡片。

认数活动——序列（四）

按高矮排序：1~5 个娃娃。

认识 5 以内的序数"第几"。

认数活动——群集（六）

等量判断："一样多"（等量的水，同样大的杯）。

液体守恒："一样多"（等量的水，不同大的杯）。

认数活动——图形认知（三）

图形分类：一元分类。

分类数数：插上图形作标志。

认数活动——群集与运算（五）

按数取物，"5"、"6"。

学习 5+1，6-1。

认数活动——群集与运算（六）

按数取物："6"、"7"。

学习 6+1，7-1。

认数活动——群集与运算（七）

按数取物："7"、"8"。

学会 7+1，8-1 的加减运算。

认数活动——群集与运算（八）

按数取物："8"、"9"。

学习 8+1，9-1。

认数活动——群集与运算（九）

按数取物："9"、"10"。

学习 9+1，10-1。

认数活动——群集与运算（十）

实物运算，速算训练。

表象运算，找规律。

二、中班

认数活动——计数（一）

复习顺数 1～10，倒数 10→1。

学习顺数 1～20，倒数 20→1。

认数活动——计数（二）

复习逐一计数（20 以内）。

学习按群计数：2 个 2 个数（20 以内）。

认数活动——计数（三）

复习 2 个 2 个地数。

学习 5 个 5 个地数。

认数活动——计数（四）

学习单数、双数。

认识奇数、偶数。

认数活动——相邻数（一）

学习 10 以内相邻数。

迁移 20 以内相邻数。

认数活动——群集与运算（一）

学习"2"的分解组合。

练习"2"的加减运算。

认数活动——群集与运算（二）

学习"3"的分解组合。

练习"3"的加减运算。

认数活动——群集与运算（三）

学习"4"的分解组合，找规律。

练习"4"的加减运算，列算式。

认数活动——群集与运算（四）

学习"5"的分解组合，找规律。

练习"5"的加减运算，列算式。

认数活动——群集与运算（五）

学习"6"的分解组合。

探讨 7、8、9、10 的分解组合规律与加减运算。

认数活动——重量守恒

差量判断：比较轻、重。

等量判断：一样重（变式）。

认数活动——群集与运算（六）

认识"0"的作用：表示空集"没有"。

列出差是"0"的减法算式，找规律。

认数活动——编应用题（一）

三维编题（动作、图像、数字）。

三维运算（实物、表象、符号）。

认数活动——编应用题（二）

三维编题（动作、图像、数字）。

三级运算（实物、表象、符号）。

认数活动——群集（一）

认识数位：个位数、十位数的意义。

差量判断：比较数字的大小。

认数活动——群集（二）

再认 0 的作用：能使数变大。

再认个位与十位的关系。

认数活动——数的形成

学习 10 以内数的形成。

迁移 20 以内数的形成。

认数活动——相邻数（二）

复习 10 以内相邻数。

迁移 20 以内相邻数。

认数活动——加法运算（一）包含关系

学习"和"是 10 的加法。

迁移"和"是 20 的加法。

认数活动——加法运算（二）交换关系

学习"和"是 10 的加法。

迁移"和"是 20 的加法。

认数活动——加法运算（三）互补关系

学习"和"是 10 的加法。

迁移"和"是 20 的加法。

认数活动——编应用题（三）

实物操作：编应用题。

自编自算：求得数。

认数活动——编应用题（四）

看图发现：编应用题。

我编你算：求得数。

认数活动——编应用题（五）

说说：数量关系。

联想：编应用题。

认数活动——计数与运算（一）

按群计数：5 个 5 个地数。

同数加法：同数"5"的加法。

认数活动——计数与运算（二）

按群计数：10 个 10 个地数。

同数加法：同数"10"的加法。

认数活动——形体建构（一）

二维平面建构：正方形。

三维立体建构：正方体。

认数活动——形体建构（二）

二维平面建构：长方形。

三维立体建构：长方体。

三、大班

认数活动——计数

顺数：1～100。

倒数：100→1

认数活动——数序（一）

接龙数数：1～100。

排列数字：1→100。

认数活动——数序（二）

认读数字：1～100。

数字填空：100 以内。

认数活动——相邻数（一）

复习数数 1～100，100→1。

数字填空：找邻居。

认数活动——分解组合（一）

复习 10 的分解组合。

学习 20 的分解组合。

认数活动——分解组合（二）

复习 20 以内分解组合。

学习 20 以内的交换加法。

认数活动——集合与分类

一元分类：指定分类。

多元分类：层次分类。

认数活动——液体守恒训练

差量判断：液体多少、一样多。

守恒变式：液体守恒训练。

认数活动——并集与运算

并集：加法规律（一）。

题型 A："合在一起是多少?"用加法。

认数活动——并集与运算

并集：加法规律（二）。

题型 B："一个集合的扩大，求一共有多少?"用加法。

认数活动——并集与运算

并集：加法规律（三）。

题型 C："某个号码再加上几个号，求号数"用加法。

认数活动——并集与运算

并集：加法规律（四）。

题型 D："某顺序号再加几个号，求新顺序号"用加法。

认数活动——相邻数（二）

发现规律：$n+1$，$n-1$。

排序填空：相邻数填空。

认数活动——形体建构

一维平面建构：圆形。

三维立体建构：球体。

认数活动——同数加法简便算法（一）

"2"的同数加法简便算法。

"3"的同数加法简便算法。

认数活动——同数加法简便算法（二）

"4"的同数加法简便算法。

"5"的同数加法简便算法。

认数活动——同数加法简便算法（三）

"6"的同数加法简便算法。

"7"的同数加法简便算法。

认数活动——同数加法简便算法（四）

"8"的同数加法简便算法。

"9"的同数加法简便算法。

认数活动——群集与运算：差集（一）

复习加法运算："合在一起是多少?"（找方法）。

学习减法题型A："求还剩多少"（找方法）。

认数活动——群集与运算：差集（二）

复习加法运算："求一共有多少?"（找方法）。

学习减法题型B："减少了多少"（找方法）。

认数活动——群集与运算：差集（三）

复习：序数加法。

学习减法题型C：序数减法。

认数活动——群集与运算：差集（四）

差量判断：一一对应比较多几个？少几个？

学习减法题型D：求两个集合元素相差多少，用减法。

认数活动——计数与运算

按群计数：20以内的单双数。

同数加法：20以内的加法。

认数活动——学编应用题（一）

编题：三维编题。

运算：三级运算。

认数活动——学编应用题（二）

三维编题：实物、图像、数字。

三维运算：动作、表象、符号。

认数活动——认识人民币

认识人民币：元、角、分。

兑换人民币：元、角、分。

第二节　小班数学教育活动

教学范例1　认数活动——计数（一）

活动内容：①唱数1～5，游戏：数数歌；②点数1～5，口手一致，说出总数。

活动目的：①让学前儿童学会流利的唱数，熟悉5以内的数词，发准"4"的字音，掌握手口一致点数；②培养学前儿童对数的实际意义的理解能力；③游戏数数，激发学前儿童计数的兴趣。

活动准备：学具：石子、纽扣、杏核每人5个；教具："宝葫芦"一个，内装：皮球（1个）、乒乓球（2个）、羽毛球（3个）、玻璃球（4个）、糖球（5个）。

活动程序与方法：实物刺激法导入活动：今天老师给小朋友带来一个宝葫芦，里面装着什么东西，有多少个东西谁都不知道。请小朋友揭开这里的秘密，好吗？

第一步：感知操作认知维度

1. 摸物数数：教师摸物，学前儿童口数。

2. 尝试数数：小朋友，你的小盒里有什么？有几个？报告总数。

第二步：形象表征认知维度

3. 看图数数：教学前儿童从左至右，横排数圆圈里的图像。如图13.1所示。

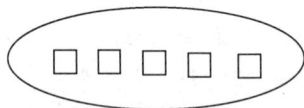

图13.1

4. 看点数数：让学前儿童点数方框里的圆点。引导学前儿童把○和□当作集合来认识。如图13.2所示。

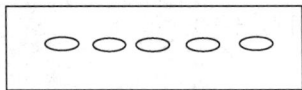

图13.2

第三步：概念符号认知维度

5. 按数取物：教师说数，学前儿童取物，或者听数次，盖印章，说出总数。让数词与物体之间建立联系。

结束：游戏"数数歌"：

> 1，2，3，4，5，
> 上山打老虎，
> 老虎没打倒，
> 碰见小白兔，

白兔有几只?
让我数一数,
数来又数去,
1, 2, 3, 4, 5。

教学范例2　认数活动——计数(二)

活动内容:①复习点数1~5,正确说出总数;②学习数字:1, 2, 3, 4, 5。

活动目的:①教会学前儿童进一步掌握手口一致、逐一点数的技能,不受物体排列形式影响正确说出总数;②培养学前儿童技术能力,知道点数到最后一个数代表总数的计数规律;③学会用数字表示总数。

活动准备:5个乒乓球,神秘箱,每个学前儿童一张画着5个圆圈的图画纸。

活动程序与方法:报数接龙游戏法导入活动。

第一步:感知操作认知维度

1. 多感官协同计数法:教学前儿童运用听觉、视觉、触摸觉等多感官感知物体的数量。如数一数神秘箱里的乒乓球的数量、听声音取乒乓球、用听觉与运动觉配合听数数等。

第二步:形象表征认知维度

2. 形象记忆法:"1"像什么?小棍。"2"像什么?鸭子。"3"像什么?耳朵。"4"像什么?小旗。"5"像什么?秤钩。

第三步:概念符号认知维度

3. 总结归纳法:当学前儿童经过变式能熟练点数后,报告每次点数的总数,要引导学前儿童归纳出点数到最后一个数即代表总数。掌握计数规律,提高计数迁移能力。

4. 学习认读数字歌:1像铅笔,2像鸭,3像小燕飞呀飞,4像小旗高高举,5像秤钩弯向下。

结束:游戏"数字找朋友"。

从图13.3中找找看:1, 2, 3, 4, 5。

教学范例3　认数活动——计数(三)

活动内容:①复习点数1~5,迁移点数1~10,找规律;②学习数量词:一只手、一双手、10个手指。

活动目的:①通过复习点数1~5,迁移到1~10找规律;②发展计数能力,使数词和量词建立联系;③培养学前儿童计数迁移能力,由1~5计数,找到规律后迁移到1~10计数,发现计数规律,提高学习能力。

活动准备:实物:每人两朵红花,每朵红花上有5个花瓣;学前儿童每人一个调色盘,盘中有10个圆点;10个纽扣,一块手绢。图片:一幅画有一个、一只、一双表示物体数量的排列图一张。

图 13.3

活动程序与方法： 情境设疑法导入活动，"小红花找朋友"，小红花的朋友是谁呢？谁最爱动脑筋，最聪明，小红花就跟谁做朋友。

第一步：感知操作认知维度

1. 摸物计数法：复习点数 1～5，说出总数，手绢下盖着 5 个纽扣，学前儿童在手绢上面摸物报告总数。教师问："你用什么摸的纽扣？"（手）学习数量词：一只手。教师向学前儿童提问一只手有几个指头？学前儿童伸出一只手数数自己的手指，知道一只手有 5 个手指。

2. 迁移计数法：学习点数 1～10，说出总数，找规律。学习数量词：一双手，10 个手指。教师问学前儿童两只手合起来有几个手指？让学前儿童手口一致点数 1～10，说出总数，知道点数到最后一个数代表总数，告诉学前儿童不用点数方法，而用对应方法，探索两只手放在一起叫一双手，一双手有 10 个手指头。

第二步：形象表征认知维度

3. 看图点数法：教师出示不同颜色的圆点排列起来，让学前儿童从左到右手口一致点数圆点并说出点数到最后一个数，代表总数。

4. 看图联想法：教师出示图片，让学前儿童从图上找出哪些物体用"一个"表示数量，哪些物体用"一只"表示数量，哪些物体用"一双"表示数量。

第三步：概念符号认知维度

5. 数量符号匹配法：看圆点，找数字 1～10。

结束：游戏比赛法——《看谁拿的又对又快》。

教学范例 4　认数活动——群集（一）

活动内容： ①感知集合："1"和许多；②等量比较：一一对应比较多少。

活动目的： ①感知集合：认识"1"和"许多"，使学前儿童建立初步的群集概念；②发展学前儿童的认数能力，掌握一一对应比较"多"、"少"、"一样多"的方法，在感知水平上形成群集概念；③培养学前儿童动手、动脑，积极思维能力。

活动准备：①实物桃子与学前儿童人数相等，6个小塑料筐；②学前儿童每人10个红色的纸质盘子、小勺10个。

活动程序与方法：实物诱导法导入活动，教师端着一筐桃子走进活动室，说："今天老师为小朋友准备了许多桃子，谁最爱动脑筋，最聪明，就给谁吃。"

第一步：感知操作认知维度

1. 实物操作法：请学前儿童看一看筐里有多少桃子？启发学前儿童说出"筐里有许多桃子"。请学前儿童每人到筐里拿一个桃子，看筐里怎样了？请学前儿童再把桃子放到筐里，筐子里的桃子又怎样了？让学前儿童说出"又变成许多桃子"。出示4个盘子分别放上4个桃子，让学前儿童观察后，启发说出盘子里的桃子"一样多"。

第二步：形象表征认知维度

2. 图像发现法：请学前儿童找一找什么是一个？什么是许多个？请学前儿童说一说小盘和小勺是不是一样多？把小盘摆开，小勺叠起，还是不是一样多？小盘叠起，小勺摆开是不是还一样多？

3. 生活联想法：请学前儿童找一找教室里或自己身上"一个的"，"许多的"，"多的"，"少的"，"一样多的"东西。

第三步：概念符号认知维度

4. 守恒建构法：3种变式后，认识到不管怎样摆放小盘，和小勺一样多：因为没拿走，也没填上。

结束：游戏检查法："排排坐，分果果"，学前儿童拿到桃子后，先与教师筐子里的桃子比较，说出"多"、"少"，或者"1"和"许多"，然后回到座位上，与同桌的小朋友比较多少，说出"一样多"，最后请学前儿童吃桃子。

教学范例5 认数活动——群集（二）

活动内容：①感知集合：一一对应比较多少；②等量判断：一样多（变式）。

活动目的：①通过活动使学前儿童能将上、下两组物体建立意义对应的联系，并能熟练说出两组物体多少，一样多；②发展学前儿童初步的分析、比较推理能力，初步建立数目守恒认知结构；③培养学前儿童学习数学的兴趣。

活动准备：玩具娃娃、苹果各10个，小盒每人一个，内装黄、绿、红雪花片分别为4，5，6，变式图片一张，铃鼓一面。

活动程序与方法：情境设问法导入活动。今天老师给小朋友每人请来一位娃娃到我们班做客，你们欢不欢迎？我们怎样欢迎这些小客人，为他们准备什么呢？（小椅子）

第一步：感知操作认知维度

1. 游戏参与法：游戏："抢椅子"，使学前儿童进一步强化两组物体一样多，多与少的关系。椅子摆成一个圆圈，学前儿童数和椅子数相同或者多或少，教师击鼓，学前儿童向同一方向走（跑），鼓声停，每个学前儿童抢一把椅子坐，比一比椅子和学前儿童的多、少，还是一样多？

第二步：形象表征认知维度

2. 图片观察法：通过图片观察、比较，学前儿童能用完整话说出：娃娃和苹果一样多，娃娃比苹果少（或多）。

3. 变式训练法：重叠法、并置法变式。如图 13.4 所示。

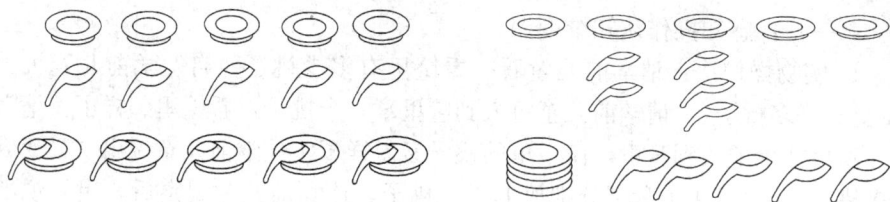

图 13.4

第三步：概念符号认知维度

4. 词语概括法：原来小盘和小勺是一样多的，你没拿走也没添上，无论怎样摆放，还是一样多的。即学前儿童掌握守恒概念，形成数目认知结构。

教学范例 6　认数活动——序列（一）

活动内容：①按多少排序 1～3 个实物；②按高矮排序 1～3 个娃娃。

活动目的：①在学习 3 以内数的基础上，学习 1～3 的排序；识别最多、最少，比较多和最高、最矮、比较高；②能正确找出 3 个物体的位置，初步形成序列概念；③培养学前儿童的观察力和比较能力，激发学前儿童学习序列的兴趣。

活动准备：①贴绒教具：高矮不同的娃娃 3 个，圆点卡片 3 张（1～3 点），数字卡片 1～3；②每个学前儿童 3 棵高矮不同的小树卡片，3 张画有三角形的卡片（1～3 个图案），数字卡片 1～3。

活动程序与方法：新异刺激法导入活动，教师出示 3 个娃娃。

第一步：感知操作认知维度

1. 直观比较法："今天咱们班来了三位新朋友，小朋友帮他们比一比，谁最高，谁最矮，谁比较高"，学前儿童按高矮顺序给娃娃排队并说出号码，第 1 号，第 2 号，第 3 号。

2. 协同操作法：教师同学前儿童一起为娃娃按从高到矮的顺序排队，并说出号码。

第二步：形象表征认知维度

3. 圆点排序法：请学前儿童数一数每张卡片上有几个圆点，谁最多？谁最少？谁比较多？如图 13.5 所示。

4. 小树排序法：学前儿童按顺序给小树排队：从高到矮，从矮到高，并贴号码。如图 13.6 所示。

图 13.5

图 13.6

第三步：概念符号认知维度

5. 数字排序法：给三角形卡片排序，从多到少，从少到多，并贴上数字。

结束：认知游戏《找邻居》。教师出示一张画有三角形的卡片，请学前儿童找出这张卡片相邻的两张或一张，看谁找的又对又快。

教学范例 7　认数活动——序列（二）

活动内容： ①按鱼的大小排序（1～3）；②按鱼竿长短排序（1～3）。

活动目的： ①发展学前儿童序列概念，学会按序排列物体的方法；②比较认识最大、最小、比较大、最长、最短、比较长；③初步形成"第几"序数概念。

活动准备： 每人 3 张大小不一的鱼图片，3 根长短不一的小棍（相差 1 厘米）。

活动程序与方法： 情境设疑法导入活动。教师和学前儿童各戴头饰，以"小猫钓鱼吃鱼"引入课题。

第一步：感知操作认知维度

1. 听声取物法：教师击鼓，学前儿童从画的鱼缸中对应逐一取出 3 条鱼，并按鱼的大小排序。如图 13.7 所示。

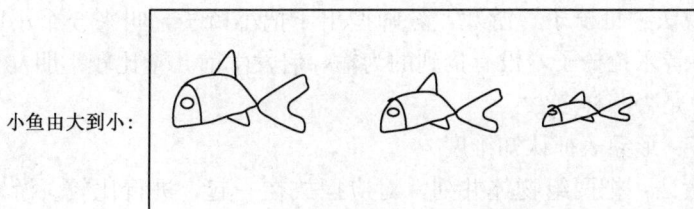

小鱼由大到小：

图 13.7

2. 操作比较法：学前儿童把 3 根小棍立在桌上，对齐比较，然后可以从长至短或从短至长，比较排序。如图 13.8 所示。

第二步：形象表征认知维度

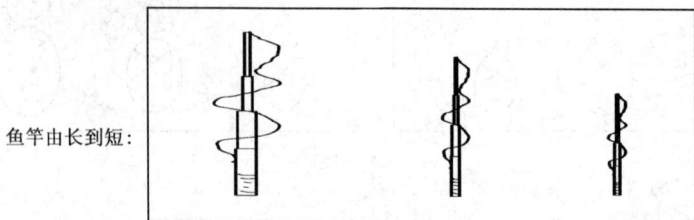

鱼竿由长到短：

图 13.8

3. 看图排序法：鱼图片和鱼竿图片分别按大小、长短排序。

第三步：概念符号认知维度

4. 词语概括法：启发学前儿童说出自己是怎样按大小、长短将鱼、鱼竿排序的。认识最大、最小、比较大；最长、最短、比较长。练习"第几"按词拿取，教师说："最小的鱼"，"最短的鱼竿"，学前儿童很快举起最小的鱼和最短的鱼竿，以此类推。

结束：认知游戏"第几条鱼不见了？"

教学范例 8　认数活动——群集（三）

活动内容：①等量判断：比较多、少、一样多（变式）；②差量判断：最多、最少、比较多（对应）。

活动目的：①巩固群集概念，使学前儿童学会运用一一对应的比较方法判断多少、一样多、比较多；②教会学前儿童初步理解"一样多"、"不一样多"、"多些"、"少些"等词的词义。发展学前儿童的分析比较能力；③通过变式训练，促进学前儿童数目守恒概念的形成。培养学前儿童从小爱动脑筋的思维灵活性，激发学前儿童学数学的兴趣，树立自信心。

活动准备：娃娃、小兔、小猫头饰各 5 个，小鱼 6 条，杯子 6 只。

活动程序与方法：情境设疑法导入活动。教师说："今天为什么有娃娃、小白兔、小花猫来我们班做客？他们看哪位小朋友有礼貌、爱动脑筋、聪明，就和哪个小朋友结成好伙伴。"

第一步：感知操作认知维度

1. 游戏法"抢椅子"游戏：教师摆出 4 把小椅子，叫来 5 个小朋友，让学前儿童听音乐抢椅子，没有抢到的为输，启发学前儿童比较小朋友与椅子谁多，谁少，是否一样多？

第二步：形象表征认知维度

2. 并置法：把两组物体并列，对应摆放在一起，进行比较。游戏"请娃娃喝水"一一对应比较，娃娃与杯子谁多？谁少？还是一样多？

第三步：概念符号认知维度

3. 变式训练法：请小猫吃鱼。教师在一一对应的情况下，吃掉小鱼，启发学前儿童比较小猫与小鱼谁多？谁少？还是一样多？

结束：学小猫叫，走出活动室。

教学范例9 认数活动——群集与运算（一）

活动内容：①认识"1"和"2"：找找脸上的1和2；②实物运算：1+1=2，2-1=1。

活动目的：①使学前儿童理解数的实际意义；知道"1"代表任何具有一个数量的物体；"2"代表任何具有两个数量的物体；②在学前儿童理解数的实际意义的基础上，培养学前儿童实物运算的能力；③通过实物运算，培养学前儿童的思维能力和爱动脑筋的好品质。

活动准备：①实物：红、黄、蓝3种颜色卡片每人3个，游戏棒每人两根；②图片：画有一只小鸭子和画有两只小鸭子图片各一张，圆点卡片1~2，数字卡片1~2，符号卡片"＋"、"－"、"＝"，鼓一面，红花一朵。

活动程序与方法：音乐律动法导入活动。学前儿童在音乐伴奏下学小鸭子走路入座。

第一步：感知操作认知维度

1. 听数找物法：如，听教师说"1"，学前儿童找"鼻"、"口"等，提问小朋友有几只眼睛？请学前儿童说说脸上有1个的是什么？有2个的是什么？（一个鼻子、一张嘴、两只眼睛、两个耳朵）

2. 听词找物法：让学前儿童找出一张红片卡、一张黄卡片、两张蓝卡片、两根游戏棒。

第二步：形象表征认知维度

3. 看图说数法：请找出画有一只小鸭子的图片，请找出画有比一只小鸭子多一只的图片。

4. 听数找图法：请找出2个圆点的卡片，请找出比两个圆点少一个的卡片。

第三步：概念符号认知维度

5. 看圆点找数字1、2；听应用题找符号："＋"、"－"、"＝"，如：一根红色游戏棒、一根黄色游戏棒，合起来是几根游戏棒？找"＋"号；老师手中有两个卡片，放下一个卡片，手中还有几个卡片？找"－"号。

结束：游戏检测法：击鼓传花。

教学范例10 认数活动——群集与运算（二）

活动内容：①按数取物："2"、"3"；②实物运算：2+1、3-1。

活动目的：①在按数取物的基础上，学习实物运算：2+1、3-1；②在理解数的实际意义的基础上，引导学前儿童由实物运算向表象运算过渡；③在表象运算的过程中，加强"＋"、"－"号意义的理解，培养学前儿童数理思维能力和爱动脑筋的好品质。

活动准备：实物球3个；每位学前儿童3个易拿易摆放的教具；圆点卡片

3 张（1～3 点）；数字卡片（1～3）；"＋"、"－"、"＝"符号卡片。

活动程序与方法：情境设疑法导入活动，谁最爱动脑筋、最聪明，老师就奖励他。

第一步：感知操作认知维度

1. 看数取物法：看教师拿出的数字是几，就取出几个东西。

2. 听数取物法：听教师敲几声鼓，就取出几个东西。

第二步：形象表征认知维度

3. 看图发现法：形象运算：2＋1，3－1。如图 13.9 所示。

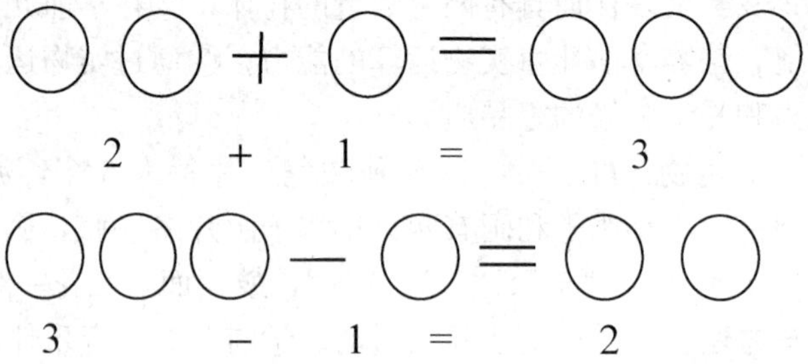

$$\bigcirc\bigcirc \quad + \quad \bigcirc \quad = \quad \bigcirc\bigcirc\bigcirc$$
$$2 \quad + \quad 1 \quad = \quad 3$$

$$\bigcirc\bigcirc\bigcirc \quad - \quad \bigcirc \quad = \quad \bigcirc\bigcirc$$
$$3 \quad - \quad 1 \quad = \quad 2$$

图 13.9

4. 生活联想法：表象运算：2＋1、3－1。

第三步：概念符号认知维度

5. 看圆点找数法：看圆点找数字 2，1，3。

6. 拼词找符号："＋"（合起来）、"－"（拿走了）、"＝"（是几个），看谁找的对。

结束：反馈检查法：过小门，算得数。

教学范例 11　认数活动——群集与运算（三）

活动内容：①按数取物："3"、"4"；②实物运算：3＋1，4－1。

活动目的：①巩固学前儿童手脑一致的运算能力；②教学前儿童运用实物进行简单的逐一加减运算；③知道 3 再添一个是 4，4 个取走 1 个剩 3 个，发展学前儿童逆向思维能力；④在理解数的实际意义基础上，引导学前儿童由实物运算向表象运算过渡。

活动准备：棋子每人 4 个，数字卡片两张：3 和 4。

活动程序与方法：激因法导入活动。"老师发现了一个儿童乐园，可好玩了！但它只允许聪明的孩子进去，谁最爱动脑筋，最聪明，谁就能进去玩。"

第一步：感知操作认知维度

1. 按数取物法：教师说数 3 和 4，学前儿童取出 3 个和 4 个东西。

2. 看物点数法：学前儿童看小盒里有几个白棋子，几个黑棋子，一共有几个？

第二步：形象表征认知维度

3. 生活联想法：教师编应用题 3＋1 和 4－1，学前儿童算得数。

第三步：概念符号认知维度

4. 看数取物法：看"3"，"1"，"4"，找出"＋"号和"＝"号；看"4"，"1"，"3"，找出"－"和"＝"号。如图 13.10 所示。

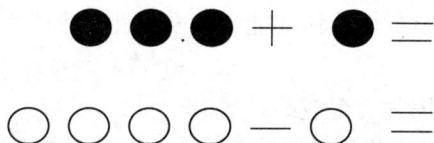

图 13.10

结束：学数游戏"碰球"，如：我的 3 球碰 1 球，学前儿童说"3＋1＝4"。

教学范例 12　认数活动——群集与运算（四）

活动内容：①按数取物："4"和"5"；②实物运算：4＋1、5－1。

活动目的：①在复习按数取物说出总数的基础上，学会 4＋1、5－1 实物运算。培养学前儿童在感知动作水平上的加减运算能力；②在实物运算的基础上，能根据记忆中表象进行运算，培养学前儿童思维的敏捷性；③在表象运算的过程中，加强对"＋"、"－"号意义的理解，培养学前儿童数学运算的基本能力和兴趣。

活动准备：①"小红掉扣子"图片一张；②用软塑纸做成的红、白纽扣贴绒教具各 5 粒。每名学前儿童桌上放一个小盒，内装红、白纽扣各 5 粒；③每个学前儿童 1～5 数字卡片一套；④三角形拼图 4 幅，小燕子图片 2 幅。

活动程序与方法：情境设疑法导入活动。小红为什么不高兴？因为扣子全掉了，我们给她配上好吗？

第一步：感知操作认知维度

1. 实物操作法：按数取物："4"和"5"，看数取物：教师在绒布上，从左至右摆出 4 粒白纽扣，要求学前儿童轻声点数并说出总数。请学前儿童在桌上也摆出与绒布上一样多的白纽扣。听数取物：要求学前儿童摆出比白纽扣多一个的红纽扣，并上下对齐，让学前儿童分别点数两种颜色纽扣的粒数，并说出总数。

第二步：形象表征认知维度

2. 激活表象法：出示直观教具"飞燕捕蛾"，教师讲解并演示。如：①第一天飞来了 4 只小燕子，第二天又飞来了 1 只小燕子，一共飞来了几只？②小燕子捉了 5 只小飞蛾，吃掉一只，还剩几只？引导学前儿童分析题意，并说出为什么用加法和减法。

第三步：概念符号认知维度

3. 符号认知法：《算一算，变一变》，教师分别出示 4 幅三角形拼图，引导学前儿童观察，找出相应的数字：1，2，3，4，5，并说出为什么 1＋1＝2，2＋1＝3，3＋1＝4，4＋1＝5。

结束：游戏反馈法："小兔钻山洞，采蘑菇"，验收教学效果。

教学范例 13　认数活动——图形认知（一）

活动内容：①直观辨认：几何图形种种；②图形发散：图形变式训练。

活动目的：①在认识基本图形的基础上，学前儿童形成对几何图形变式的认知；②培养学前儿童的图形认知能力和发散性思维能力；③激发学前儿童学习几何图形的兴趣。

活动准备：彩色图片、毛线等。

活动程序与方法：新异刺激法导入活动，教师出示几何图形组成的机器人。

第一步：感知操作认知维度

1. 感知配对法：给几何图形找伙伴，图形镶嵌操作。

2. 探索学习法：学前儿童每人一张圆形纸，引导学前儿童自己尝试着把圆形变成半圆形。提问：你用什么办法把圆形变成半圆形的？引导学前儿童把正方形变成三角形，提问：你用什么办法把正方形变成三角形的？引导学前儿童将毛线摆成一个圆形，自己尝试着摆出椭圆形。提问：用什么办法可以把圆形变成椭圆形？请摆的好的学前儿童在贴绒板上重新演示一遍。如图 13.11 所示。

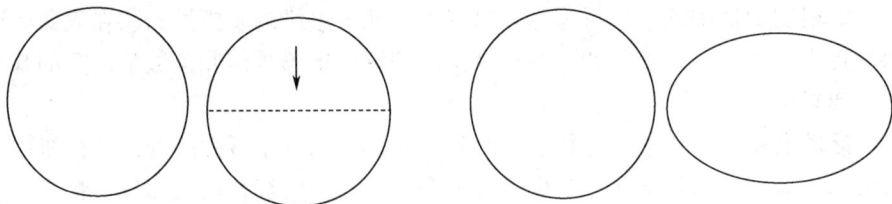

图 13.11

第二步：形象表征认知维度

3. 生活联想法：你见过生活中什么东西的形状像圆形、椭圆形、半圆形？引导学前儿童发散联想。

第三步：概念符号认知维度

4. 图像分类法：请小朋友把一样的图形放在一起。一元分类即按一个标准分类。

5. 图形建构法：要求学前儿童用圆形、椭圆形、半圆形、正方形、三角形等的色彩卡片，拼摆出各种形象，并粘贴在纸上。请学前儿童说一说分别是什么图形拼成的，并简单讲述内容。

结束：游戏竞赛法：划去图形"讲评"。

教学范例 14　认数活动——图形认知（二）

活动内容：①图形组合粘贴"新年老人"；②图形变换粘贴"小娃娃"。

活动目的：①巩固对各种学过图形的认识；②提高学前儿童的图形转换能力；③培养学前儿童学习几何图形的兴趣。

活动准备：图形组合范例"新年老人"，图形变换范例"小娃娃"。

活动程序与方法：新异刺激法导入活动，出示范例"新年老人"和"小娃娃"，引起学前儿童兴趣。

第一步：感知操作，变换图形

1. 操作发现法：让学前儿童把几何图形换一换，随意组合成一件东西。

2. 报告发现法：学前儿童报告自己组合的东西是什么图形变来的。

第二步：形象描述，图形组合

3. 生活联想法：请学前儿童广泛联想哪些东西像长方形、正方形、圆形、三角形？

4. 看图描述法：让学前儿童说说"新年老人"和"小娃娃"是由哪几种图形组成的？如图 13.12 所示。

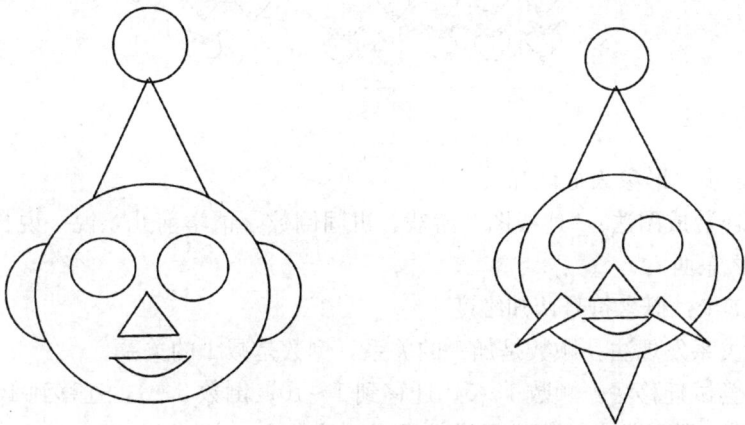

图 13.12

第三步：展开想象，图形建构

5. 意愿选择法：第一组粘贴游戏：用教师准备的几何图形进行意愿粘贴；第二组添画游戏：在几何图形上进行添画，由学前儿童意愿选择。

结束：作品展示，说说自己制作的礼物是什么，想送给谁.

教学范例 15　认数活动——计数（四）

活动内容： ①复习顺数 1～5 找规律（加 1）；②学习倒数 5→1 找规律（减 1）。

活动目的： ①使学前儿童了解自然数列的自然数是有序的。顺数是加 1 的关系，倒数是减 1 的关系；②培养学前儿童逆向思维能力和学会学习的能力以及理智感；③激发学前儿童动脑筋找规律的求知欲。

活动准备： 在活动室内四角布置小房子的图案，小兔子的头饰、小盘与学前儿童人数相等，萝卜若干。

活动程序与方法： 音乐律动法导入活动。在音乐伴奏下学前儿童模仿小兔跳。

第一步：感知操作认知维度

1. 情境操作法：复习顺数 1→5 找规律；学习倒数 5→1 找规律。①顺数游戏"种萝卜"。游戏方法：请学前儿童听鼓声种萝卜，每次种 1 个萝卜放到自己的桌面上。分别点数出萝卜的数量。并分别说出原来桌上有几个萝卜添上 1 个萝卜。体会顺数加 1 的规律；②倒数游戏"拔萝卜"。游戏方法：请学前儿童每次听到鼓声拿走一个萝卜，每拿完一个都要点数自己桌上剩下萝卜的数量，说出原来桌上有几个萝卜。体会倒数减 1 的规律。如图 13.13 所示。

图 13.13

第二步：形象表征认知维度

2. 连数成图法："连线图"游戏，巩固倒数，请学前儿童说一说自己连线的是什么东西。

第三步：概念符号认知维度

3. 关系发现法：顺数是加 1 的关系，倒数是减 1 的关系。

4. 尝试迁移法：顺数 1~5，迁移到 1~10；倒数 5→1，迁移到 10→1。

结束：数数接龙比赛，看谁数得对，接得快。

教学范例 16 认数活动——计数（五）

活动内容：①学习点数 1~10 找规律；②认读数字 1~10，数字图片与数字对应。

活动目的：①进一步巩固掌握点数，点数到最后一个数代表总数的规律；②进一步了解数的实际意义：数字代表任何物体的数量；③培养学前儿童数学逻辑思维能力和知识迁移能力及对数的兴趣和理智感。

活动准备：数字卡片 1~10；水彩笔人手一套。

活动程序与方法：接龙数数法导入活动。

第一步：感知操作认知维度

1. 按数取物法：教师每次让学前儿童取出 1~10 个物体，并分次说出总数。

第二步：形象表征认知维度

2. 点卡排序法：教师要学前儿童排列 1~10 的圆点卡片，并说出后一张点卡比前一张点卡多 1，前一张点卡比后一张点卡少 1，找到规律。

第三步：概念符号认知维度

3. 数字认读法：认读 1~10 的阿拉伯数字，并能与相应的数量相结合。

结束：数学游戏：点图连线，找数字。把圆点与数量相等的五角星用线连起来，找到一个数字中心。如图 13.14 所示。

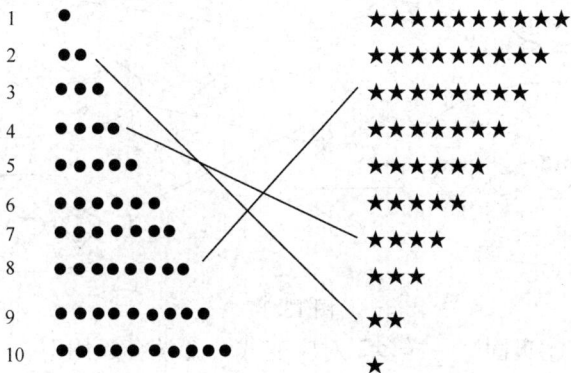

图 13.14

教学范例 17　认数活动——群集（四）

活动内容：①等量判断：实物—圆点—数字连线，认识一样多；②数目守恒：一样多（变式）（10 以内）。

活动目的：①让学前儿童进一步形成群集、基数概念；②加强认识数的实际意义；③变式训练：初步形成守恒的认知结构。

活动准备：①雪花片若干，图形卡片每套 10 个，触点卡片 1～10，数量与同学前儿童数相等；萝卜、圆点挂牌 1～10，数量与同一半学前儿童数；②数字卡片 1～10 一套，物—点—数挂图一幅。

活动程序与方法：

第一步：感知操作认知维度

1. 多端性训练法：①听数取物。学前儿童听数取雪花片并说出总数，找出数字。②摸物报数。在手绢下盖着纽扣、柿子等物体。学前儿童用手在手绢上摸，报告自己摸到了几个什么东西。

第二步：形象表征认知维度

2. 观察发现法：引导学前儿童按图形卡片的形状、颜色、大小，找找一样多，点数出数量，并找出相应的圆点卡片，教师出相应的数字卡片。

3. 讲解演示法：出示物—点—数挂图，引导学前儿童找出一样多，并相应与物—点—数连成线。

第三步：概念符号认知维度

4. 变式游戏法：数目守恒训练：找朋友。

结束：数字接龙游戏。

图 13.15 为实物—圆点—数字连线图。

教学范例 18　认数活动——群集（五）

活动内容：①复习等量判断："一样多"对应变式；②学习差量判断：最多、最少、比较多（一一对应）。

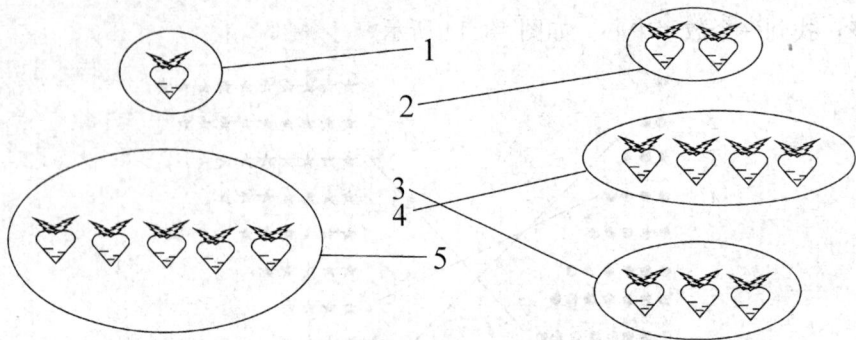

图 13.15

活动目的：①巩固"一样多"对应变式；②学会运用"一一对应"方法，比较数量；③教会学前儿童掌握重叠法、点数法等对应方法，培养学前儿童数学兴趣。

活动准备：①雪花片（红、绿、黄）各若干；②玩具：碗、筷子、苹果、盘子各10个，圆形、正方形、三角形卡片、数字卡片、圆点卡片量不等。

活动程序与方法：游戏法导入活动。"抢椅子"游戏。

第一步：感知操作认知维度

1. 实物操作法：请客摆碗筷，判断一样多。

2. 按数取物法：学前儿童按要求取雪花片。例：取红5个，绿4个，黄3个，进行比较找出最多、最少、比较多。如图13.16所示。

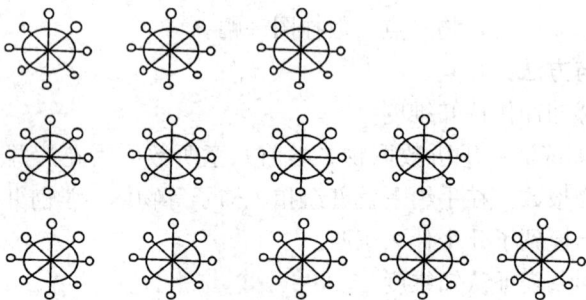

图 13.16

第二步：形象表征认知维度

3. 发现学习法：出示"苹果"、"盘子"，学习用重叠法比较"多"、"少"，并变成"一样多"。出示圆形、三角形、正方形，学习用点数法比较，找出最多，最少，比较多。

第三步：概念符号认知维度

4. 符号辨认法：看图片，找数字；看圆点，找数字。词语表达"最多"、"最少"、"一样多"。

结束：买门票游戏，过小门说一说，哪个最多，哪个最少，哪个一样多。

教学范例 19   认数活动——序列（三）

活动内容： ①排列物序：1～10 根小棍的长短；②排列圆点：1～10 张圆点的数量卡片。

活动目的： ①使学前儿童学会短↔长的排列数序的方法；②初步理解自然数的顺序。

活动准备： 10 根小棍（依次相差 2 厘米）；10 张圆点卡片（1 点～10 点）；10 张数字卡片（1～10）。

活动程序与方法： 情境表演法导入活动。10 名小朋友戴头饰依次来班做客。提示学前儿童注意数一数第几个进来的是谁。

第一步：感知操作认知维度

1. 尝试操作法：教师让学前儿童将 10 根棍排队，学前儿童试一试怎样排列又对又快。如图 13.17 所示。

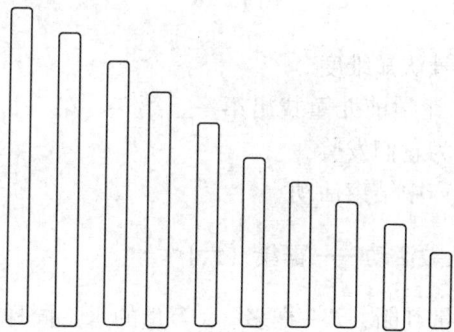

图 13.17

2. 发现报告法：让学前儿童说一说，你发现用什么方法排列更快更好？（一头顺齐，从长至短或从短至长，一根根抽出是最佳方法）

第二步：形象表征认知维度

3. 多端思维法：10 张卡片上的圆点从 1 个圆点到 10 个圆点怎样排列更快一些？有几种方法？（手指点数法、目测点数法、对应心数法）

第三步：概念符号认知维度

4. 规律概括法：自然数列从 1 开始，一个数加 1 就是它后面的数。

结束：接龙站队法：从 1 号开始一直站到 10 号。

教学范例 20   认数活动——序列（四）

活动内容： ①按高矮排序：1～5 个娃娃；②认识 5 以内的序数"第几"。

活动目的： ①在学习过按长短排序、多少排序的基础上，进一步迁移掌握按高矮排序技能；②进一步理解序数概念"第几"的意义；③培养学前儿童学数学的积极性和认数的兴趣。

活动准备： 磁性教具兔、马、羊、猴、鹿各一只，1～5 数字人手一套。高矮不同娃娃 5 个。

活动程序与方法： 情境设疑法导入活动。出示森林背景图。教师：今天森林里开运动会，小兔、山羊、小马、猴子、梅花鹿都来参加赛跑，小朋友当裁判，要奖励前 3 名，你们会当裁判吗？今天老师教你们。

第一步：感知操作认知维度

1. 实物操作法：复习按长短排序迁移到为娃娃按高矮排序，点数第一、第二、第三、第四、第五。

第二步：形象表征认知维度

2. 情境讲解法：教师以动物赛跑移动小动物的位置，要求学前儿童观察，并根据动物赛跑的位置说出它们是第几名。如图 13.18 所示。

图 13.18

第三步：概念符号认知维度

3. 现场裁判法：让学前儿童找出第一、第二、第三、第四、第五的动物叫什么，贴上号码，为它们发奖。

结束：发奖音乐声中结束活动。

教学范例 21　认数活动——群集（六）

活动内容： ①等量判断："一样多"（等量的水，同样大的杯子）；②液体守恒："一样多"（等量的水，不同大的杯子）。

活动目的： ①通过学习训练，使学前儿童初步建立"液体量守恒认知结构"；②引导学前儿童自我中心思维向客观逻辑思维发展；③培养学前儿童爱动脑筋思考的学习品质。

活动准备： ①教具：50 毫升量筒 2 个，100 毫升量筒 1 个；②学具：每组学前儿童 3 只透明水杯（两只小杯、一只大杯），红、蓝墨水各一瓶。

活动程序与方法： 情境设疑法导入活动。教师演示熊妈妈在给两只小熊分饮料，两只小熊吵架的情景，问："小熊为什么吵架？"

第一步：感知操作认知维度

1. 亲手操作法：让每个学前儿童看一看，你的两只小杯子里的水是不是一样多？（一样多）然后让学前儿童将其中一只小杯里的水小心倒入大杯中，再比一比两只杯里的水是不是一样多？为什么？

第二步：形象表征认知维度

2. 守恒实验法：教师用量筒演示实验，将等量的水，由 50 毫升量筒倒入 100 毫升量筒中，问学前儿童大小量筒的水是否一样多？再反复倒回来。让学前儿童排除感知因素影响（只看水平面高低来判断，向客观判断过渡）。

第三步：概念符号认知维度

3. 词语概括法：教师小结：原来两只杯子或量筒是一样大的，装的水是一样多的，当将其中一杯水倒入大杯中，只要是没倒洒，应该知道，大杯里的水与小杯里的水还是一样多。看上去像是水面低了，实际还是原来小杯里的那些水。你们说对吗？如图 13.19 所示。

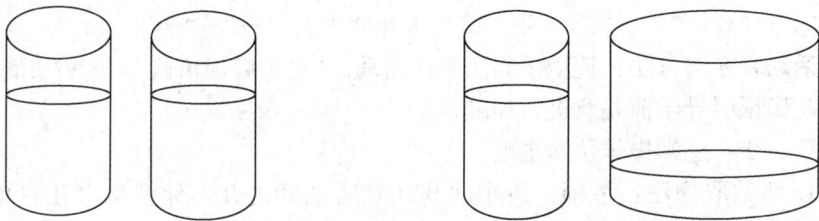

图 13.19

结束：游戏检查法"请喝茶"游戏。检查学前儿童是否形成液体守恒概念。

教学范例 22　认数活动——图形认知（三）

活动内容：①图形分类：一元分类；②分类数数：插上图形作标志。

活动目的：①学前儿童通过动手分类操作，建构类包含概念，为中班类运算打下基础；②通过分类操作，找到一类事物的共同点，为形成概念奠定基础；③培养学前儿童学习几何图形的兴趣，发展学前儿童的想象力和创造力。

活动准备：①正方形、三角形、圆形构成的娃娃图一幅；②学前儿童每人一盒（大小、颜色、形状）不同的几何图形各 5 个。

活动程序与方法：激因法导入活动：小朋友，熊猫妈妈给咱们班小朋友每人一份礼物，你们想不想知道是什么？好，请小朋友轻轻地把盒子打开看一看。

第一步：感知操作认知维度

1. 观察发现法：盒子里装着什么？都有什么形状？什么颜色？大小一样吗？

2. 操作发现法：请学前儿童把这些图形找一找，分一分，把一样的放在一起，让学前儿童分别说出自己是怎样分的。

第二步：形象表征认知维度

3. 观察发现法：出示图形娃娃，让学前儿童观察后，说出娃娃是由哪些图形构成的？每种图形有几个？

第三步：概念符号认知维度

4. 图形组合法：熊猫用几何图形拼出娃娃，小朋友能不能用盒子里的图形拼出自己喜欢的东西？

结束：鼓励法：小朋友，咱们把拼好的图形送给熊猫妈妈看一看好吗？

教学范例 23　认数活动——群集与运算（五）

活动内容：①按数取物："5"、"6"；②学习 5+1，6-1。

活动目的：①在复习按数取物的基础上，巩固 4＋1 和 5－1，进而学会 5＋1 和 6－1 实物运算；②在理解数的实际意义基础上，引导学前儿童由实物运算向表象运算过渡；③在表象运算过程中，加强符号运算，培养学前儿童数学逻辑思维能力和爱动脑筋的好品质。

活动准备：塑料田鼠每个学前儿童 6 条中；印章一枚，白纸 2 张；数字卡片："4"、"1"、"5"、"6" 4 张，符号卡片"＋"、"－"、"＝"。

活动程序与方法：情境设问法导入活动。"猫头鹰捉田鼠"，用猫头鹰捉田鼠和吃田鼠引导学前儿童进行加减运算。

第一步：感知操作认知维度

1. 听数取物法：教师：请小朋友注意听老师说几，你就拿出几只田鼠。教师说："5"、"1" 和 "6"。

2. 实物运算法："5 只田鼠，添上 1 只田鼠，是几只田鼠？6 只田鼠被猫头鹰吃掉 1 只，还剩几只？"让学前儿童算一算得数。

第二步：形象表征认知维度

3. 看图运算法："草地上有 5 只小黄鸡在捉虫，又来一只小黑鸡，问草地上一共有几只小鸡？"（5 添上 1 是 6）"6 只小鸡，跑掉一只小鸡，问草地上还有几只小鸡？"（6 去 1 是 5）

4. 表征运算法：看数，盖印章（圆点）。5 个圆点加上 1 个圆点，是几个圆点？（5＋1＝6）6 个圆点减去 1 个圆点，等于几个圆点？（6－1＝5）

第三步：概念符号认知维度

5. 词语概括法：添上、加上是用什么符号表示？（＋）跑掉、减去，可用什么符号表示？（－）是几个，还剩几个用什么符号表示？（＝）

6. 数字运算法：听词找符号列算式：教师说：5＋1＝6，6－1＝5。学前儿童找数字和运算符号。

结束：反馈检查法："智慧树"游戏，摘个果算一算。

教学范例 24　认数活动——群集与运算（六）

活动内容：①按数取物："6"、"7"；②学习 6＋1，7－1。

活动目的：①在点数说出总数认知维度上，进一步掌握逐一加减运算的技能；②在按数取物的基础上，学会实物运算、表象运算和数字运算；③提高学前儿童运算水平：知觉水平～表象水平～符号水平。

活动准备：小汽车每人一辆，瓶娃娃每位学前儿童 7 个，小熊猫图片 7 张。

活动程序与方法：情境设疑法导入活动。出示汽车。教师：小朋友看这里是什么？这是一个停车场，我们来数一数停车场里有几辆汽车？点数。

第一步：感知操作认知维度

1. 操作运算法：今天老师给小朋友也准备了一辆小汽车，请小朋友来当小司机，你们桌子上还有瓶娃娃，咱们带他们到公园玩好吗？有 6 个娃娃上车了，嘀嘀，我们开车吧！这时候还有一个娃娃，是一起到公园去玩，我们把这个娃娃也请上车来吧，车上有 6 个娃娃，又上来了一个娃娃，问学前儿童：现在车上一共有几个娃娃？嘀嘀，趵突泉公园到了，有一个娃娃想去趵突泉公园玩，请这个娃娃下车吧。车上有 7 个娃娃，下去了一个娃娃，还剩几个娃娃？6 个。问：你怎么知道还剩 6 个娃娃？

第二步：形象表征认知维度

2. 看图运算法：刚才小朋友把瓶娃娃都送到了公园，小朋友想不想知道他们在公园时都看到了什么？

出示熊猫图片。他们看到了熊猫。集体点数问学前儿童：有几只熊猫？6只。6 只熊猫用数字几来表示？贴数字。又跑来了一只，问一共有几只熊猫？7 只。那么，6 只熊猫和一只熊猫合起来，用什么方法运算？

有 7 只小熊猫，有一只跑到外边去玩啦，还剩下几只小熊猫？7 只小熊猫跑掉了一只，也就是去掉一只，应该用什么方法来计算？

第三步：概念符号认知维度

3. 数字运算法：教师：下面我们来说一个游戏，游戏的名字叫做读读算算，老师为每个小朋友都准备了一个方向盘，请小朋友当司机，但是小朋友拿到方向盘之前要先读一读车队队长给你们的算式：读对了方向盘上的算式，才能开汽车，读错了就不能开汽车。玩法：学前儿童先认真地读题，算出得数，请别的学前儿童检查是否正确。

结束：学前儿童在教室里开汽车，最后开汽车出教室。

教学范例 25　认数活动——群集与运算（七）

活动内容：①按数取物："7"、"8"；②学会 7+1，8-1 的加减运算。

活动目的：①在复习按数取物的基础上，巩固 6+1，7-1，进而学会 7+1，8-1 实物运算；②在理解数的实际意义基础上，引导学前儿童由实物运算向表象运算过渡；③培养学前儿童逻辑思维能力和爱动脑筋的好品质。

活动准备：实物：核桃或石子每人 8 个；圆点卡片 8 张（1~8 点）；数字卡片 8 张（1~8）。

活动程序与方法：情境设疑法导入活动。"小猴请客"：谁最爱动脑筋，最聪明，我就请谁去花果山做客。

第一步：感知操作认知维度

1. 听数取物：实物运算：6+1，7-1。

2. 看数取物：实物运算：7+1，8-1。

第二步：形象表征认知维度

3. 看图说数：形象运算：6+1，7-1。如图 13.20 所示。

4. 生活联想：表象运算：7+1，8-1。

第三步：概念符号认知维度

5. 看圆点，找数字 7，8，1。

图 13.20

教学范例 26　认数活动——群集与运算（八）

活动内容：①按数取物："8"、"9"；②学习 8＋1，9－1 加减运算。

活动目的：①复习巩固理解"8"和"9"群集概念，加强对数的实际意义的再认识；②在理解数的实际意义的基础上引导学前儿童由实物运算向表象运算过渡；③在表象运算的过程中，加强学前儿童的逻辑思维能力和爱动脑筋的好品质。

活动准备：小雪花积木（每人 9 块）、图形卡片、数字卡片、花朵卡片；符号"＋"、"－"卡片；庆"六一"游乐宫环境布置；鼓、鼓槌。

活动程序与方法：情境设疑法导入活动。教师扮演红花姐姐，红花姐姐请小朋友去游乐宫欢度节日，请谁去呢？请爱动脑筋的小朋友。

第一步：感知操作认知维度

1. 游戏练习法："老师击鼓我取花"，听数取物：学前儿童听教师说数词，按数取物说出总数"8"和"9"。

第二步：形象表征认知维度

2. 看图运算法：形象运算：7＋1，8－1。

3. 生活联想法：表象运算：8＋1，9－1。

第三步：概念符号认知维度

4. 看图发现法：看图形找数字：8，1，9，运算：8＋1，9－1，算得又对又快的学前儿童奖励大红花。

5. 引导学前儿童找规律：一个数加 1 是它后面的数，一个数减 1 是它前面的数。

结束：碰球游戏"速算"。

教学范例 27　认数活动——群集与运算（九）

活动内容：①按数取物："9"，"10"；②学习 9＋1，10－1。

活动目的：①培养学前儿童计数的基本能力，促进学前儿童群集概念形成；②在理解数的实际意义基础上，培养学前儿童的发现能力和多端性思维能力；③引导学前儿童由实物运算向表象运算过渡，再过渡到数字运算，培养学前儿童再造想象力和逻辑思维能力。

活动准备：每人一套三角形、圆形、正方形卡片各 10 张；数字卡片 10 张（1～10）；"＋"、"－"、"＝"符号卡片。

活动程序与方法：情境引入法：老师带小朋友到几何王国去，看谁爱动脑筋，闯过难关，打开它的大门。

第一步：感知动作认知维度

1. 听数取物：实物运算过关卡：8＋1，9－1。

2. 看数取物：实物运算得分：9＋1，10－1。

第二步：形象表征认知维度

3. 看几何图形说数：形象运算：8＋1，9－1。如图 13.21 所示。

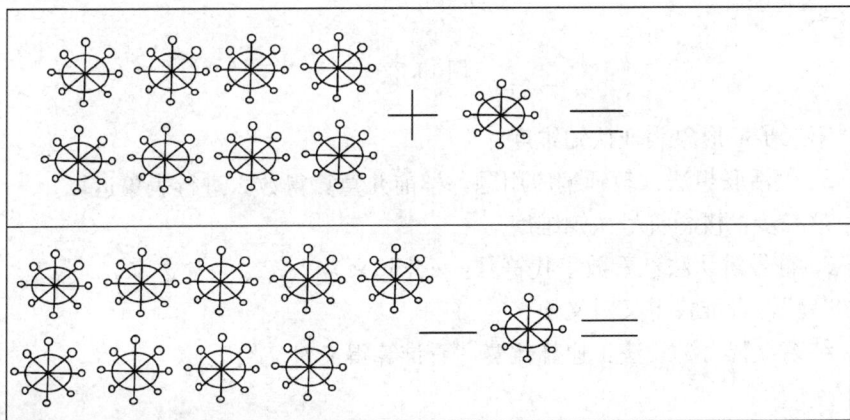

图 13.21

4. 情景联想：根据几何图形创编应用题 9＋1，10－1。

第三步：概念符号认知维度

5. 看图形找数字：8，9，10。

6. 听词找符号：（合起来）"＋"、（拿走了）"－"、（是几个）"＝"。

结束："小符号在哪里？"看数字找符号"＋"、"－"、"＝"。

教学范例 28 认数活动——群集与运算（十）

活动内容：①实物运算，速算训练：复习 10 以内逐一加减；②表象运算，找规律。

活动目的：①在感知动作水平上，掌握逐一加减的技能；②懂得某数加 1 是它后面的数，某数减 1 是它前面的数。

活动准备：玻璃球每人 10 个，1～10 数字卡片每人一套，挂图一张，"＋"、"－"、"＝"符号每人一套。

活动程序与方法：故事法导入活动。故事《快乐的旅行》。

第一步：感知操作认知维度

1. 游戏操作法：听声取物，听青蛙妈妈的叫声（先后强弱之分），拿玻璃球进行实物运算。看数摆球实物运算：青蛙妈妈为小青蛙先后买球进行实物运算，在摆球过程中找规律，掌握速算技能。如图 13.22 所示。

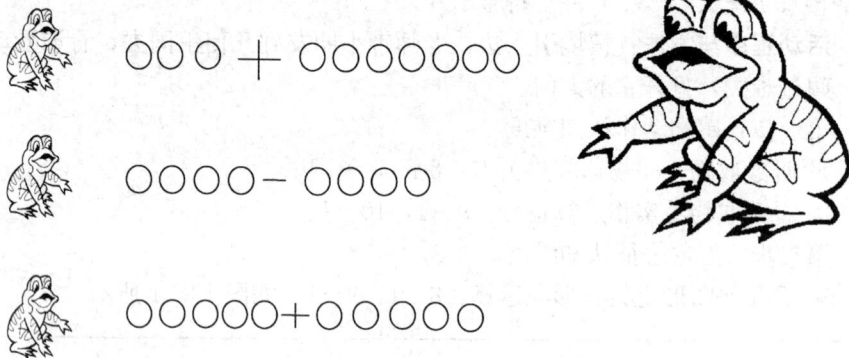

图 13.22

第二步：形象表征认知维度

2. 生活联想法：教师编应用题，学前儿童算得数，进行表象运算。

第三步：概念符号认知维度

3. 符号辨认法：看数字找符号：（合起来）"＋"、（拿走了）"－"、（是几）"＝"，看谁找得又对又快。

结束：智力游戏法：速算比赛"看谁算得又对又快"。

第三节　中班数学教育活动

教学范例 29　认数活动——计数（一）

活动内容：①复习顺数 1～10，倒数 10→1；②学习顺数 1～20，倒数 20→1。

活动目的：①在复习顺数、倒数 1↔10 的基础上，学会顺数 1～20，倒数 20→1。让学前儿童掌握规律，知道怎样顺数倒数（顺数时一个比一个多 1，倒数时一个比一个少 1）；②培养学前儿童 1～20 的计数能力及让学前儿童体验序列之间的逆向性和传递性，培养思维能力；③培养学前儿童学会学习的能力和爱动脑筋的良好学习品质。

活动准备：实物：玩具电报机一部；玩具小猴一只；塑料桃 20 个。图点卡片、数字卡每位学前儿童一份，阶梯形图一幅。

活动程序与方法：情境陶冶法导入活动。小朋友，今天我们邀请小猴来我们班做客，现在还没来，那怎么办？我们给他拍个电报好不好？（出示玩具电报机）

第一步：感知操作认知维度

1. 对应计数法：请一名学前儿童上前按电报键——对应数数 1↔10，全体学前儿童根据所按键对应顺数、倒数。

2. 迁移训练法："小猴摘桃"和"小猴吃桃"计数迁移训练。由 1↔10 迁移 1↔20 计数。

第二步：形象表征认知维度

3. 联想计数训练法：小猴吃完了桃想表演个杂技"上数字楼梯"。学前儿童边拍手边顺数 1~20。下楼梯时，下一阶就少一阶，再下一阶又少一阶……全体学前儿童倒数 20→1。

4. 探索学习法：学前儿童按顺数 1~20，倒数 20→1 读图点卡片。教师巡回指导：你们在读的时候发现数字按什么顺序排的？（从小到大，从大到小）

第三步：概念符号认知维度

5. 规律发现法：顺数就是后一个数比前一个数多 1，这样从小到大地数数，叫顺数；倒过来从大到小地数数叫倒数，倒数就是后一个数比前一个数少 1。

6. 数字游戏法：全体学前儿童按顺数 1~20 和倒数 20→1 的规律排数字卡。看谁排得对又快。

结束：游戏检查法："接龙数数"游戏规则：请一位学前儿童数数（顺数或倒数），然后停下，再请一位学前儿童接着数。看谁数得又对又快。小猴说我们班小朋友都很聪明，遇事爱动脑筋。现在小猴回家了，我们边拍手数数边送小猴回家。

教学范例 30　认数活动——计数（二）

活动内容：①复习逐一计数（20 以内）；②学习按群计数：2 个 2 个数（20 以内）。

活动目的：①引导学前儿童从逐一计数向按群计数过渡；②学会 2 个 2 个数实物或半抽象物，培养按群计数技能；③培养学前儿童爱动脑的好习惯和理智感。

活动准备：两个塑料袋内，分别装有 20 个雪花片和 20 根塑料小棒；每个学前儿童一套 20 个水果的图片；学前儿童人手一份 1~20 的数字卡，若干小豆。

活动程序与方法：设问法导入活动。小朋友，你们怎样知道塑料袋内分别装有多少个雪花片和多少根小棒呢？数一数。

第一步：感知操作，尝试计数

1. 逐一计数操作法：注意数出塑料袋内的雪花片和小棒分别多少？查了几次？（20 次）现在我教小朋友一个简便的查数方法。

2. 按群计数操作法：2 个 2 个数袋内到底装有多少雪花片和小棒？查了几次？（10 次）哪种方法好？（2 个 2 个地数快又好）

第二步：形象表征，学习计数

3. 看图计数法：学前儿童观察自己图片上画有多少个水果？

4. 生活联想法：①平日自己数什么东西时是 2 个 2 个地数？②如果 2 个 2 个往袋内装雪花片共装 10 次，这时袋内共有多少个？

第三步：概念符号，学习计数

5. 启发引导法：让学前儿童说出自己是用什么方法数出图片上的水果。教师启发引导由逐一计数向按群计数过渡。学前儿童 2 个 2 个，边数边用数字符号 "2"、"4"、"6"、"8"、"10"、"12"、"14"、"16"、"18"、"20" 表示出来。

结束：接力比赛法：学前儿童两人一组 2 个 2 个地数盒内的小豆，前一个数到 10，后一个接数到 20。看谁数得又快又对。鼓励学前儿童互相配合。

教学范例 31　计数活动——计数（三）

活动内容：①复习 2 个 2 个地数；②学习 5 个 5 个地数。

活动目的：①训练学前儿童按群计数和按数取物的能力；②形成对 "5" 的数群的直观认知；③初步形成群集概念，培养学前儿童数理逻辑思维能力。

活动准备：图卡两张，纽扣、围棋子若干。

活动程序与方法：报数练习法导入活动。教师说：小朋友从刚才的报数已经知道了 2 个 2 个地数要比 1 个 1 个地数快，那么还有比 2 个 2 个数更快的方法吗？今天，我们学一种更快更简便的数数方法。

第一步：感知操作，尝试计数

1. 操作摆放法：教师指导学前儿童用纽扣或用围棋子 5 个 5 个摆成一堆。把 5 个纽扣或围棋子摆成一堆，怎么摆呢？看谁摆得花样又多又好。

2. 比较操作法：启发学前儿童得出结论 5 个 5 个地数比 2 个 2 个地数快。

第二步：形象表征，指导计数

3. 看图对比法：小朋友，这两张图有什么相同和不同的地方？学前儿童看图，集体数棋子。

4. 协同练习法：玩接龙游戏：学前儿童单独数，如第一名学前儿童数 5，第二名学前儿童数 10，第三名数 15，第四名数 20，依次进行，以检验学前儿童的熟练程度。

第三步：概念符号，学会计数

5. 简便计数法：得出一五得五、二五得十、三五得十五、四五得二十。

结束：玩游戏 "按数取物"，将 3 名学前儿童分成一组，由 1 名学前儿童说数当评判，两名学前儿童参赛取物，学前儿童之间轮流反复进行。

教学范例 32　认数活动——计数（四）

活动内容：①学习单数、双数；②认识奇数、偶数。

活动目的：①在复习巩固学前儿童 2 个 2 个数和 5 个 5 个数基础上，进一步认识 20 以内的单数、双数、奇数、偶数；②使学前儿童掌握 20 以内哪些数是单数，哪些数是双数，提高学前儿童计数能力；③培养学前儿童计数兴趣和学会学习的探索能力。

活动准备：实物（棋子、纽扣、石子、杏核等），每个学前儿童20个；连环图，每个学前儿童一张。

活动程序与方法：接龙游戏法导入活动。第一个学前儿童从"1"开始数，听到"停"的口令，第2个学前儿童接着数。

第一步：感知操作，学习计数

1. 尝试操作法：跳格子。通过单、双脚跳格学习单双数，边跳边数，由1～20。

第二步：形象表征，学习计数

2. 看图计数法：跳连环图，视觉计数，由1～20。

第三步：概念符号，学习计数

3. 分类计数法：单双数分开计数：1，3，5，…，17，19，2，4，6，…，18，20。

4. 词语转换法：教师向学前儿童讲清楚，单数也叫奇数，双数也叫偶数。

结束：单、双数游戏"碰球"，学前儿童说："我的1球碰3球"，另一个说："我的2球碰4球"，以此类推。

教学范例 33　认数活动——相邻数（一）

活动内容：①学习10以内相邻数；②迁移20以内相邻数。

活动目的：①学习相邻数，要求学前儿童知道在自然数列中任何数的相邻数前面一个比它少1，后面一个比它多1；②掌握寻找相邻数的方法：$n+1$，$n-1$。单数的相邻数是双数，双数的相邻数是单数；③发展学前儿童的逻辑思维能力，形成自然数列中各个数之间关系的序列概念。

活动准备：1～20的圆点卡片、数字卡片、带声的数字卡片每人各一套；磁性数字卡片一套。

活动程序与方法：激因法导入活动。"小白兔请客"：谁最爱动脑筋，最聪明，就请谁去小白兔家做客。

第一步：感知操作认知维度

1. 切身体验法：请10名学前儿童接龙数数，边数边排队。

第二步：形象表征认知维度

2. 图像发现法：教师在黑板上一一对应排列1～20的圆点卡片，然后从中拿出某个数的相邻数，请学前儿童填上。提问：你为什么填上这两张圆点卡片？

第三步：概念符号认知维度

3. 数字排序法：请学前儿童排列1～20的数字卡片，教师在黑板上排列1～20的数字，然后从中拿出某个数的相邻数，请学前儿童填上。问学前儿童为什么填上这两张数字卡片。

4. 词语概括法：小朋友要记住在自然数中任何一个数的相邻数是比这个数少1和多1的数。我们把任何一个自然数用符号 n 来表示，那么在自然数列中任何一个数的相邻数就是 $n\pm1$。

结束：游戏法：游戏"左邻右舍找邻居"。谁找得对，就请他到小白兔家去做客。玩法：请20名学前儿童每个人挂上一个（1～20）数字牌，规定每名学前儿童的邻居必须是他带的数字卡片的相邻数。找到邻居后说出他们为什么是你的邻居？如图13.23所示。

图13.23

教学范例34 认数活动——群集与运算（一）

活动内容：①学习"2"的分解组合；②练习"2"的加减运算。

活动目的：①教学前儿童学习2的组成；②帮助学前儿童理解分解、组合的含意；③培养学前儿童的运算能力和变通能力。

活动准备：纽扣每名学前儿童2个，数字卡片，挂图。

活动程序与方法：计数接龙法导入活动，让学前儿童2个2个地接龙数数。

第一步：感知操作认知维度

1. 自身体验法：找找自己身上的1和2。

2. 实物操作法：给学前儿童两个纽扣，让他们摆出来，看看两个纽扣可分成几个和几个。如图13.24所示。

第二步：形象表征认知维度

3. 图像分合法：看图描述两个物品可分成几个和几个。

4. 形象运算法：看图运算2的加减。

第三步：概念符号认知维度

5. 符号辨认法：辨认分合号，并理解含义，认读1和2，填分合图。

结束：碰球游戏：如"我的1球碰1球"，另一个说："1加1等于2"。如果说"我的2球碰1球"，另一个说："2减1等于1"。

教学范例35 认数活动——群集与运算（二）

活动内容：①学习"3"的分解组合；②练习"3"的加减运算。

活动目的：①让学前儿童知道总数和部分数之间的关系；②引导学前儿童由分解组合向加减运算过渡；③提高学前儿童思维的变通性、逻辑性。

活动准备：每人一个小盒，里面有3个双色圆点（一面为红一面为蓝），

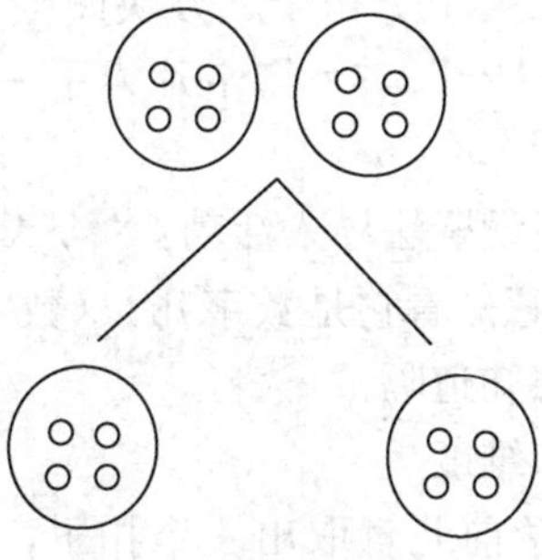

图 13.24

图片、圆点若干，3 的分合式。

活动程序与方法：新异刺激法导入活动：小朋友，你们愿不愿意扮演一名小仙女，我们来玩一个"天女散花"的游戏好吗？

第一步：感知操作认知维度

1. 尝试操作法：请学前儿童打开小盒，拿出双色圆点，做"天女散花"的游戏。

2. 发现法：请学前儿童互相观看、讨论，说出游戏的结果。教师小结：3能分成 1 和 2，3 能分成 2 和 1。

第二步：形象表征认知维度

3. 观察描述法：出示图片，引导学前儿童观察，让学前儿童说出按颜色分，3 能分成几和几？按大小分，3 能分成几和几，总结归纳：3 能分成 1 和 2，1 和 2 合起来是 3，2 和 1 合起来是 3。如图 13.25 所示。

图 13.25

4. 数图匹配法：请学前儿童用圆点把 3 的分合法表示出来。

第三步：概念符号认知维度

5. 迁移训练法：由圆点分合式迁移到数字分合式，让学前儿童知道总数可以分成两个部分数，两个部分数合起来是总数，总数减去一个部分数等于另一个部分数，从中学习 3 以内的加减法运算。

结束：反馈检查法："碰球"游戏，进行加减运算，离开活动室。

教学范例 36 认数活动——群集与运算（三）

活动内容：①学习"4"的分解组合，找规律；②练习"4"的加减运算，列算式。

活动目的：①学会"4"有 3 种分合方法，学会列"4"以内的加减法算式；②找规律：总数能分成两个部分数，两个部分数合起来是总数；两个部分数位置互换，总数不变；总数减掉一个部分数等于另一个部分数；③提高学前儿童逻辑思维能力。

活动准备：每个学前儿童 4 个扣子、方块图卡（4 个方块）、4 以内数字卡、分合号、题卡，"＋"、"－"、"＝"卡片人手一套，小兔子头饰（数量和学前儿童人数相等）。

活动程序与方法：情境设疑法导入活动："今天老师给小朋友带来一个数字娃娃，（出示数字娃娃"4"）看它是数字几？（数字"4"）数字娃娃"4"里面有很多有趣知识，你们想知道吗？"

第一步：感知操作认知维度

1. 尝试操作法：每个学前儿童取出 4 个扣子，做游戏分在两个手里。教师说："小手摇摇，分开瞧瞧，4 个扣子分成了几个和几个？"

2. 报告发现法：引导学前儿童说出有 3 种分法。发现"1"和"3"、"2"和"2"、"3"和"1"合起来组成"4"。

第二步：形象表征认知维度

3. 涂染法：把 4 块方块涂成两部分，用 3 种方法。

第三步：概念符号认知维度

4. 列式训练法：用数字卡摆出，列算式：根据两个部分数合起来等于总数，列出"4"的加法算式：$1+3=4$；$2+2=4$；$3+1=4$。根据总数去掉一个部分数等于另一个部分数，列出"4"的减法算式：$4-1=3$；$4-2=2$；$4-3=1$。

5. 总结概括法："4"有 3 种分法。整体量与部分量是包含关系；部分数与部分数是互补关系，交换关系。

结束：游戏"小兔找家"：教师扮兔妈妈，学前儿童扮小兔，小椅子代替小兔的家，兔妈妈发给每个学前儿童一张卡片，兔妈妈说：小宝宝要认真看，仔细算，快去找你们的家。兔妈妈说完后，小兔开始做题，然后根据答案和椅子对号，看谁最先找到家为胜。（注：题卡是"4"以内加减法算式）

教学范例 37 认数活动——群集与运算（四）

活动内容：①学习"5"的分解组合，找规律；②练习"5"的加减运算，列算式。

活动目标：①使学前儿童进一步巩固认识数与数之间的三种关系，即包含、互补、互换；②深刻理解数的分解组合与加减运算的关系；组合用加法，分解用减法；③培养学前儿童数学思维的转换能力和爱动脑筋的好品质。

活动准备：鸟、鸟笼贴绒教具；1～5 的数字卡片（反面为 1～5 个圆点）、运算符号每人各一套，可操作物品每人一套，如小石子、雪花片等。

活动程序与方法：猜拳游戏法导入活动。

第一步：感知操作认知维度

1. 尝试操作法：让学前儿童用双手把 5 个小石子或雪花片分开，边分边说儿歌："小手摇摇，分开瞧瞧，5 可以分为几和几，几和几合起来是 5"，反复操作。

2. 报告发现法：让学前儿童根据自己的实际操作报告自己的分法，让学前儿童找出一种分法即引导学前儿童找出另一种分法，最后引导学前儿童自己总结 5 的 4 种分合方法。

第二步：形象表征认知维度

3. 激活表象法：出示教具 5 只小鸟，两只鸟笼。问：5 只小鸟要关在两只笼子里可以怎么分？如图 13.26 所示。

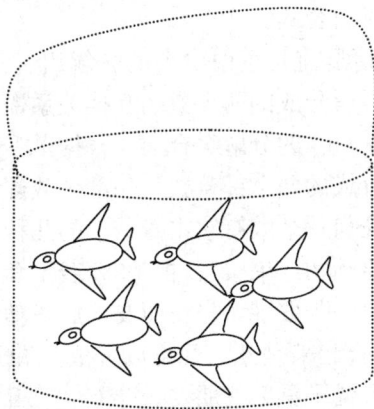

图 13.26

第三步：概念符号认知维度

4. 符号认知法：看数字，找符号："＋"（合起来）、"－"（去掉或分去）、"＝"（是几或剩几）。

5. 列式训练法：用数字和符号在自己桌上摆出算式。

结束：教师作为检查员看看谁做得又快又对，给予表扬。

教学范例 38　认数活动——群集与运算（五）

活动内容：①学习"6"的分解组合；②探讨 7，8，9，10 的分解组合规律与加减运算。

活动目的：①巩固学前儿童对数的分解组合 3 种关系的再认识；②知道一个数有几种分合方式；③培养学前儿童知识迁移能力，善于发现学习、爱动脑筋的良好学习品质。

活动准备：两色花生（正反面）每人 10 个，点子卡片若干，数字卡片（1～10）每人一套，小兔子等动物家各标有数字 2～9。

活动程序与方法：情境陶冶法导入活动。小朋友，美丽的秋天到了，很多果实都丰收了，果实妈妈想把果实分给小动物吃，请小朋友来帮忙看看有几种分法。

第一步：感知操作认知维度

1. 操作发现法：请学前儿童从自己小筐里取出 6 个花生，通过"小手摇摇，分开瞧瞧"，得出 6 的分解组合。

2. 迁移训练法：用同样方法进行 7，8，9，10 分解组合操作。请学前儿童用"6"的分解组合规律，探讨 7，8，9，10 的分解组合。

第二步：形象表征认知维度

3. 看图发现法：发给学前儿童不同的卡片，使学前儿童根据不同的内容进行 7~10 的分解组合。

4. 综合练习法：请学前儿童利用点子卡片摆出 7~10 的分解组合。

第三步：概念符号认知维度

5. 符号标志法：看图摆式子，请学前儿童根据教师提供的图片，利用数字卡片摆出 7~10 的分解组合式。

6. 规律发现法：①请学前儿童说出 6 的分解组合规律，巩固数的整体与部分的关系，知道一个数所分成的两个数的互换关系，合起来总数不变，并把这个规律迁移到 7，8，9，10 的分解组合上，根据 7，8，9，10 的组成分解式子，得出规律：一个数分成的两个部分数，一部分数逐渐加一，另一部分数逐渐减一；②概括归纳：任何一个数有它本身减 1 的几种分合方式。

结束：信息反馈"给动物送果实"：把 1~8 若干套数字卡片散乱放在地面上，听号令学前儿童任取一张数字，先找朋友，后找动物家，说对了进小动物家："我是几，我是几，合起来是几，几可以分成几和几"，然后进入动物家，各动物家门前有裁判，说错了重新找朋友。

教学范例 39 认数活动——重量守恒

活动内容：①差量判断：比较轻、重；②等量判断：一样重（变式）。

活动目的：①使学前儿童了解物体轻重的知识；②学会在三级维度进行物体重量的判断；③使学前儿童初步形成重量守恒的认知结构。

活动准备：天平秤、橡皮泥。

活动程序与方法：实物刺激法导入活动。教师出示天平秤，让学前儿童说出是称量东西用的。

第一步：感知操作认知维度

1. 操作体验法：让学前儿童玩天平秤，把一些小物品放在天平秤上称量，体验平衡，认识轻、重、一样重。

第二步：形象表征认知维度

2. 观察学习法：教师作重量演示的试验，把两块同样重的橡皮泥团成球体，放在天平两侧，指针在中间，问学前儿童：这两块橡皮泥是一样重吗？让学前儿童进行等量判断：一样重。当着学前儿童的面把其中一块搓成香肠状，另一块压成圆饼状，再问学前儿童它们是不是还一样重，为什么？怎样知道是否一样重呢？（学前儿童往往判断不一样重，有的说香肠重，有的说圆饼重）如图 13.27 所示。

第三步：概念符号认知维度

3. 词语概括法：让学前儿童说出一样重的理由：原来两块橡皮泥是一样重，不管它们变成什么形状，既没拿走，也没填上，所以还一样重。另一种理由：指针还在中间，天平秤是平衡的，所以一样重。即形成重量守恒认知结构。

结束：动作延伸法：让学前儿童继续玩天平秤，巩固重量守恒的认识。

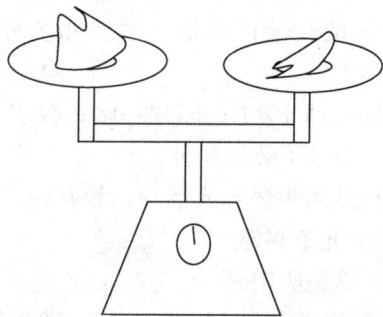

图 13.27

教学范例 40　认数活动——群集与运算（六）

活动内容：①认识"0"的作用：表示空集"没有"；②列出差是"0"的减法算式，找规律。

活动目的：①使学前儿童进一步了解群集概念中的空集；②使学前儿童了解0与减法的关系；③培养学前儿童的数概念："0"的概念。

活动准备：1～10数字卡片，纽扣等。

活动程序与方法：数字接龙计数导入活动。

第一步：感知操作认知维度

1. 体验操做法：小朋友手里有3颗纽扣，交给老师3颗手里还剩多少？使学前儿童明白0表示没有。

第二步：形象表征认知维度

2. 表象运算法：让学前儿童想想生活中在什么时候还可用0表示"没有"？启发学前儿童编应用题，如妈妈给我2块糖，我全吃了，现在我有几块糖？"没有了"用什么表示？

第三步：概念符号认知维度

3. 归纳列式法：通过学前儿童自己列减法算式，1－1＝0，2－2＝0，3－3＝0等使学前儿童归纳出任何一个数自己减自己等于零，"0"表示空集即"没有"。如班里小朋友，晚上都被爸爸妈妈接走了，教室没人了，用什么表示？

结束：反馈强化法：让学前儿童玩碰球游戏：我的2球碰2球，2减2等于零，以此类推。如图13.28所示。

图 13.28

157

教学范例 41　认数活动——编应用题（一）

活动内容：①三维编题（动作、图像、数字）；②三维运算（实物、表象、符号）。

活动目的： ①使学前儿童学会编 10 以内的加减法应用题；②发展学前儿童观察力、想象力和运算的技能；③培养学前儿童分析问题和解决问题的能力。

活动准备： 实物彩色气球 10 个；图片一幅；数字 1～10、运算符号；数字题卡和图案卡片若干、小盒子装纽扣等。

活动程序与方法： 新异刺激法导入活动。教师说："请小朋友看，这是什么?"出示气球，引起学前儿童兴趣。

第一步：感知操作，学编应用题

1. 尝试操作法：学前儿童边出示气球边说："我买了 3 个红气球，又买了 5 个蓝气球，那我一共有几个气球呢?"学前儿童自算得数。

2. 实物联系法：请学前儿童用自己手里的东西编和是"10"的应用题，报告得数。

第二步：形象表征，学编应用题

3. 示范编题法：出示图片，学前儿童观察。教师用树和小鸟编题：树上有 3 只鸟，又飞来了 7 只小鸟，问树上一共有几只小鸟？

4. 看图发现法：以蝴蝶在不在花朵上编；以小鸡来的先后编；以小鸟、蝴蝶的颜色、形态不同来编。

第三步：概念符号，学编应用题

5. 数字编题法：教师看数字编题，如 6、4、10。教师编出题后，学前儿童说出三个数的关系。教师出示数字如 7、2、9，学前儿童尝试根据教师出示的数字编题，并自己说出数量关系。

6. 词语概括法：学前儿童齐说儿歌："小朋友，爱动脑，学编加法应用题：两个数，记清楚，一个问题提出来。"说完请一个学前儿童摸纸条，根据纸条上的数字或图案编出应用题，并自己算出得数。

结束：游戏"算得快"，胜者奖励小红花。

教学范例 42   认数活动——编应用题（二）

活动内容： ①三维编题（动作、图像、数字）；②三级运算（实物、表象、符号）。

活动目的： ①通过三维编题，学前儿童逐步了解应用题的结构和编题规律、方法；②进一步复习巩固加减运算，提高运算能力；③培养学前儿童数理逻辑思维能力，让学前儿童学会学习。

活动准备：

1. 实物教具：学具盒每人一个（里面放有雪花片、贝壳、图片、算式）；

2. 贴绒教具：图片 5 张（画有花、蝴蝶、气球、热带鱼、飞机）。

活动程序与方法： 激因法导入活动。"今天，老师想考一考小朋友，看哪个小朋友最聪明"。

第一步：感知操作，学编应用题

1. 实物操作法：让学前儿童根据教师的要求，边操作雪花片、贝壳，边练习 10 以内的加减法。

第二步：形象表征，学编应用题

2. 图示发现法：教师逐一出示图片，让学前儿童看图，编出应用题。让学前儿童从学具盒里取出一张图片，然后根据图片编出一道应用题。如图 13.29 所示。

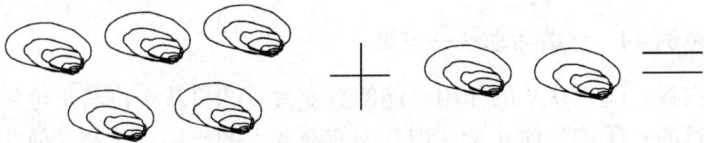

图 13.29

第三步：概念符号，学编应用题

3. 符号联想法：让学前儿童用数字进行生活联想创编应用题，教师进行启发引导。

4. 归纳概括法：教师启发引导，把应用题结构和编题方法编成顺口溜：小朋友，我问你怎样来编应用题？小朋友，你别急，我把秘密告诉你：编题要说一件事，两个数字不能离。划个问号想一想，用什么方法来算题，加法减法都可用，求出得数心欢喜。

教学范例 43　认数活动——群集（一）

活动内容：①认识数位：个位数、十位数的意义；②差量判断：比较数字的大小。

活动目的：①认识数位：个位数、十位数及其意义，学会十进制计数方法；②学会比较两位数的大小和差量判断的方法；③初步形成两位数群集的认知结构；了解十进制计数的来历，培养学前儿童的数理逻辑思维能力。

活动准备：①实物（学前儿童操作用的）：如火柴棍、冰糕棒、皮绳；②图片（教师演习用的）；数字牌及符号。

活动程序与方法：接龙数数法导入活动，从 1 数到 20。

第一步：感知操作认知维度

1. 点数法：分给学前儿童火柴棍或冰糕棒，让学前儿童逐一点数，到 10 个时用橡皮筋捆起来，11 就在一捆后再放上一根，直到 20，再捆起来，成为两捆。

2. 思维发散法：让学前儿童想一想并说出一捆里面有几个 1，发现 1 和 10 之间的关系，初步理解计数、十进制及个位、十位的意义，比较出两个数之间的大小。

第二步：形象表征认知维度

3. 看图像发现法：教师展示图片，通过看图，让学前儿童记数，一组是多少？用数字"几"表示，哪一组大，哪一组小，哪一组相等。

第三步：概念符号认知维度

4. 差量辨别法：给学前儿童戴上数字牌及"符号"卡，让学前儿童说出哪一个大，哪一个小，然后用符号"〉"表示出来，看符号的大口对着哪个小朋友。

5. 比较排序法：比较数字的大小：①按顺序进行比较；②随机比较。

结束：做游戏结束，每位学前儿童戴上数字牌，根据数字牌上从小到大的数字排队，按顺序走出活动室。

教学范例 44 认数活动——群集（二）

活动内容：①再认 0 的作用：能使数变大；②再认个位与十位的关系。

活动目的：①使学前儿童认识 0 能使数变大的作用；②使学前儿童认识某数在个位表示几个，在十位表示几十，初步形成个位、十位位值的认知结构；3. 培养学前儿童的数理逻辑思维能力和认数兴趣。

活动准备：数字牌（0～9）；表示数位的小房子。

活动程序与方法：接龙数数法导入活动。

第一步：感知操作认知维度

1. 情境表演法：10 个学前儿童分别戴上 0～9 数字牌排队，他们都说自己大，说 0 最小，但 0 不服气，他说："我单独的时候代表没有，但和你们在一起，能使你们变大。"说着他往 1 边上一站，1 就变成 10 了；往 2 身边一站，2 就变成 20 了，这回谁都不敢小看 0 了。如图 13.30 所示。

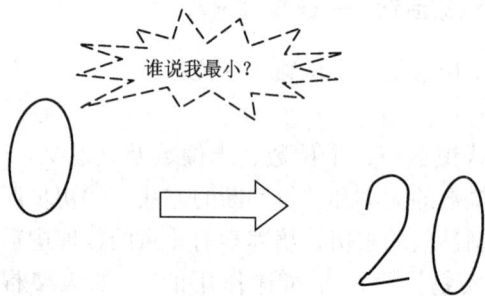

图 13.30

第二步：形象表征认知维度

2. 看图讲述法：看图讲述故事"骄傲的 0"，强化 0 的两种作用：即表示"没有"，也表示"扩大"。

第三步：概念符号认知维度

3. 词语概括法：教师出示两位数的小房子，例如 18，个位是 8 的表示有 8 个，十位是 1 表示有 10，使学前儿童理解个位、十位的意义：即个位是几表示几个，十位是几表示几十。使学前儿童知道 10 和 8 在一起是 18。

教学范例 45 认数活动——数的形成

活动内容：①学习 10 以内数的形成；②迁移 20 以内数的形成。

活动目的：①使学前儿童了解自然数的形成规律：从 1 开始，前一个数加

1 就形成后一个数；②培养学前儿童的知识迁移能力；③发展学前儿童的逻辑思维，培养学前儿童发现学习的能力。

活动准备：1~9 数字卡片，圆点圈，纽扣。

活动程序与方法：数字接龙法导入活动。

第一步：感知操作认知维度

1. 按词拿取法：教师请学前儿童拿取 1 个纽扣，问：该找哪个数字呢？等学前儿童找到 1 后，再加上一个纽扣，该找哪个数字呢？以此类推，从 1 找到 10 后问：10 是怎样来的呢？如图 13.31 所示。

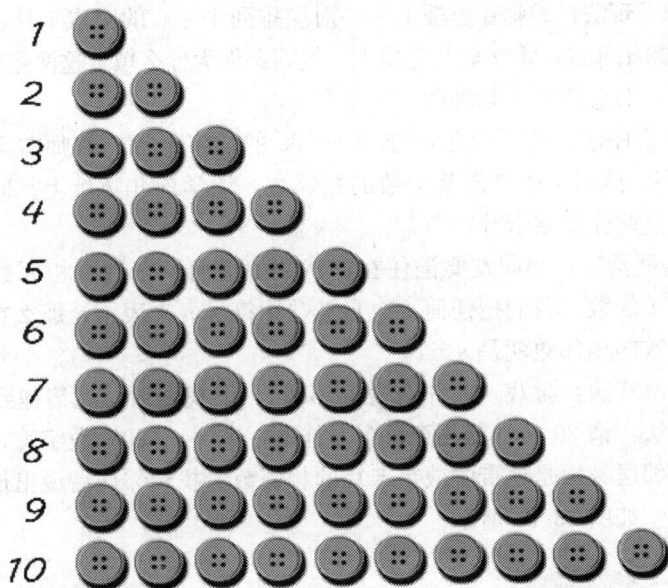

图 13.31

第二步：形象表征认知维度

2. 图数配对法：看圆点，排顺序，从 1~10，问：后一排圆点数比前一排多几个？使学前儿童明白每个自然数与前一个相差 1。

第三步：概念符号认知维度

3. 规律发现法：引导学前儿童思考：数是怎样来的呢？让学前儿童比较说出：前一个数添 1 就形成了后一个数。

4. 迁移训练法：小朋友知道 1~10 是这样来的，那么 11~20 又是怎么来的呢？使学前儿童掌握自然数的形成规律。

结束：逐一报数站队，离开活动室。

教学范例 46　认数活动——相邻数（二）

活动内容：①复习 10 以内相邻数；②迁移 20 以内相邻数。

活动目的：①学习相邻数，要求学前儿童知道在自然数列中任何数的相邻数前面一个比它少 1，后面一个比它多 1；②掌握寻找相邻数的方法：$n+1$，

$n-1$；单数的相邻数是双数，双数的相邻数是单数；③发展学前儿童的逻辑思维能力，形成自然数列中各个数之间关系的序列概念。

活动准备：$1\sim20$ 的圆点卡片、数字卡片、带声的数字卡片每人各一套；磁性数字卡片一套。

活动程序与方法：激发法导入活动。"小白兔请客"：谁最爱动脑筋，最聪明，就请谁去小白兔家做客。

第一步：感知操作认知维度

1. 切身体验法：请 10 名学前儿童接龙数数，边数边排队。

第二步：形象表征认知维度

2. 图像发现法：教师在黑板上一一对应排列 $1\sim20$ 的圆点卡片，然后从中取出某个数的相邻数，请学前儿童填上。提问：你为什么填上这两张圆点卡片？

第三步：概念符号认知维度

3. 数字排序法：请学前儿童排列 $1\sim20$ 的数字卡片，教师在黑板上排列 $1\sim20$ 的数字，然后从中拿出某个数的相邻数，请学前儿童填上。问：小朋友为什么填上这两张数字卡片？

4. 词语概括法：小朋友要记住在自然数中任何一个数的相邻数是比这个数少 1 和多 1 的数。我们把任何一个自然数用符号 n 来表示，那么在自然数列中任何一个数的相邻数就是 $n\pm1$。

结束：游戏法：游戏"左邻右舍找邻居"。谁找得对，就请他到小白兔家去做客。玩法：请 20 名学前儿童每个人挂上一个（$1\sim20$）数字牌，规定每名学前儿童的邻居必须是他带的数字卡片的相邻数。找到邻居后说出他们为什么是你的邻居？如图 13.32 所示。

图 13.32

教学范例 47 认数活动——加法运算（一）包含关系

活动内容：①学习"和"是 10 的加法；②迁移"和"是 20 的加法。

活动目的：①在学前儿童复习 10 的分解组合的基础上，学会列出"和"是 10 的加法算术式并迁移列出"和"是 20 的加法算术式；②促进学前儿童对整体包含两个部分数的包含关系的再认识；③建立整 10 运算的认知结构，发展学前儿童的理智感。

活动准备：操作学具：石子、杏核、雪花片、围棋子等；10 张圆点卡片，数字卡片 10 张。

活动程序与方法：碰球游戏法导入活动。

第一步：感知操作认知维度

1. 分合操作法：教师让学前儿童按词拿取；手拿 10 个棋子，说："小手摇摇，分开瞧瞧，10 可以分成几和几？几和几合起来是 10？"

2. 报告发现法：学前儿童分合操作后，报告发现。教师用圆点排列表示出来。

第二步：形象表征认知维度

3. 图示表征法：教师把 10 的分解方式用图形表征出来。

第三步：概念符号认知维度

4. 数图匹配法：教师引导学前儿童看图示找数字，列算式 $1+9=2+8=3+7=4+6=5+5=6+4=7+3=8+2=9+1=10$。

5. 迁移训练法：让学前儿童变式：$11+9=12+8=13+7=14+6=15+5=16+4=17+3=18+2=19+1=20$。

结束：碰球游戏，巩固练习。

教学范例 48　认数活动——加法运算（二）交换关系

活动内容：①学习"和"是 10 的加法；②迁移"和"是 20 的加法。

活动目的：①在 10 的分解组合的基础上，认识两个部分数之间的交换关系；②教学前儿童根据交换关系列出"和"是 10 的加法算式；③引导学前儿童将"和"是 10 的运算技能迁移到 20 的运算，发展迁移能力和数理逻辑推算能力。

活动准备：分合学具；交换关系的卡片；算式卡片。

活动程序与方法：激因法导入活动。

第一步：感知操作，学习运算

1. 分合操作法：学前儿童手拿 10 个纽扣或棋子等，边说边操作：小手摇摇，分开瞧瞧，10 可以分成几和几？几和几合起来是 10？分一次，读两遍。

第二步：形象表征，学习运算

2. 激活表象法：小刚先买来 1 卷山楂片，后买来 9 卷山楂片；小明先买来 9 卷山楂片，后买来 1 卷山楂片。问小刚和小明买的山楂片是不是一样多？各是几卷山楂片？为什么？

3. 图示表征法：教师引导学前儿童看图示，理解交换关系，如图 13.33 所示。

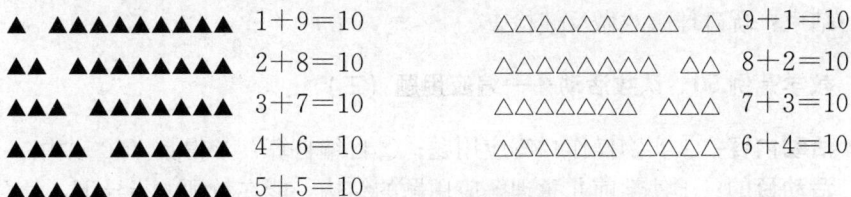

▲ ▲▲▲▲▲▲▲▲▲　　$1+9=10$　　　　△△△△△△△△△ △　　$9+1=10$

▲▲ ▲▲▲▲▲▲▲▲　　$2+8=10$　　　　△△△△△△△△ △△　　$8+2=10$

▲▲▲ ▲▲▲▲▲▲▲　　$3+7=10$　　　　△△△△△△△ △△△　　$7+3=10$

▲▲▲▲ ▲▲▲▲▲▲　　$4+6=10$　　　　△△△△△△ △△△△　　$6+4=10$

▲▲▲▲▲ ▲▲▲▲▲　　$5+5=10$

图 13.33

第三步：概念符号，学习运算

4. 符号表示法：$1+9=9+1=10$；$2+8=8+2=10$；$3+7=7+3=10$；$4+6=6+4=10$

5. 迁移训练法：教师启发学前儿童变式：$11+9=9+11=20$；$12+8=8+12=20$；$13+7=7+13=20$；$14+6=6+14=20$

教学范例 49　认数活动——加法运算（三）互补关系

活动内容：①学习"和"是 10 的加法；②迁移"和"是 20 的加法。

活动目的：①在 10 的分解组合的基础上，认识两个部分数之间的互补关系；②教学前儿童根据互补关系列出"和"是 10 的加法算式；③引导学前儿童将"和"是 10 的运算技能迁移到"和"是 20 的运算，发展学前儿童迁移能力和逻辑推理能力。

活动准备：分合学具、互补关系图示、算式卡片等。

活动程序与方法：激因法导入活动。

第一步：感知操作认知维度

1. 分合操作法：让学前儿童手里拿着 10 个棋子或杏核、雪花片等，边说边操作：小手摇摇，分开瞧瞧，10 可以分成几和几，几和几合起来是 10？

第二步：形象表征认知维度

2. 激活表象法：教师说：将 10 只小兔关进两个笼子，如果一个笼子多一只，另一个笼子会怎样？（少一只）相反，如果一只笼子少一只兔子，另一个笼子又会怎样？（多一只），这就是互补关系。

3. 图示表征法：让学前儿童看图示理解互补关系。如图 13.34 所示。

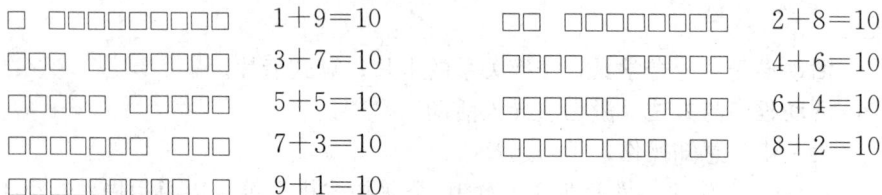

□　□□□□□□□□□	$1+9=10$	□□　□□□□□□□□	$2+8=10$
□□□　□□□□□□□	$3+7=10$	□□□□　□□□□□□	$4+6=10$
□□□□□　□□□□□	$5+5=10$	□□□□□□　□□□□	$6+4=10$
□□□□□□□　□□□	$7+3=10$	□□□□□□□□　□□	$8+2=10$
□□□□□□□□□　□	$9+1=10$		

图 13.34

第三步：概念符号认知维度

4. 符号表示法：$1+9=2+8=3+7=4+6=5+5=6+4=3+7=2+8=1+9=10$

5. 迁移训练法：$1+19=2+18=3+17=4+16=5+15=6+14=7+13=8+12=9+11=20$

结束：玩碰球游戏做反馈检查。

教学范例 50　认数活动——编应用题（三）

活动内容：①实物操作：编应用题；②自编自算：求得数（20 以内）。

活动目的：①使学前儿童理解应用题的结构，能在教师的指导下，学会编包含关系的应用题；②发展学前儿童分析问题的能力及解决问题的能力；③培养学前儿童爱动脑筋的学习品质。

活动准备：数字卡片一套，两种颜色雪花片每人 10 个，黑白围棋子若干，红花若干，算式卡片一套。

活动程序与方法：新异刺激法导入活动。今天老师教小朋友一种新的本领——编应用题。

第一步：感知操作，编应用题

1. 实物操作法：教师让学前儿童将雪花片按颜色分类。学前儿童摆弄雪花片，回答有哪两种颜色雪花片。编出一道加法应用题和一道减法应用题。

2. 示范编题法：我有白围棋子 8 个，黑围棋子 2 个，问：白黑棋子合起来一共是几个？让学前儿童说出，用什么方法算出来的？如果我的黑棋子在下棋时，全部被对方吃掉了，我还剩多少个白棋子？

第二步：形象表征，编应用题

3. 图像表征法：教师让学前儿童看着图示编题：①加法应用题；②减法应用题。

第三步：概念符号，核对编题

4. 分析判断法：编应用题有 3 个要求：①讲的是一件事；②要有两个已知数，这两个数说的是一种东西；③最后还要提出一个问题。小朋友，你按要求核对一下，你编的应用题对不对？教师与学前儿童一起核对，判断对错。

结束：表扬积极发言、爱动脑的学前儿童。

教学范例 51　认数活动——编应用题（四）

活动内容：①看图发现：编应用题；②我编你算：求得数。

活动目的：①通过编应用题，进一步掌握应用题的基本结构：即一件事，两个数，一个问题；②学会分析、理解题意；③提高学前儿童的观察能力、分析能力、概括能力以及口语表达能力。

活动准备：图画 2 幅，汽车 9 辆、小轮船 11 艘（每位学前儿童一套）。

活动程序与方法：激因法导入活动。今天老师给小朋友带来许多辆小汽车和许多小轮船，小朋友想玩一玩吗？

第一步：感知操作，尝试编题

1. 提问法：①有 5 辆红色的汽车，4 辆绿色的汽车，问：一共有几辆汽车？你是怎样算出来的？（启发学前儿童说出用加法算出来的，5 辆汽车加上 4 辆汽车等于 9 辆汽车）②有 16 艘轮船，5 艘轮船执行任务开走了，问：还剩几艘轮船？你是怎样算出来的？（用减法算出来的，16 艘轮船减去 5 艘轮船等于 11 艘轮船）

第二步：形象表征，引导编题

2. 看图发现法：图 13.35 中的苹果有什么不同？（10 个小苹果，5 个大苹果）一共有几个苹果？问：谁能用这些苹果编一道加法应用题？用什么方法来计算？边说边演示算式 10＋5＝15。图 13.36 中有 18 个梨，吃掉了 8 个梨，问：还剩几个梨？谁能用这些梨来编一道减法应用题？用什么方法来计算？边

说边演示算式 $18-8=10$。

图 13.35

图 13.36

第三步：概念符号，说明编题

3. 词语概括法：根据演示的算式让学前儿童掌握编应用题的 3 个条件：一件事，两个数，一个问题。

4. 编题练习法：两名学前儿童互相编应用题算得数，比比谁编得快算得快。

结束：总结鼓励法：总结学前儿童编应用题的情况。对肯动脑筋的学前儿童给予表扬鼓励。

教学范例 52　认数活动——编应用题（五）

活动内容：①说说：数量关系；②联想：编应用题。

活动目的：①复习巩固 20 以内数的运算及编应用题的结构；②提高学前儿童逻辑思维能力及再造想象力；③培养学前儿童爱动脑思考的好品质。

活动准备：贴绒板，1～20 数字牌、圆点卡片。

活动程序与方法：情境设疑法导入活动。教师给每一位学前儿童胸前挂上数字牌说："现在每位小朋友都变成了一个小数字，今天我们玩数字找朋友的游戏，你的朋友是谁呢？"

第一步：感知操作编应用题

1. 游戏发现法：请一个 20 以内的小数字站在前面，请另外两个小数字合起来等于它的数字。在《找朋友》的音乐伴奏下一边拍手跑着去找对方，一边说歌谣：找呀找呀找朋友，找到一个好朋友，你是几？我是几？合起来呀又是几？然后相互握手，敬礼。游戏可以轮流进行，依次复习巩固 20 以内数的加法。

第二步：形象表征编应用题

2. 形象发散法：教师出示红、黄、绿色圆点，请学前儿童说一说它们像什么？在教师的引导下将红、黄、绿三色圆点的数字进行"情节发散"，然后再根据数量编应用题。

第三步：概念符号编应用题

3. 算式联想法：每位学前儿童手持一个写有 20 以内加减算式的方向盘玩

学前儿童数学教育理论与实践

166

"开汽车"的游戏。游戏开始，学前儿童一边手持方向盘开车，一边说儿歌："开汽车，真有趣，我们一起来编题，两个数记清楚，一个问题请你提。"当教师说几号车站到了，手持算式得数的学前儿童，就来读算式，同时编应用题。如果算对了就换一个方向盘继续向前走，编错了站在原地不动，游戏继续进行。自然结束。如图 13.37 所示。

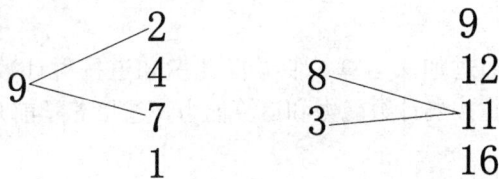

$$9 \begin{cases} 2 \\ 4 \\ 7 \\ 1 \end{cases}$$

$$\begin{matrix} 8 \\ 3 \end{matrix} \begin{cases} 9 \\ 12 \\ 11 \\ 16 \end{cases}$$

图 13.37

教学范例 53　认数活动——计数与运算（一）

活动内容：①按群计数：5 个 5 个地数；②同数加法：同数"5"的加法。

活动目的：①提高学前儿童按群计数的能力；②掌握按群计数与加法的关系及加法简便算法；③提高学前儿童速算能力，培养学前儿童思维的变通性与爱动脑筋的良好习惯。

活动准备：扣子若干，贴绒教具苹果，圆点 20 个，数字卡片。

活动程序与方法：接龙数数法导入活动。小朋友，我们都学会了 5 个 5 个地数数，今天我们来比一比看谁数得好数得准。

第一步：感知操作认知维度

1. 按数取物法：学前儿童 5 个 5 个地取出 10 枚、15 枚、20 枚扣子，一一报告总数。问：5 枚扣子加 5 枚扣子是几枚扣子？

2. 实物运算法：一只手 5 个手指，两只手几个手指？5 枚扣子又加上 5 枚扣子是几枚？再加上 5 枚一共是多少枚？

第二步：形象表征认知维度

3. 图像演示法：教师演示贴绒教具苹果，并提问："有 5 个苹果，又加上 5 个苹果是几个？"

4. 图像运算法：教师出示 5 个圆点，用数字几来表示？（出示数字 5）又放上 5 个圆点，现在是几个圆点？用数字几来表示？（出示数字 10）又放上 5 个圆点，是多少个圆点？用数字几来表示？（出示数字 15）再放上 5 个圆点，一共有多少个圆点？用数字几表示？（出示数字 20）

第三步：概念符号认知维度

5. 列算式讲解法：教师根据圆点图列算式并讲解：5 个圆点加上 5 个圆点是 10 个圆点，列算式：5＋5＝10。

6. 速算训练法：两个"5"相加，可读作二五得一十。使学前儿童掌握同数加法的简便运算。

结束：故事启发法：池塘边一棵树上住着喜鹊一家叫喳喳，当听到池塘里有青蛙呱呱叫时，喜鹊心想青蛙叫得太慢了，和青蛙比数数，肯定能胜过它。

一天喜鹊说："青蛙老弟，咱俩比数数，看谁先数到10。"青蛙答应了。喜鹊一个一个地数，而青蛙5个5个地数，说："二五一十。"小朋友，你们说青蛙为什么取胜？

教学范例54　认数活动——计数与运算（二）

活动内容：①按群计数：10个10个地数；②同数加法：同数"10"的加法。

活动目的：①通过加法运算，使学前儿童知道按群计数与同数加法的关系；②提高学前儿童按群计数能力和运算能力；③培养学前儿童勤思考、爱动脑学习的好习惯。

活动准备：1. 教具：花环头饰一个，图片一张；2. 学具：插扳每人一套；20个圆点，分别是10个红圆点，10个绿圆点；学前儿童每人一套数字运算卡片。

活动程序与方法：新异刺激法导入活动。教师扮演"花姐姐"（头戴一花环）：小朋友，现在"大风车"节目又和你们见面了。今天"花姐姐"要出几道题考考小朋友，看你们聪明不聪明。

第一步：感知操作，实物运算

1. 按数取物法：请学前儿童取出10个红圆点贴在白纸上，再取出10个绿圆点贴在白纸上，算一算，自己两张圆点图片上一共有多少个圆点？学前儿童用10个10个数的方法按群计数。报告自己一共有多少个圆点？用什么方法数出来的？

第二步：形象表征，表象运算

2. 看图编题法：（出示图片，如图13.38所示）企鹅有几只？兔子有几只？"花姐姐"根据图片上动物数目编一道20以内的加减法应用题：10只企鹅学站队，又跑来10只兔子，问：一共有多少只动物？学前儿童集体算得数（20只）。问：你们是用什么方法算得？（加法）谁和谁相加？（10只企鹅再加10只兔子）怎样算？

图13.38

教学范例55　认数活动——形体建构（一）

活动内容：①二维平面建构：正方形；②三维立体建构：正方体。

活动目的：①让学前儿童了解正方形、正方体的结构特征，学习理解形与体的关系；②发展空间形体认知能力，逐步建立形体认知结构；③培养学前儿童操作学习、发现学习和探索学习的兴趣。

活动准备：正方形纸学前儿童每人一张，大小等同于正方体积木的一个面；大小不同的正方体积木，旧挂历纸，剪刀；正方体礼物盒、魔方等。

　　活动程序与方法：儿歌朗诵法导入活动。教师手拿小手绢，问小手绢是什么形状的？大家一齐朗诵儿歌："小手绢，四方方，天天带在我身上，有了汗水用它擦，防暑降温它帮忙。"

　　第一步：感知操作认知维度

　　1. 折纸建构法：教师启发学前儿童动手折合：折出正方形，发现正方形有 4 条边，4 条边一样长，有 4 个角，4 个角一样大，都是直角。糊纸盒：教师让学前儿童用自己手中的 6 个正方形折成一个方盒，认识形体之间的关系（正方体的每一个面都是正方形的），6 个正方形构成一个正方体。

　　第二步：形象表征认知维度

　　2. 比较观察法：出示正方体，正方体有 6 个面，在教师引导下，学前儿童数正方体的 6 个面（从一面作标记），正方体的每一个面都是一样大的正方形，教师用旧挂历纸剪出正方体的一个面，并用它同其他 5 个面比较看是否是一样大的正方形，让学前儿童比较观察形象认知。

　　3. 生活联想法：生活中哪些物体是正方形的、正方体的？启发学前儿童广泛联想，积极发言。

　　第三步：概念符号认知维度

　　4. 词语概括法：正方形有 4 条一样长的边，4 个一样大的角。当正方形纸片对折时，两对边完全重叠；当从对角线折叠时，正方形纸可对折成完全重叠的三角形。正方体又叫立方体，它的 6 个面是由 6 个相同的正方形构成的。

　　结束：活动延伸法，让学前儿童到数学活动角玩玩魔方。

　　教学范例 56　认数活动——形体建构（二）

　　活动内容：①二维平面建构：长方形；②三维立体建构：长方体。

　　活动目的：①使学前儿童形成长方形和长方体特征的认知结构；②使学前儿童理解长方形与长方体的关系，学前儿童形成把长方形变成长方体的形体转换能力，从而认识平面几何图形和立体几何形体之间的关系，发展空间观点及空间想象力；③激发学前儿童求知欲和理智感。

　　活动准备：冰糕棒若干，画好虚线的白纸若干，形体变式图一张，火柴盒一个。

　　活动程序与方法：激因法导入活动。"小朋友们想不想学习变魔术？咱们玩一个魔术好不好？"

　　第一步：感知操作认知维度

　　1. 尝试拼图法：发给学前儿童四根冰糕棒，要求学前儿童建构长方形。

　　2. 火柴盒拆装法：教师出示火柴盒，讲解并引导学前儿童观察它的特征，然后沿一边将火柴盒拆开，理解长方形与长方体的关系，长方体是由六个长方形组成的。

　　第二步：形象表征认知维度

3. 图示表征法：出示长方体变式图，让学前儿童观察并理解各种样式的长方体。如图 13.39 所示。

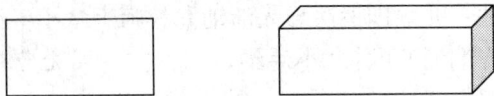

图 13.39

4. 生活联想法：激活表象，引起学前儿童广泛联想生活中所见到的长方体。

5. 建构操作法：发给学前儿童每人一张画好虚线的平面图，要求学前儿童动手操作，建构长方体。

第三步：概念符号认知维度

6. 归纳概括法：教师引导学前儿童总结概括出长方形和长方体的特点：长方形有 4 条边，4 个角，两条长边，两条短边，对边一样长，4 个角一样大，都是直角。长方体有 6 个面构成，而且至少有 4 个面是长方形，它有长、宽、高。

结束：延伸活动法：鼓励学前儿童发现更多的长方形和长方体。小朋友，我们一起到院子里找一找长方形和长方体在哪里。

第四节 大班数学教育活动

教学范例 57 认数活动——计数

活动内容：①顺数：1～100；②倒数：100→1。

活动目的：①使学前儿童掌握百以内逐一计数的技能，形成自然数列的序数概念；②发展学前儿童逆向思维能力和遇"10"递进的数理逻辑思维能力；③培养学前儿童爱动脑筋、发现学习、探索学习的良好学习品质。

活动准备：每人一个百孔板，100 根小棍，一张 100 个点的图片和一套 1～100 数字卡。

活动程序与方法：接龙计数法导入活动。教师让学前儿童从 1 数起，一个个接龙数到 100。

第一步：感知操作认知维度

1. 动觉计数法：①听口令数小棍。教师发口令，学前儿童边插孔边口数，口手一致地数，看谁最先数到 100。②看信号数小棍。再发信号，让学前儿童把小棍拔下，边拔边数看谁最先从 100 数到 1。教师让数得快的学前儿童介绍计数方法。

第二步：形象表征认知维度

2. 图像计数法：出示圆点图，让学前儿童按群计数，发现规律，寻找简便计数方法。如图 13.40 所示。

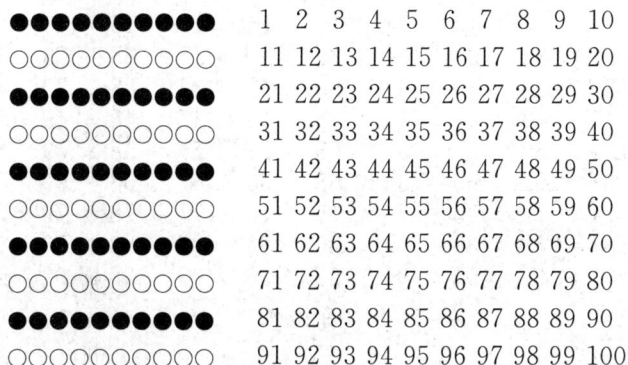

	1 2 3 4 5 6 7 8 9 10
●●●●●●●●●●	11 12 13 14 15 16 17 18 19 20
○○○○○○○○○○	21 22 23 24 25 26 27 28 29 30
●●●●●●●●●●	31 32 33 34 35 36 37 38 39 40
○○○○○○○○○○	41 42 43 44 45 46 47 48 49 50
●●●●●●●●●●	51 52 53 54 55 56 57 58 59 60
○○○○○○○○○○	61 62 63 64 65 66 67 68 69 70
●●●●●●●●●●	71 72 73 74 75 76 77 78 79 80
○○○○○○○○○○	81 82 83 84 85 86 87 88 89 90
●●●●●●●●●●	91 92 93 94 95 96 97 98 99 100
○○○○○○○○○○	

图 13.40

第三步：概念符号认知维度

3. 数字排队法：把 1～100 数字卡排队，教学前儿童认读数字。

结束：延伸活动法：①从头往后数完 29，还会数吗？②再从头数，30 以后怎么数？看圆点数字图计数。

教学范例 58　认数活动——数序（一）

活动内容：①接龙数数 1～100；②排列数字 1→100。

活动目的：①使学前儿童在 20 以内数序的基础上，进一步掌握百以内数序；②扩大学前儿童群集概念，100 由 10 个 10 构成；③认读 100 以内数字，建立 100 以内数的整体认知结构，学会掌握规律。

活动准备：学具：冰糕棍每人 100 根，百孔板每人一块，跳棋子 100 个，数字卡片 1～100。

活动程序与方法：接龙计数法导入活动：教师让学前儿童从开始数，满十接龙换人。

第一步：感知操作认知维度

1. 实物操作法：让学前儿童每 10 根冰糕棍捆一捆，用皮筋套住，100 根冰糕棍能捆几捆，使学前儿童知道 10。用百孔板插 100 个跳棋子，10 个一行，共有几行。

第二步：形象表征认知维度

2. 图式表征法：引导学前儿童 10 个 10 个数，看谁数得快。

每 10 个一组，数一数一共是多少。再把数字找出来。

第三步：概念符号认知维度

3. 数字排队法：每 10 个数字一排，引导学前儿童发现规律，每排第一个数有何不同：后一排比前一排增加 10，让学前儿童掌握 100 以内数字排列方法。如图 13.41 所示。

从 1 到 100 的数已排起来，观察一下数的排列方法。

结束：数字接龙游戏：学前儿童在一块贴绒布上贴数字。从 1 贴至 100，构成数字长龙。

1	2	3	4	5	6	7	8	9	10
11	12	13	14	15	16	17	18	19	20
21	22	23	24	25	26	27	28	29	30
31	32	33	34	35	36	37	38	39	40
41	42	43	44	45	46	47	48	49	50
51	52	53	54	55	56	57	58	59	60
61	62	63	64	65	66	67	68	69	70
71	72	73	74	75	76	77	78	79	80
81	82	83	84	85	86	87	88	89	90
91	92	93	94	95	96	97	98	99	100

图 13.41

教学范例 59　认数活动——数序（二）

活动内容：①认读数字：1～100；②数字填空：100 以内。

活动目的：①通过认读数字强化对 1～100 数序的再认识；②学前儿童逐渐形成对个位数、十位数、百位数的认知结构，知道某数在个位上代表 1 个，在十位上代表 10，在百位上代表 100；③培养学前儿童数理逻辑思维能力和学习兴趣。

活动准备：每个学前儿童冰糕棍 100 根、百孔板一块。位置图、数字卡 1～100，每人一套。

活动程序与方法：接龙数数法导入活动。教师说："请小朋友注意听，我们全班进行接龙数数从 1 数到 100，看谁接得快，数得对。"

第一步：感知操作认知维度

1. 实物操作法：按数取物，念数字。教师说："请小朋友拿出 21 个冰糕棍，10 个为 1 捆，你有几捆零几个？"把数字摆到数位表上，读数字：21。如图 13.42 所示。

第二步：形象表征认知维度

2. 图式表征法：教师把学前儿童操作用的各种器材表示的两位数绘成图。引导学前儿童看图读数字。

第三步：概念符号认知维度

3. 符号认读法：教师出示 1～100 数字表，引导学前儿童正确读出字音。注意区别"4"和"10"平、翘舌音。

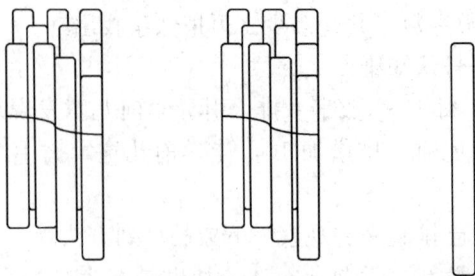

图 13.42

结束：游戏检查法："踢百分"游戏，进行教学效果反馈检查。

教学范例 60　认数活动——相邻数（一）

活动内容：①复习数数 1～100，100→1；②数字填空：找邻居。

活动目的：①在学前儿童掌握顺数 1～100、倒数 100→1 的基础上，教会学前儿童认识百以内相邻数；②通过学习发现任何一个数的相邻数与这个数的差数是 1 这个规律；③培养学前儿童运用"$n \pm 1$"的方法寻找相邻数的知识迁移能力和探索学习的能力。

活动准备：实物扣子每位学前儿童 100 个；1～100 数字卡片每人 1 套；有空格的数字图片若干。

活动程序与方法：接龙计数法导入活动。小朋友，现在你们接龙数数，看谁接得快又对。

第一步：感知操作认知维度

1. 取物计数法：学前儿童运用实物扣子数数 1～100，100→1，做数字报告，编号排序。

第二步：形象表征认知维度

2. 图式表征法：运用图形三行一组差量判断找相邻数。

3. 学习发现法：通过多样学习，让学前儿童发现并理解正数是逐一增加、倒数是逐一减少的规律。在自然数列中，任何一个数与邻数差"1"的关系。

第三步：概念符号认知维度

4. 填空练习法："找邻居"：出示数字卡片，找出空格内的数字。说说是怎样找到的。

结束：游戏反馈法："数字找朋友"，在音乐伴奏下，找到相邻两个朋友后，三人拉手离开活动室。

教学范例 61　认数活动——分解组合（一）

活动内容：①复习 10 的分解组合；②学习 20 的分解组合。

活动目的：①强化学前儿童对于数的整体与部分关系的再认识，即包含关系、互补关系、交换关系；②在复习 10 的分解组合的基础上，迁移到 20 的分解组合，发展学前儿童知识迁移能力；③培养学前儿童善于发现规律，学会学习的良好品质和认数兴趣。

活动准备：学前儿童每人 20 根小棍，燕子头饰 20 个，20 的分解组合图式一幅，音乐《小燕子》磁带。

活动程序与方法：新异刺激法导入活动。教师用变魔术方法引出一座小房子，问：这是谁的家？（燕子）。

第一步：感知操作认知维度

1. 观察发现法：教师神秘地打开房门，请出了 10 只小燕子和学前儿童互相问好，并且站好队排列在黑板上准备出发去南方过冬，教师和全班学前儿童一起操作，先把 10 只小燕排成"一"字形，然后逐步分解排成"人"字形。

教师巡回指导，学前儿童按分解速度报数。如图 13.43 所示。

图 13.43

第二步：形象表征认知维度

2. 图式表征法：教师问：燕家族增加了 10 只燕宝宝，需分房住。教师出示一座两个门的房子练习 20 的分解组合，并要求学前儿童把 10 的分解组合记在心里，摆出小棍代表燕子，按由少到多的规律分解组合。

第三步：概念符号认知维度

3. 数字描述法：燕家族一共有 20 个成员，两室居住有几种分法？用数字符号表示。

结束：活动延伸法：如"13"可以怎样分呢？"19"、"18"、"17"、"16"、"15"、"14"都可以怎样分呢？回家后想一想，再告诉老师。

教学范例 62　认数活动——分解组合（二）

活动内容：①复习 20 以内分解组合；②学习 20 以内的交换加法。

活动目的：①在复习 20 以内分解组合的基础上，使学前儿童进一步知道一个数所分成的两个数的互换关系，合起来总数不变，进而学会 20 以内的交换加法；②培养学前儿童逻辑思维能力；③培养学前儿童动手动脑的好习惯。

活动准备：每人 20 根小棍，数字卡、算式卡若干，图片一张。

活动程序与方法：激因法导入活动："小猴请客"。谁最爱动脑筋、谁最聪明，我就请谁去花果山做客。

第一步：感知操作认知维度

1. 听数取物法：实物分解，请学前儿童取出 1 根小棍，再取出 19 根小棍，一共取了多少根小棍？请学前儿童取出 19 根小棍，再取出 1 根小棍，一共取了多少根小棍？

第二步：形象表征认知维度

2. 图像表示法：教师引导学前儿童观察三组小棍图像，形成加法交换律的表象。

3. 表象运算法：如：小老鼠吃瓜籽，第一天先吃了 15 个瓜籽，又吃了 5 个瓜籽，第一天一共吃了几个瓜籽？第二天，小老鼠先吃了 5 个，后吃了 15 个，第二天一共吃了几个瓜籽？两天吃的一样多吗？为什么？

第三步：概念符号认知维度

4. 列式训练法：看算式、算结果。

$$11+9 \quad 13+7 \quad 14+6 \quad 18+2 \quad 15+5$$
$$9+11 \quad 7+13 \quad 6+14 \quad 2+18 \quad 5+15$$

结束：游戏检查："智慧树上摘果子"，游戏规则：看算式，算结果，发门票。

教学范例 63 认数活动——集合与分类

活动内容： ①一元分类：指定分类；②多元分类：层次分类。

活动目的： ①分类是加减法应用题的基础，学前儿童通过分类理解整体与部分关系和类包含关系，为并集即加法运算和差集即减法运算打下知识基础；②发展学前儿童分类能力和数理逻辑思维能力；③培养学前儿童爱动脑筋的智力品质和理智感。

活动准备： 实物：纽扣；图片：人物；数字 100 以内数字卡片。

活动程序与方法： 接龙计数法导入活动。教师说："小朋友接龙数数，看谁接得对，接得快。"（从 1～100 顺数，从 100→1 倒数）

第一步：感知操作认知维度

1. 实物分类法：①按颜色分类：请学前儿童把一样颜色的纽扣放在一起，数一数每种颜色纽扣有几个？一共有几个？报告总数。②按大小分类：请学前儿童把大、小纽扣分开放在盒里，数一数，大纽扣是多少？小纽扣是多少？一共是多少？报告总数。小纽扣多，还是大纽扣多？为什么？

第二步：形象表征认知维度

2. 图像分类法：①按性别分类：请学前儿童数一数，挂图上男人有多少？女人有多少？一共有多少？②分层分类：在男人中，大人有多少？男孩有多少？在女人中，大人有多少？女孩有多少？在男孩中，戴帽子的有多少？不戴帽子的有多少？在女孩中，梳小辫的有多少？梳短发的有多少？说明任何一个整体中都包含有若干部分，即类包含关系。

第三步：概念符号认知维度

3. 符号标记法：请学前儿童自己归纳总结上述分类过程，并用分解符号和数字标记出来。如图 13.44 所示。

4. 列式训练法：教师可引导学前儿童逆向思维，列出加减法算式：

$15+5=20$；	$20-5=15$；	$7+3=10$；
$5+15=20$；	$20-15=5$；	$3+7=10$；
$10-3=7$；	$40+24=64$；	$60-20=40$；
$10-7=3$；	$34+10=44$；	$44-34=10$。

结束：延伸活动法：教师把学前儿童列的算式选择有代表性的和有典型性

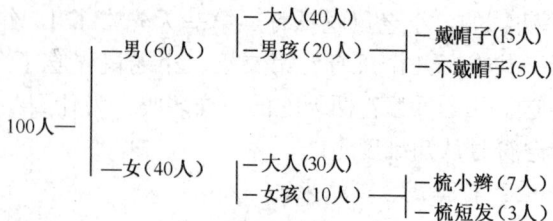

```
                              ─大人(40人)
              ─男(60人)    ─男孩(20人)    ─戴帽子(15人)
                                          ─不戴帽子(5人)
    100人─
              ─女(40人)    ─大人(30人)
                          ─女孩(10人)    ─梳小辫(7人)
                                          ─梳短发(3人)
```

图 13.44

的展示出来。

教学范例 64 认数活动——液体守恒训练

活动内容：①差量判断：液体多少、一样多；②守恒变式：液体守恒训练。

活动目的：①教学前儿童学会判断同种液体的多少、一样多，通过变式训练形成液体守恒认知结构；②培养学前儿童观察能力及逻辑思维和推理能力。

活动准备：100毫升量杯1个、75毫升量杯一个、150毫升量杯一个；两个贴有小象标志的玻璃杯，贴有小熊标志小玻璃杯一个，变式训练图片一幅。

活动程序与方法：谈话法导入活动，激发学前儿童学习兴趣。"小朋友，你们看谁来我们班做客了？（一只小熊和一头小象）。它们都很渴，想请你们给它们喝点水，你们愿意吗？那就请小朋友和老师一起看看应给它们喝多少水。"

第一步：感知操作认知维度

1. 试验比较法：学前儿童利用已有生活经验进行操作，给小熊和小象喝一样多的水，并说出喝的一样多；

2. 发现探索法：教师把两杯盛50毫升水其中一杯倒入75毫升的空杯中，再把另一杯50毫升的水倒入150毫升空杯中，问："现在两个量杯中的水还是不是一样多？为什么？"

学前儿童带着问题进行实验操作，寻找答案。分别把一杯水倒进小熊和小象的玻璃杯中。

第二步：形象表征认知维度

3. 图像观察法：教师出示图片。通过图片对学前儿童进行液体守恒变式训练。

第三步：概念符号认知维度

4. 总结归纳法：根据实际操作及教师的变式训练，学前儿童总结，教师作补充。"同样大的两个杯子装着等量的水，当倒入大小不同容器里时，容器大的液面低，容器小的液面高，但水的总量保持不变。看上去好像不一样多了，实际上还是一样多。

结束：延伸活动法：感兴趣的学前儿童可到科学桌上反复操作体验。学前儿童通过来回倒水，逐渐形成液体守恒的认知结构。

教学范例 65　认数活动——并集与运算

活动内容：①并集：加法规律（一）；②题型 A："合在一起是多少？"用加法。

活动目的：①在学前儿童分类的基础上，掌握求两组具有某种共同属性的事物合在一起是多少要用加法；②发展学前儿童分析能力，理解类包含关系，逐渐掌握加法题型规律，提高判断能力；③培养学前儿童学会动脑、善于思考的学习品质。

活动准备：分类学具：实物和图片；运算学具：数字卡片和运算符号。

活动程序与方法：接龙计数法导入活动。男孩女孩分别接龙数数，最后一个学前儿童报告总数。

第一步：感知操作认知维度

1. 分类操作法：请学前儿童把围棋按黑、白分成两堆。教师问："黑棋子是多少？（30 个）。白棋子是多少？（20 个）。黑白棋子合起来是多少个？用什么法算出来的？"

第二步：形象表征认知维度

2. 图片分类法：教师选取几项集合训练，比如：

动物园 A 中的动物都是单色的，动物园 B 中的动物都是花色的，但两类动物中的动物之间都存在着共同的属性，比如按不同种类分：

马：白马和斑马。

鹿：棕色鹿和梅花鹿。

猪：黑猪和花猪。

鼠：红松鼠和条纹松鼠。

鱼：红金鱼和五彩鱼。

3. 分类讨论法：教师组织学前儿童讨论，怎样分的？为什么这样分？教师选择正、误分类结果，讨论分的对不对？为什么对？为什么不对？学前儿童分类后讨论分类结果，是加法教学的重要一步。

第三步：概念符号认知维度

4. 归纳概括法：①按照上述图片分类，把两两集合进行合并，就是同一类事物的两种合起来或相加；②两个子类合并之后得出的总数就是相加的结果，相加的结果，叫"和"。并集与运算的关系，供教师理解和参考，不需要让学前儿童掌握术语。

5. 列式运算法：在教师引导学前儿童理解类和子类关系后认清白马和斑马合起来等于什么？（马）那么，白马 8 匹，斑马 2 匹，合起来是几匹马？用什么法计算？列式：8＋2＝10，以此类推。

结束：活动延伸法：有兴趣的学前儿童可根据相关图画的内容列算式给爸爸妈妈看一看，算一算。

教学范例 66　认数活动——并集与运算

活动内容：①并集：加法规律（二）；②题型 B："一个集合的扩大，求一共有多少？"用加法。

活动目的：①强化对加法题型的再认识；②使学前儿童理解在原有的集合中又增加进若干个，求一共有多少，也要用加法；③培养学前儿童归纳推理的思维能力和发现加法题型规律的能力。

活动准备：操作学具：杏核、桃核；图片：金鱼（黑、红），水果（苹果和香蕉）；列算式卡片和加法运算符号。

活动程序与方法：接龙报数法导入活动。教师有意让 2 名学前儿童在门外等候，当接龙报数后进来。问：咱们班原报数的人有 35 名，后又进来 2 名，今天一共有多少人？

第一步：感知操作认知维度

1. 实物操作法：请学前儿童数一数，小口袋里原有多少个杏核？（报告杏核数）。再请学前儿童装进 5 个桃核，你的口袋里一共有多少个果核？用什么法算的？（加法）。

第二步：形象表征认知维度

2. 看图编题法：教师让学前儿童观察图片上的情景，编出一个集合的扩大、用加法运算的应用题：图 A：原来鱼缸里有几条黑金鱼，又放进几条红金鱼，一共有多少条鱼？图 B：原来盘子里有几个苹果，又放进几个香蕉，一共有多少个水果？用什么法算？（加法）。

3. 联想编题法：养鸡场原有 40 只鸡，又买来了 20 只，求现在养鸡场一共有多少只鸡？同样要用加法。

第三步：概念符号认知维度

4. 归纳概括法：教师总结概括题型：原有的集合数中又增加进若干个，求一共有多少，要用加法。

5. 列式训练法：让学前儿童将编出的应用题列出算式，算出得数。

结束：延伸活动法：看墙壁画上的图列算式，自然结束。

教学范例 67　认物活动——并集与运算

活动内容：①并集：加法规律（三）；②题型 C："某个号码再加上几个号，求号数"用加法。

活动目的：①强化学前儿童对加法题型再认识，教给学前儿童识别加法题型：从某个号码再加上几个号，然后求号数，也要用加法；②发展学前儿童对加法运算题型的判断能力和善于发现规律的学习能力；③培养学前儿童爱动脑筋的学习品质和数学兴趣。

活动准备：1～100 数字编号；加法运算符号每人一套；100 孔板；跳棋子。

活动程序与方法：接龙数数法导入活动。教师说："请全班小朋友接龙数数从 1～100。注意听信号，看谁接得快，数得对！"

第一步：感知操作认知维度

1. 实物操作法：为跳棋运动员贴号码。教师说："请小朋友拿出一个红跳棋子，给他贴上 1 号，再拿出一个绿跳棋子，他的号码要比 1 号多 7 个号码，绿棋子应该是几号？（8 号）为什么？你怎么知道是 8 号呢？"（顺数出来的或加法加出来的）。

第二步：形象表征认知维度

2. 表象运算法：教师说："明天我们班要开一个小小运动会。今天就给你们每位运动员都编上号码，大家一起来编号。"小刚的号码是 5 号，小红比小刚多 5 个号，求小红的号码是几号？而大明又比小红多 5 个号，大明的号码又是几号？用什么法算的？这样以此类推，教师引导学前儿童进行表象运算。

第三步：概念符号认知维度

3. 列式运算法：将表象运算转化为符号运算。列出算式：$5+5=10$；$10+5=15$……

结束：游戏活动法：如按鞋号买鞋游戏。

教学范例 68　认数活动——并集与运算

活动内容：①并集：加法规律（四）；②题型 D："某顺序号再加几个号，求新顺序号"用加法。

活动目的：①认识数序"第几"。初步形成序列概念；②区分"几个"与"第几"的不同点，并学会序数加法题型，强化加法运算规律；③培养学前儿童知识迁移能力和数理逻辑思维能力。

活动准备：各种颜色"雪花积塑片"；动物房图片；"第几"数字卡片若干。

活动程序与方法：对号入座法导入活动。教师组织学前儿童站队报数，让学前儿童记住自己是第几号，对号入座。

第一步：感知操作认知维度

1. 按词拿取法：教师让学前儿童将 10 块积塑在桌上排好队。听教师说拿出"第几"块，学前儿童就找出"第几"块积塑。如请学前儿童拿出第 3 块、第 6 块、第 9 块。说一说拿取的方式。教师注意学前儿童是点数出来的，还是心数出来的，还是加法算出来的。

第二步：形象表征认知维度

2. 图像表征法：请学前儿童从动物房图片中找动物。这座大楼共几层？唐老鸭应该住第几层？教师说，冬天到了，动物园的管理员把动物关进楼房里，只能从窗户看见它们。请小朋友算一道题："公鸡在第 2 层楼，长颈鹿比公鸡高 5 层，长颈鹿住第几层楼？用什么法计算？"学前儿童报告得数，教师追问："你怎么知道用加法？怎样算出来的？"

第三步：概念符号认知维度

3. 列式训练法：小红家住在第1号楼，小刚家住的那幢楼比小红家住的楼多2号，小刚家住在第几号楼？摆出算式，算出得数。"第几"表示顺序，是序数，如第3个、第5层、第7名等。

结束：游戏反馈法：结伴看电影，每名学前儿童一张电影票，上面写着座排号，说出"我在你后××排，我应该在第几排"，答对，看电影。

教学范例69　认数活动—相邻数（二）

活动内容：①发现规律：$n+1$，$n-1$；②排序填空：相邻数填空。

活动目的：①使学前儿童理解并掌握数的序列中相邻数的规律，$n+1$，$n-1$；②使学前儿童能按数的序列填空；③发展学前儿童的序列概念和逻辑思维能力。

活动准备：格子纸每人一张，大椅子一把、小椅子13把，转奖盘一个。

活动程序与方法：激因法导入活动。今天，请小朋友们比赛摆相邻数，看一看，谁的小手最灵巧，谁摆得又快又对。

第一步：感知操作认知维度

1. 体验学习法：大椅子一把当火车头，把小椅子当车厢里的座位，排成三行，拿座号车票，找座位，说一说，你的邻座号是几和几？

第二步：形象表征认知维度

2. 激活表象法：邮递员小象，要给小花猫和小熊猫送信。它俩是小兔的邻居，小兔的门牌号码是89号，请小朋友告诉小象，小花猫和小熊猫的门牌号码是几和几？你怎么知道的？

第三步：概念符号认知维度

3. 符号表征法：寻找规律。根据多1少1的关系，引导学前儿童说出：任何一个数（除1之外）有两个相邻数，它前面的相邻数比它少1，即$n-1$，它后面的相邻数比它多1，即$n+1$。n代表任何一个数，可换成任何数。数字相邻数填空：□—3—□，□—42—□，□—49—□，□—50—□。

4. 启发诱导法：通过观察分析，启发学前儿童总结规律，单数的相邻数是双数，双数的相邻数是单数。

结束：游戏检查法"奖品属于谁?"。将转奖盘轻轻转三下，指针指到几，请马上说出它的两个相邻数，谁答对了，里面存放的奖品就属于谁。（50到100以内的相邻数）。如图13.45所示。

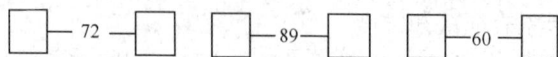

图13.45

教学范例70　认数活动——形体建构

活动内容：①一维平面建构：圆形；②三维立体建构：球体。

活动目的：①认识圆形和球体，了解其特征，能够利用圆形建构球体；②

丰富学前儿童空间想象力，培养学前儿童动手建构操作能力；③使学前儿童体会建构的乐趣，激发学前儿童求知欲和理智感。

活动准备： 圆规一个、白纸一张、剪刀一把；圆形铁丝、圆形卡片、线学前儿童人手一份；排球、足球、篮球等。

活动程序与方法： 新异刺激法导入活动。教师出示圆规，在白纸上画出圆形，引起学前儿童注意。问："你们知道老师在干什么吗？今天，老师教你们画圆形，再把圆形变成球体。"

第一步：感知操作认知维度

1. 自身体验法：请学前儿童把圆形卡片两次对折找出圆心。用线量一量圆心到圆边的距离得出结论：圆心到圆边的距离都一样长。

2. 建构操作法：学前儿童先观察教师用铁丝建构圆形，然后拿出自己的圆形铁丝玩一玩，组建球体。说一说圆形是圆的，球体是立体的，没棱角，能旋转、能滚动等。

第二步：形象表征认知维度

3. 形体发散法：请学前儿童说出生活中哪些东西是圆形，哪些东西是球体？如：套圈、滚圈、大饼、硬币及各种球类。

第三步：概念符号认知维度

4. 词语概括法：什么是圆形？将一条线一端固定不动另一端旋转一周所形成的图形叫圆形。从圆心到圆周一样长。什么是球体？球体是由圆形构成的，能做任何滚动。如：足球、篮球、皮球、乒乓球等都是球体。

结束： 游戏参与法：学前儿童玩"滚球"游戏，定时比赛。鼓励学前儿童积极参与活动。

教学范例71　认数活动——同数加法简便算法（一）

活动内容： ①"2"的同数加法简便算法；②"3"的同数加法简便算法。

活动目的： ①使学前儿童掌握"2"和"3"的同数加法的简便算法口诀；②发展学前儿童速算能力和思维归纳推理能力；③培养学前儿童探索多种解题方法的学习兴趣和善于动脑的学习品质。

活动准备： 黑白棋子（白色4个，黑色6个）每个学前儿童一套；表征图式卡片每人一套；"2"和"3"加法算式符号各一套。

活动程序与方法： 接龙数数法导入活动。1个1个地数1～100；1个1个地数100→1。

第一步：感知操作认知维度

1. 等分操作法：请前学儿童打开小盒，把白棋子分成一样多的两份，每一份是几个白棋子？一共有几个白棋子？说一说，你是怎么知道的？请你再把黑棋子分成一样多的两份，每一份是几个黑棋子？一共有几个黑棋子？说一说，你是怎么知道的？

第二步：形象表征认知维度

2. 图式表征法：

教师出示用半抽象物组成的图式。提问：①一份是 2 个白棋子，2 份有几个白棋子？②一份是 3 个黑棋子，2 份有几个黑棋子？说一说你是怎么算出来的？如图 13.46 所示。

○ ○　　●　●　　　●　●
○ ○　　●　●　　　●　●

图 13.46

3. 表象推理法：一个笼子关 2 只小鸟，2 个笼子关几只小鸟？一条红领巾有 3 个角，两条红领巾有几个角？说一说，你是怎么算出来的？

第三步：概念符号认知维度

4. 列式转换法：教师让学前儿童将上述两道应用题用算式表示出来：2＋2＝4；3＋3＝6。转换成简便算法口诀：二二得四，二三得六。小朋友记住口诀，就能算得更快了。

结束："算得快"比赛。学前儿童两两一对，米老鼠和唐老鸭互相出题，相互问答。答对有奖。

教学范例 72　认数活动——同数加法简便算法（二）

活动内容：①"4"的同数加法简便算法；②"5"的同数加法简便算法。

活动目的：①使学前儿童掌握"4"和"5"的同数加法的简便算法；②发展学前儿童的速算能力和思维的归纳推理能力；③培养学前儿童探索多种解题方法的学习兴趣和善于动脑的学习品质。

活动准备：黑白棋子（白色 8 个，黑色 10 个）每个学前儿童一套；表征图式卡片一套；"4"和"5"加法算式符号各一套。

活动程序与方法：接龙数数法导入活动。双数 2～100、100→2。

第一步：感知操作认知维度

1. 等分操作法：请学前儿童打开小盒，把白棋子分成一样多的两份，每一份是几个白棋子？一共有多少白棋子？说一说，你是怎么知道的？再请你把黑棋子分成一样多的两份，每一份是几个黑棋子，一共有多少黑棋子？说一说，你是怎么知道的？

第二步：形象表征认知维度

2. 图式表征法：

教师出示用半抽象物组成的图式，提问：①一份是 4 个白棋子，2 份有多少个白棋子？②一份是 5 个黑棋子，2 份有多少个黑棋子？说一说是怎么算出来的？如图 13.47 所示。

○○　　○○　　　●●　●●
　　　　　　　　 ●　　 ●

○○　　○○　　　●●　●●
　　　　　　　　 ●　　 ●

图 13.47

3. 表象推理法：一头大象 4 条腿，两头大象几条腿？一枚红星 5 个角，两枚红星几个角？说一说，你是怎样算出来的？

第三步：概念符号认知维度

4. 列式转换法：教师让学前儿童将上述两道应用题用算式表示出来：4＋4＝8；5＋5＝10。转换成简便算法口诀：二四得八，二五一十。小朋友记住口诀，就能算得快了。

结束："算得快"比赛。学前儿童自由结伴，米老鼠和唐老鸭互相出题，一问一答。答对有奖。

教学范例 73　认数活动——同数加法简便算法（三）

活动内容：①"6"的同数加法简便算法；②"7"的同数加法简便算法。

活动目的：①使学前儿童掌握"6"和"7"的同数加法的简便算法；②发展学前儿童的速算能力和思维的归纳推理能力；③培养学前儿童探索多种解题方法的学习兴趣和善于动脑的学习品质。

活动准备：黑白棋子（白色 12 个，黑色 14 个）；表征图式卡片一套；"6"和"7"加法算式符号各一套。

活动程序与方法：接龙数数法导入活动。计数 1～100。

第一步：感知操作认知维度

1. 等分操作法：请学前儿童打开小盒，把白棋子分成一样多的两份，每一份是几个白棋子？一共有多少白棋子？说一说，你是怎么知道的？再请你把黑棋子分成一样多的两份，每一份是几个黑棋子？一共有多少黑棋子？说一说，你是怎么知道的？

第二步：形象表征认知维度

2. 图式表征法：

教师出示用半抽象物组成的图式，提问：①一份是 6 个白棋子，2 份有多少个白棋子？②一份是 7 个黑棋子，2 份有多少个黑棋子？说一说，你是怎么算出来的？如图 13.48 所示。

图 13.48

3. 表象推理法：①一只蝴蝶有 6 条腿，2 只蝴蝶有几条腿？②一个星期有 7 天，2 个星期有几天？说一说，你是怎样算出来的。

第三步：概念符号认知维度

4. 列式转换法：教师让学前儿童将上述两道应用题用算式表示出来：6＋6＝12；7＋7＝14。转换成简便算法口诀：二六一十二，二七一十四。小朋友记住口诀，就能算得快了。

结束："算得快"比赛。学前儿童自由结伴，米老鼠和唐老鸭互相出题，一问一答。答对有奖。

教学范例 74　认数活动——同数加法简便算法（四）

活动内容：①"8"的同数加法简便算法；②"9"的同数加法简便算法。

活动目的：①使学前儿童掌握"8"和"9"的同数加法简便算法；②发展学前儿童的速算能力和思维的归纳推理能力；③培养学前儿童探索多种解题方法的学习兴趣和善于动脑的学习品质。

活动准备：黑白棋子（白色16个，黑色18个）；表征图式卡片一套；"8"和"9"加法算式符号各一套。

活动程序与方法：接龙数数法导入活动。5个5个地数，数到100。

第一步：感知操作认知维度

1. 等分操作法：请学前儿童打开小盒，把白棋子分成一样多的两份，每份是几个白棋子？一共有多少白棋子？说一说，你是怎样知道的？再请你把黑棋子分成一样多的两份，每一份是几个黑棋子？一共有多少个黑棋子？说一说，你是怎么知道的？

第二步：形象表征认知维度

2. 图式表征法：

教师出示用半抽象物组成的图式，提问：①1份是8个白棋子，2份有多少个白棋子？②1份有9个黑棋子，2份有多少个黑棋子？说一说，你是怎么算出来的？如图13.49所示。

图13.49

3. 表象推理法：①一只螃蟹8个爪，两只螃蟹几个爪？②一把梳子9个齿，两把梳子几个齿呢？说一说，你是怎样算出来的？

第三步：概念符号认知维度

4. 列式转换法：教师让学前儿童将上述两道应用题用算式表示出来：8+8=16；9+9=18。转换成简便算法口诀：二八一十六，二九一十八。小朋友记住口诀，就能算得快了。

结束："算得快"比赛。学前儿童自由结伴，米老鼠和唐老鸭互相出题，一问一答。答对有奖。

教学范例75 认数活动——群集与运算：差集（一）

活动内容：①复习加法运算："合在一起是多少？"（找方法）；②学习减法题型A："求还剩多少？"（找方法）。

活动目的：①掌握加减法运算的规律和题型，进一步理解"+""-"号的意义；②发展学前儿童分析判断能力、数理逻辑思维能力；③培养学前儿童爱动脑筋的好品质。

活动准备：鱼卡片若干；猫头饰若干；数字运算符号卡片6张；图3幅。

活动程序与方法：角色扮演法导入活动（教师和学前儿童分别戴上猫妈妈和小猫咪的头饰）。今天妈妈要来考考我的猫宝宝们，看谁聪明，最爱动脑筋。

第一步：感知操作认知维度

1. 看数取物法："猫妈妈"分两次制作烤鱼片，出示数字卡片，"猫咪"分两次拿出不同数目的小鱼片。如出示数字6，就拿出6个小鱼片；再出示数字8，可拿出8个小鱼片。然后问"猫咪"：求两次合起一共是多少个鱼片？用什么方法运算？"合在一起"用什么符号表示？列算式进行加法运算。

2. 听数取物："猫咪"从鱼筐中分别取走不同数目的鱼。问："取走了"用什么符号表示？"求还剩多少"用什么方法运算？列算式并进行减法运算。

第二步：形象表征认知维度

3. 看图编题法：出示图，根据画面内容进行加减运算练习。如观察"小鸡啄食图"可引导学前儿童观察图上有几只小鸡？它们在干什么？请学前儿童根据小鸡形态，啄食的和没啄食的，在篱笆外和篱笆里的等进行编题，注意问题的提出，进行加减运算练习，结合生活进行表象运算。

第三步：概念符号认知维度

4. 归纳概括法："求合在一起是多少，用加法""求还剩多少，用减法"。

结束：游戏检查法："猫妈妈"给每个"猫咪"出一道题，请"猫咪"列出算式进行运算，算对的奖给鱼吃。

教学范例76　认数活动——群集与运算：差集（二）

活动内容：①复习加法运算："求一共有多少？"（找方法）；②学习减法题型B："减少了多少"（找方法）。

活动目的：①让学前儿童进一步掌握加减法运算的规律和减法题型B，使学前儿童理解：已知一共有多少，求减少了多少和拿走多少，也用减法；②发展学前儿童对总数与部分数关系的认知能力和对减法题型的分析判断能力；③培养学前儿童善于动脑、独立思考的学习品质。

活动准备：操作学具棋子或石子等，数字卡和加减运算符号。

活动程序与方法：数学游戏法导入活动。导入语：小朋友，我们玩接龙数数碰球游戏：第一个小朋友说："我的1球碰2球"，第二个小朋友说："3球碰4球"，第三个小朋友说："我的5球碰6球"，第四个小朋友说："7球碰8球"，第五个小朋友说："9球碰10球"……碰到100球。

第一步：感知操作认知维度

1. 操作分合法：小手摇摇，分开瞧瞧，10可以分成几和几？学前儿童报告结果。请把一只手里的那份拿走，看另一只手剩的那份，放在桌上，问：你拿走了几个棋子（或石子）？用什么法算出来的？小结：知道总数和一个部分数，求另一个部分数，用减法。

第二步：形象表征认知维度

2. 表象运算法：①小刚原有10块方糖，现在还剩5块方糖，求小刚吃了几块方糖？你是用什么法算的？你怎么知道用减法？②大胖去年体重30千克，医生说他太胖，要锻炼减肥，今年大胖体重20千克，求大胖体重减少了多少千克？

第三步：概念符号认知维度

3. 归纳概括法："求一共有多少，用加法"，"求拿走多少，减少了多少，用减法"。

4. 列式训练法：请小朋友把上述两道应用题摆成算式：①10－5＝5；②30－20＝10。

结束：编号排序法：按完成的先后编号，排序，走出活动室。

教学范例77　认数活动——群集与运算：差集（三）

活动内容：①复习：序数加法；②学习减法题型C：序数减法。

活动目的：①在理解集合概念的基础上知道号码或顺序号加上几个求号数用加法；减去几个号求号数用减法，并会列式计算；②培养学前儿童对加减法题型的分析、判断能力；3. 培养学前儿童动脑思考的良好学习习惯。

活动准备：每人一套1～20序数卡片，贴绒小树20棵，绒板、试题若干张。

活动程序与方法：接龙报数法导入法动。导入语：请小朋友接龙报数，你是第几号。把全班的学前儿童都编上顺序号。

第一步：感知操作认知维度

1. 排序操作法：让学前儿童将1～20的序数卡片按从小到大的顺序排列。

2. 听数找号法：第8号是大亮，小芳比大亮小3号，问小芳是几号？说说用什么方法找到的。有的用顺数法，有的用倒数法，有的用减法，8减3。教师鼓励学前儿童动脑探索多种方法，强化用减法。

第二步：形象表征认知维度

3. 看图运算法：出示贴绒小树。①从第7棵往后数3棵是第几棵？用什么方法计算？讲解：往后数就是加上的意思；②从第16棵往前数6棵是第几棵？用什么方法计算？往前数就是减去的意思，所以要用减法。

4. 表象运算法：①小朋友在赛跑，小刚的名次是第5名，小红在小刚前2名，小红是第几名呢？说说是用什么法算出来的。只要用5减去2就知道小红排在第3名了。②有10个孩子排成一队，大胖排第6位，大胖前边有几个人？大胖后边有几个？用什么法算？大胖前边：6减去1（他自己）等于5个人；大胖后边有10减去6等于4个人。教师应注重对学前儿童进行多端性思维训练。

第三步：概念符号认知维度

5. 归纳概括法：①某个号码增加几个号，求新号码用加法；②某个号码减少几个号，求新号码用减法。

结束：游戏反馈法：看谁算得对：教师指高层公寓口述：小熊住在第8层楼，小狗住在比小熊低3层的楼层，问小狗住在第几层？请找出来。

教学范例78　认数活动——群集与运算：差集（四）

活动内容：①差量判断：一一对应比较多几个？少几个？②学习减法题型

学前儿童数学教育理论与实践

D：求两个集合元素相差多少，用减法。

活动目的：①训练学前儿童掌握减法的运算技能，发展学前儿童对减法题型的分析判断能力；②重点强化学前儿童对相差多少含义的理解，可能是多几，也可能是少几；③培养学前儿童爱动脑筋思考的良好学习品质。

活动准备：实物：两种颜色的积塑，印章；图片：差量的示意图；符号：减法运算符号；数字卡片。

活动程序与方法：激因法导入活动。今天老师给小朋友准备了两种东西，可是又不一样多，到底相差多少？让学前儿童找出更多更好的方法。比一比，看谁动脑想的办法又多又好。

第一步：感知操作认知维度

1. 操作比较法：请学前儿童按数盖印章，先横排盖 4 个印章，然后在第一排下面一一对应盖 6 个印章，请学前儿童报告，两排印章相差多少？你是怎么知道多几个还是少几个呢？

第二步：形象表征认知维度

2. 看图判断法：小白兔和小花猫盘里都装着鸭梨。哪盘梨多？多几个？哪盘梨少？少几个？说一说用什么方法算出来的？

3. 联想编题法：男孩和女孩分成两个队做操，前一排 5 个男孩，后一排 3 个女孩，问男孩女孩相差几个？该用什么方法计算？（计算范围可由 10 以内迁移到 20 以内）。如图 13.50 所示。

图 13.50

第三步：概念符号认知维度

4. 列式训练法：请学前儿童把上述两道应用题的算式摆出来。

结束：活动延伸法：请学前儿童看计算角里的挂图，编出求相差多少的应用题，告诉爸爸妈妈。

教学范例 79　认数活动——计数与运算

活动内容：①按群计数：20 以内的单双数；②同数加法：20 以内的加法。

活动目的：①扩大学前儿童对 20 以内奇数、偶数的再认识；②使学前儿童进一步掌握两个相同数相加的简便算法，提高速算能力；③培养学前儿童学习运算的兴趣和求知欲。

活动准备：插板学具、算式卡片每人一套，同数相加挂图一幅。

活动程序与方法：接龙报数法导入活动。教师引导学前儿童进行 20 以内单双数报数。

第一步：感知操作认知维度

1. 口诀练习法：教师说数，学前儿童取物，如教师说二，学前儿童说二二得四；教师说四，学前儿童说二四得八；教师说五，学前儿童说二五一十……分别取出"4"、"8"、"10"……个物体。

第二步：形象表征认知维度

2. 联想编题法：教师引导学前儿童观察发现，编同数加法应用题：①一只小鸟两条腿，两只小鸟几条腿？②一只小兔四条腿，两只小兔几条腿？③一只蜜蜂六条腿，两只蜜蜂几条腿？④一只螃蟹八个爪，两只螃蟹几个爪？⑤一个人有 10 个手指，两个人有几个手指？进行表象推理。

第三步：概念符号认知维度

3. 列式训练法：教师引导学前儿童根据图像和应用题描述，列出同数加法算式：$2+2=\square$；$4+4=\square$；$5+5=\square$；$6+6=\square$；$7+7=\square$；$8+8=\square$；$9+9=\square$；$10+10=\square$。

4. 速算训练法：两个"2"相加读作二二得四；两个"4"相加读作二四得八；两个"6"相加，读作二六得一十二；两个"8"相加，读作二八得一十六。使学前儿童掌握同数加法的简便算法。

结束：情境游戏法："看谁算得对又快"。

教学范例 80　认数活动——学编应用题（一）

活动内容：①编题：三维编题；②运算：三级运算。

活动目的：①引导学前儿童从实物运算向表象运算过渡；②使学前儿童初步掌握编应用题的条件和规律；③通过编应用题，使学前儿童理解应用题的结构，培养学前儿童数理逻辑思维能力。

活动准备：可操作的学具，如积塑片、围棋子、杏核等；反映数量关系的图像。

活动程序与方法：新异刺激法导入活动。听青蛙叫声，问学前儿童青蛙有几只？

第一步：感知操作编应用题

1. 实物操作法：发给每个学前儿童 8 个小物件，学前儿童运用实物进行分解组合，学编加减法应用题。

第二步：形象表征编应用题

2. 图像表现法：让学前儿童看图，根据图像发现数量关系，学编应用题。

3. 生活联想法：通过生活联想编应用题，如有 10 个山楂片吃了 3 个还剩几个？认识到编应用题，要有两个已知数，提一个问题。

第三步：概念符号编应用题

4. 看数字编题法：根据数字、符号表示的数量关系，学编应用题，如 4，6，10；12，8，20。

5. 归纳概括法：教师引导学前儿童概括编应用题的方法："说的是一件事，知道两个数，提一个问题，算出得数。"

结束：延伸活动法：请学前儿童编一道应用题，让爸爸妈妈指导。如图 13.51 所示。

8 条鱼，吃了 2 条，还剩几条？

图 13.51

教学范例 81　认数活动——学编应用题（二）

活动内容：①三维编题：实物、图像、数字；②三维运算：动作、表象、符号。

活动目的：①引导学前儿童由实物操作编应用题向看图像编应用题过渡，通过数字联想掌握编应用题的规律；②培养学前儿童数学逻辑思维能力；③使学前儿童养成多端性思考的习惯。

活动准备：雪花片每个学前儿童一套；教师用大数卡一套；挂图一幅；学前儿童每人一套小数卡。

活动程序与方法：游戏法导入活动："碰球"游戏。教师问："咳！咳！我的 6 球碰几球？"（10 球）学前儿童答："咳！咳！你的 6 球碰 4 球。"教师问："咳！咳！我的 3 球碰几球？"（8 球）学前儿童答："咳！咳！你的 3 球碰 5 球。"教师继续问，复习 20 以内的加减法。

第一步：感知操作认知维度

1. 实物分合法：教师分合雪花片编应用题，算得数。请学前儿童根据自己摆的雪花片分别编加法和减法应用题（要求：编出应用题，列出算式说出得数）。

第二步：形象表征认知维度

2. 观察发现法：看图编应用题（出示挂图）。"小朋友们看这幅图上画了什么？我们就用这些男孩与女孩来编应用题。"先用第一排的男孩和女孩编题；用两排的男孩和女孩编题；用戴帽子的小朋友与不戴帽子的小朋友编题；用穿裙子的小朋友与没穿裙子的小朋友编题……

3. 生活联想法：看数字编应用题：教师出示 3 个数字，请学前儿童看数字根据数量关系编加减应用题，算得数。

教师举例（加法）："昨天小胖得了 3 朵小红花，今天小胖得了 5 朵小红花，问昨天和今天小胖共得了几朵小红花？"请学前儿童列出算式求得数。

教师举例（减法）："小刚妈妈买了 8 个苹果，小刚吃了 3 个，问小刚还剩几个苹果？"请学前儿童列算式求得数。

教师出示不同的 3 个数字，要求自编自算求得数。比赛看谁编得最好，算得对。

第三步：概念符号认知维度

4. 总结概括法：概括编应用题的规律：一道应用题必须具备条件：一件事、两个数、一个问题，所以编应用题要先想出一件事，找出用哪两个数，然后确定怎样去问，有了这 3 项就能正确地编出应用题。看 3 个数字编应用题，编加法应用题时要用到 3 个数中两个较小的数；编减法应用题时要用到三个数中最大的一个数和两个较小的数中的其中一个。

5. 符号运用法：看数字编应用题的 3 个数字有如下关系：如 3、5、8，可列出 4 个算式 3+5＝8；5+3＝8；8－3＝5；8－5＝3。即不论用这 3 个数编多少道应用题，列算式只会有这 4 种情况。

结束：复习巩固法：教师出几道条件不全的应用题，让学前儿童分析判断并找出错误补充条件，编出完整的加减法应用题。

附：填充题

出缺一个已知数的题："妈妈给小华买了 4 只铅笔，爸爸又给小华买了彩笔，小华一共有几只笔？"（讨论这道题能不能算？为什么？）

出缺少问题的题："妈妈给小华买了 4 只铅笔，爸爸又给小华买了 10 支彩笔，小华高兴极了！"（这道题能不能算？为什么？）

出一道不是一类或不是一回事的题：如"院子里有 5 只鸭子，4 个小孩，一共有多少？"（这道题能不能算？为什么？）

出无数量关系的 3 个数字，让学前儿童用这 3 个数字编题。如"3"、"4"、"9"。（这 3 个数能编题吗？为什么？）

教学范例 82　认数活动——认识人民币

活动内容：①认识人民币：元、角、分；②兑换人民币：元、角、分。

活动目的：①认识 1 元以内的货币特征，并能说出它们的货币名称；②学习用分币兑换 1 角，用角币兑换 1 元；③培养学前儿童节约用钱，零存整取储蓄的良好品质。

活动准备：储蓄罐。学前儿童人手一套 10 枚 1 分硬币，5 枚 2 分硬币和 2 枚 5 分硬币；"人民币" 3 个字。

活动程序与方法：实物刺激法导入活动。教师手拿一个储蓄罐问："小朋友认识我手里拿的是什么吗?"（储蓄罐）储蓄罐是用来干什么用的?（装零钱用的）你们认识什么样的钱? 如图 13.52 所示。

图 13.52

第一步：感知操作认知维度

1. 感官体验法：请学前儿童把自己小盒里的钱倒出来，看一看都有什么样的? 面值是多少?（1 元，1 角，5 分，2 分，1 分）。

第二步：形象表征认知维度

2. 图案描述法：引导学前儿童看硬币正、反两面图案，说一说图案有什么共同的特征和不同的特征。

第三步：概念符号认知维度

3. 词语概括法："这些钱上都有中国国徽，国徽代表中国，说明这些钱都是中国钱，它们有一个共同的名字叫人民币"。

4. 兑换法：在学前儿童学习兑换前先让学前儿童了解五分是由 5 个 1 分组成的，五分是由几个 1 分和几个 2 分共同组成的? 一角是由几个 1 分和 2 分组成的? 1 角是由几个 5 分组成的?

5. 角色游戏法："开商店"。教师当售货员，学前儿童扮顾客，进行货币兑换。教育学前儿童要节约用钱，平时把爸爸、妈妈、爷爷、奶奶给的压岁钱储存起来。

结束：集体朗诵儿歌：《储蓄罐》："我有一个小房，只开一扇天窗，扔进一枚硬币，答我一声'叮当'，攒多存到银行，为国贡献力量。"

第十四章

学前儿童数学游戏活动设计

【本章提要】游戏是学前儿童最喜欢的活动，幼儿园任何教学活动的组织与实施都离不开游戏，对学前儿童来说游戏即教学。学前儿童数学教育目标的实现，数学教育活动的设计、组织与实施，同样离不开游戏。游戏是学前儿童数学教育的重要组织形式。本章主要设计了2～3岁、3～4岁、4～5岁，5～6岁的数学游戏活动，为组织、实施学前儿童数学教育活动提供参照和借鉴，从而进一步提高数学教育活动的趣味性。

第一节　适合于2～3岁儿童的数学游戏

一、感知集合的数学游戏

游戏活动1　找找哪个多、哪个少

游戏目的：该活动可为学前儿童提供笼统感知物体数量的学习经验。

游戏材料：在起居室或学前儿童的房间，利用室内原有的陈设物品——桌椅、玩具、点心、水果等。

游戏玩法：

1. 接触并指认物品。留意观察学前儿童每天接触的物品，在他抓握某物品或发现某物品并产生兴趣时，及时告诉学前儿童物品的名称，让学前儿童感受物体笼统的数量。例如，学前儿童在教师晾晒衣服的时候，抓起了一些衣架或木夹，可以对学前儿童说："这是许多衣架，你的小手都拿不过来了，对吧？"也可以问问学前儿童："这是一大串木夹，数一数有多少个？""那一盆洗好的衣服有多少件？"

2. 找找家中有什么物品有"许多"。给学前儿童提出建议："去找找，看看家里有哪些东西有许多个？"学前儿童往往注意不到分散放在室内的物品，教师可以引导学前儿童按物体的种类来找。例如，学前儿童发现了起居室里有一张小凳子，就让他再去找找，把能找到的小凳子都找到一起。然后教他说"有许多许多小凳子"。

3. 说一说（或指一指）家中多的是什么，少的是什么。可以让学前儿童在饶有兴趣的活动氛围中强化对"许多"和"很多"的理解。例如，和学前儿童比赛，看谁能发现家中什么东西多，什么东西少，并用相应的句式说出来。

比如，家里窗户多，门少；椅子多，沙发少；大人多，小孩少；橘子多，蛋糕少；被子多，枕头少等。

游戏说明：教师宜在日常生活中随机进行引导。

游戏活动 2　可爱的小狗

游戏目的：该活动是让学前儿童通过接触、感知来体验数量1，2。

游戏材料：绒布玩具小狗（也可用其他动物玩具或布娃娃替代）1个。

游戏玩法：教师提问："小狗的眼睛在哪里？""小狗的耳朵在哪里？"让学前儿童指出小狗眼睛、耳朵的位置并接触，感知形状。然后让学前儿童找一找小狗有几只眼睛，几只耳朵，几张嘴巴等。最后让学前儿童拿小狗和自己比一比，如引导学前儿童说一说"小狗有两只眼睛……我也有……"等。如图14.1所示。

图 14.1

游戏说明：教师可利用学前儿童的各种动物玩具或画报、杂志上的动物图片来引导学前儿童感知数量1，2。

二、认识基数的数学游戏

游戏活动 3　采蘑菇

游戏目的：该活动是通过教儿歌来引导学前儿童学习唱数，让学前儿童熟悉1～5数词的顺序。

游戏材料：儿歌《采蘑菇》：一二三四五，上山采蘑菇；蘑菇没采着，碰到小白兔，送我大萝卜，一二三四五。

游戏玩法：

1. 教学前儿童学念儿歌。学前儿童先听教师有节奏地念几遍儿歌，然后学念。

2. 替换儿歌中的词语。在学前儿童学会儿歌后，问学前儿童："小白兔还会送你什么?"让学前儿童对儿歌中的"大萝卜"进行替换,如"……碰到小白兔,送我大南瓜……""……碰到小白兔,送我大土豆……"等。如图14.2所示。

图 14.2

游戏说明:在教学前儿童念儿歌时,可提供两根筷子或两把勺子,让学前儿童一边敲打一边念儿歌,以增加学前儿童的兴趣并使其有节奏地念儿歌。

游戏活动4 爬楼梯

游戏目的:结合日常生活和活动引导学前儿童学习数数。

游戏材料:长方体积木,牙膏盒,罐子,厚本的旧书各若干,旧笔套若干个。

游戏玩法:

1. 在学前儿童上下楼梯时,教学前儿童边上楼边数数。

2. 和学前儿童一起利用各种材料——积木盒子、罐子、厚的旧书等建造一个"楼梯";在旧笔套上画眉、眼,做一个笔套小人。再让学前儿童带笔套小人上下"楼梯",上一层台阶数一个数,或下一层台阶数一个数。如图14.3所示。

图 14.3

游戏说明：教师需要注意提醒学前儿童配合上下楼梯的动作来数数。

游戏活动 5 找朋友

游戏目的：引导学前儿童找出相同的物体；发展学前儿童的观察力。

游戏材料：玩具娃娃、玩具汽车。

游戏玩法：教师和学前儿童一起收拾玩具柜，教师拿出一个娃娃，请学前儿童把一样的放在一起。教师再拿出一辆汽车，请学前儿童将一样的放在一起。

三、分类教育的数学游戏

游戏活动 6 说说、分分

游戏目的：该活动可发展学前儿童通过观察、比较水果颜色和形状来认识不同的水果，促进学前儿童观察、比较能力的发展。

游戏材料：放水果的盘子 2～3 个，水果 2～3 种。

游戏玩法：教师可与学前儿童一起到水果店选购学前儿童喜欢吃的水果。在水果店里，耐心回答学前儿童的提问，可鼓励学前儿童大胆向售货员询问水果的名称及各种感兴趣的问题。引导学前儿童观察相同的水果是放在一起的，让学前儿童想一想为什么要这样放。

回园后请学前儿童协助清洗水果，边洗边让学前儿童说说水果的名称。还可以引导学前儿童具体地观察水果的外形颜色等特征，比较它们有什么不一样，如问："是什么颜色的？是什么形状的？葡萄的形状都一样吗？香蕉是什么形状的？葡萄和香蕉的颜色一样吗？"洗完水果后，教师可要求学前儿童把相同的水果放在同一个盘子里，不同的水果分开摆放。如图 14.4 所示。

图 14.4

游戏说明：用同样的方法带学前儿童去菜场买菜，并分菜。还可以用识字卡片中的水果卡片、蔬菜卡片等替代实物进行分类活动。

游戏活动 7　穿项链

游戏目的：在串项链的过程中锻炼学前儿童小手的力量，发展学前儿童的观察力、记忆力及思维的流畅性和敏捷性。

游戏材料：颜色不同、大小不同的木珠若干；线若干根。

游戏玩法：

1. 教师可以先拿 3 颗木珠，给学前儿童看了以后藏起来，然后请学前儿童也拿出相同数目、相同形状、相同颜色的木珠（木珠数量可以根据学前儿童实际水平自定）。

2. 教师再拿几颗木珠，用线穿起来，并把它戴到脖子上作为项链，激发学前儿童兴趣，让学前儿童看了几秒钟后藏起来。接着让学前儿童也穿一样的并戴上。（难度可逐步加深，也可以把排序、大小等知识渗透到游戏中，如让学前儿童把木珠从小到大穿起来等。）

四、认识几何形体的数学游戏

游戏活动 8　找朋友

游戏目的：该活动将丰富学前儿童对圆形和方形物体的认识。

游戏材料：圆的盆子、纽扣、镜子、瓶盖、杯子等物品，方的积木、图书、盒子、手帕等物品。

游戏玩法：给学前儿童看圆形的瓶盖，告诉他瓶盖是圆的。让学前儿童用手接触瓶盖的圆形轮廓，感受圆形的特点。出示圆的纽扣、盆子、镜子等物品，让学前儿童充分接触这些物品的轮廓，知道这些东西也是圆的。最后请学前儿童在自己或教师的身上找一找，哪些东西是圆的，或在活动室中找一找，哪些东西是圆的。

帮助学前儿童认识方形的方法同上。先让学前儿童识别单个物体，让学前儿童充分运用视觉、触觉感知方形的特征基础上，鼓励学前儿童在自己熟悉的环境中寻找方形。

等学前儿童能够区分圆形和方形之后，可让他在更大的生活空间中去自己寻找、发现，培养他敏锐的观察力和对几何形体的兴趣。如在和他散步时，或在公园玩耍时，教师不妨鼓励学前儿童寻找周围环境中的圆形和方形，并分享他的惊奇和喜悦。

游戏说明：2～3 岁的学前儿童，以直觉行动思维为主，他们对外界事物的认识是通过自己的行动和周围环境的相互作用获得的。因此，让学前儿童用手接触几何形体的轮廓，在动作中感受几何形体的特征非常必要。

游戏活动 9　捉迷藏

游戏目的：该活动是让学前儿童运用触觉辨别几何形体。

游戏材料：在纸箱的两侧各割 1 个直径 6 厘米的小圆洞，其内放入外形是圆的和方的物品若干，如积木、圆盘、镜子、瓶盖、塑料环、纸盒、圆球、磁带盒等；圆的塑料筐和方的塑料筐各1个。

　　游戏玩法：告诉学前儿童箱子里的物品，和学前儿童玩捉迷藏的游戏，让学前儿童从箱子旁边的圆洞里伸进手选一样东西，在里面摸一摸它是方的还是圆的，猜猜它是什么，猜对的放在相应形状的塑料筐里；猜错的则放回箱子里，游戏重新开始。如图14.5所示。

图14.5

　　游戏说明：箱子可以用布袋（如枕套）和不透明的塑料袋替代。游戏开始时，箱内的物品不宜过多，5～6件即可，待学前儿童对材料熟悉后，可使用替代物品并增加种类。

五、量的教育的数学游戏

　　游戏活动10　让我挑一挑

　　游戏目的：该活动通过引导学前儿童找出物体的某种共同属性，即对物体进行"求同"，学前儿童建立"大"、"小"，"长"、"短"概念。

　　游戏材料：选一篮储存的干果如枣子、桂圆等，从中捡去中等个头的，只留下大的和小的两种；在若干餐具调羹、筷子、叉子中，去掉中等长度的，只留下长的和短的两种；找若干双短袜和长筒袜。

　　游戏玩法：

　　1. 选出大枣子（桂圆）。取一枚枣子（桂圆）作样品，告诉学前儿童这是大枣子（桂圆），请他在一篮枣子（桂圆）中挑出所有与样品一样大的枣子

（桂圆），并引导学前儿童说："这些都是大枣子（桂圆），没挑出来的都是小枣子（桂圆）。"

2. 挑出长东西。提供餐具和袜子样品，教学前儿童从中挑出具有"长"特征的餐具和袜子，并引导学前儿童进行表述，学习运用"长"和"短"的词语来表达物体的属性。如图 14.6 所示。

图 14.6

游戏说明：通过这样的操作活动，教师可以把许多难以向学前儿童解说的概念介绍给学前儿童。教师在为学前儿童提供"求同"材料时，要注意所提供的物体中必须包含学前儿童要学习的那个概念，即要包含数学属性。另外，还需控制那些容易引起学前儿童模棱两可的因素。

游戏活动 11　做汤圆

游戏目的：该活动有助于学前儿童体验橡皮泥或面团的大小及发展排序能力。

游戏材料：橡皮泥或面团。

游戏玩法：帮学前儿童把橡皮泥或面团分成大小不同的 3 份，让他分别搓成汤圆后要求他进行排序。教师可在学前儿童完成排序后问学前儿童："你做的汤圆中哪个最大？哪个最小？"学前儿童能正确排序后，可将橡皮泥或面团捏合重新分成大小不同的 4 份再进行排序。如图 14.7 所示。

游戏说明：教师可用另一份橡皮泥或面团与学前儿童一起搓汤圆，并与学前儿童一起各自将自己的汤圆进行排序。还可与学前儿童商讨做其他的物体，比如作成馒头、面包卷等。但须注意，不宜做长条形和饼状物品，因学前儿童可能会受到粗细与长短、大小与厚度的干扰，而不易做出大小的正确判断。

图 14.7

游戏活动 12　比比看看

游戏目的：增加学前儿童对大小的理解；培养学前儿童解决问题的能力。

游戏材料：纸板。

游戏玩法：

1. 教师和学前儿童比较脚的大小，先指出明显的不同处，让学前儿童看看自己的脚比教师的小多少，和学前儿童谈论大和小的概念。如图 14.8 所示。

2. 将教师和学前儿童的脚分别在纸板上画一个轮廓，剪下来。还可将两个混在一起，让学前儿童指出大小，并观察学前儿童是否能指出哪个是自己

图 14.8

的，哪个是教师的。

六、空间概念教育的数学游戏

游戏活动 13　学说上下

游戏目的：该系列活动可让学前儿童感受到物体间的空间位置，区别上下，学习方位词，培养观察力。

游戏材料：学前儿童平时玩的一些玩具（如布娃娃、娃娃家玩具、积木、小动物等）。

玩法：教师用"娃娃家"玩具中的娃娃、家具、餐具、积木等布置一个零乱的娃娃家环境，引导学前儿童观察娃娃家里有哪些东西放错了位置，并要求学前儿童说出应该放在什么地方，学习使用"在……上面"、"在……下面"，如"我把小碗放在餐桌上面"，"我把鞋子放在床下"等。如图 14.9 所示。

图 14.9

游戏说明：平时学前儿童玩完玩具后，教师要注意培养学前儿童自己收拾玩具的良好习惯。在收拾时，渗透空间方位能力的培养和方位词的学习。

游戏活动 14　蚂蚁搬家

游戏目的：帮助 3～4 岁的学前儿童认识前后方位，发展学前儿童的数数能力及空间逻辑思维能力。

游戏材料：泡沫拼板若干、豆子或积木若干。

游戏玩法：

教师可以利用活动室中铺设的地砖、户外场地上铺设的格子或将学前儿童玩耍的泡沫拼板拼在一起，然后选择几个格子，在上面放一些豆子（也可以用各类积木替代）。学前儿童扮演小蚂蚁站在空格子上面，由教师指挥"小蚂蚁"前进。比如，教师喊："向前一步！"格子中的学前儿童就要向前走一步；教师喊："向后一步！"格子中的学前儿童就要向后走一步。依次类推，直至"小蚂蚁"最终"吃到食物"为止。

七、时间概念教育的数学游戏

游戏活动15　木头人

游戏目的：让学前儿童体验时间的长短。

游戏材料：顺口溜《我们都是木头人》：三三三，我们都是木头人，不要动，不要笑，看谁是真正的木头人；木头玩偶一只。

游戏玩法：教学前儿童学会念顺口溜，而后让学前儿童一边念，一边做动作："三三三，我们都是木头人"——可以有节奏地到处走动；"不要动，不要笑"——立正站好；"看谁是真正的木头人"——赶紧摆好一个姿势不动（要求学前儿童坚持一会儿）。学前儿童一起活动，比一比，看谁坚持不动的时间长，谁就赢了。

游戏说明：教师在一轮活动结束时要及时对学前儿童进行比较：谁坚持不动的时间长，谁坚持的时间短。

八、一一对应的数学游戏

游戏活动16　扣扣子，找朋友

游戏目的：学前儿童在学习按纽扣的过程中，不仅学习生活技能，发展手部小肌肉的灵活性，还可以学会一一对应。

游戏材料：有纽扣的衣服、小布包、枕头、靠垫等物品。

游戏玩法：让学前儿童将衣服、小布包等物品上的纽扣一一对应扣好，再学习将衣服、小布包折叠起来，把其他物品放到相应的位置（如枕头放到床上，靠垫放到沙发上）。

游戏说明：在此过程中，教师可教学前儿童认识纽扣，示范按扣纽扣的方法，让学前儿童明白纽扣中的子扣和母扣要一一对应在一起，纽扣中的扣子和纽扣洞一对一扣在一起才能将衣服或小布包等扣好（即关"门"）。协助学前儿童将衣襟对齐，让学前儿童自己找到子扣和母扣或纽扣洞及相对应的纽扣。如图14.10所示。

图14.10

游戏活动17　分餐具

游戏目的：该活动有助于发展学前儿童一一对应摆放物体的技能及形成初步的数量"1"的概念，培养学前儿童对餐具空间摆放的合理性思考能力。

游戏材料：学前儿童早、中、晚餐的餐具若干。

游戏玩法：在开饭前请学前儿童安排座位，并给大家搬凳子、摆碗筷，要求每个人都有1个座位，每人有1份餐具：1只饭碗，1双筷子，1把调羹，1张餐巾纸。观察学前儿童是如何完成搬凳子、摆碗筷这些任务的。最后与学前儿童一起讨论各种餐具如何摆放才便于使用（如筷子应放在碗的哪一边，是竖着放还是横着放）。如图 14.11 所示。

图 14.11

游戏说明：教师可在每天用餐前引导学前儿童做这个练习，可向学前儿童提问："每人都有 1 个座位吗？""每人都有 1 份餐具吗？""怎么知道每人都有了 1 份餐具？"

游戏活动 18　帮娃娃戴帽子

游戏目的：该活动可发展学前儿童分辨大小物体、练习排序、一一对应摆放物体的能力。

游戏材料：大小不同的娃娃 3 个（也可用 3 个大小不同的瓜果装饰娃娃替代）；颜色、样式相同，但大小不同的帽子 3 顶（可用彩纸折成，也可用瓶盖装饰而成）。

游戏玩法：教师先提问："哪个娃娃最大？哪个最小？"让学前儿童辨别娃娃的大小，说出最大和最小的娃娃。然后要求学前儿童给娃娃排队，必要时可帮助学前儿童确定排序的起点和方向，如告诉学前儿童大的放这里，比它小的接在它的后面放，要一个比一个小地排。如果学前儿童排序仍然有困难，可在纸板上按娃娃的大小画上座位，让学前儿童对应座位排序。最后要求学前儿童给娃娃戴合适的帽子。

游戏说明：为加强练习，教师还可以提供大小不同的水果、月饼等，让学前儿童排序后一一对应送给相应大小的娃娃。如图 14.12 所示。

图 14.12

第二节　适合于 3～4 岁儿童的数学游戏

一、感知集合的数学游戏

游戏活动 19　小猴子分香蕉

游戏目的： 这个活动是让学前儿童根据扑克牌上的香蕉数"分配"小猴，使每组小猴子的数量与牌上香蕉的数量相等。

游戏材料： 4 张红桃花色的 2～5 扑克牌，14 张 8 厘米×8 厘米大小的正方形纸。

游戏玩法：

1. 和学前儿童一起用纸折小猴子。先将正方形纸四角向中心折，把纸反过来依然四角向中心折；再把纸反过来四角向中心折。把纸再反过来就可以看见四个角各有一个菱形，用拇指挑起来其中的一个菱形向外推成小长方形，小猴子的下半身就折好了。左右两侧的菱形需拉开翻向反面，并压折成三角形再向下折出小猴子的两只长手臂。翻过来，两手捏住小猴子的手臂向内对折，头部的菱形就会翘起，变成三角形的头，小猴子就折出来了。至少要折出 14 只小猴子，教师与学前儿童各完成 7 只。

2. 做等量集合。出示 4 张红桃扑克牌排成一排，告诉学前儿童：小猴子肚子饿了，每只猴子要吃一个香蕉，请你把小猴子们分到 4 张扑克牌上，让每只猴子都能吃到一个香蕉。

游戏说明： 如果学前儿童感到有困难，教师可提示学前儿童：看看有几个香蕉就分几只小猴。如果学前儿童是用一一对应的方法完成的，可让学前儿童说一说操作结果。如"有 2 个香蕉，我放了 2 个小猴，有 3 个香蕉，我放了 3 只小猴"。

生活中有许多需要做等量集合的事情，例如：有几个蛋托，就放几个鸡蛋；有几个衣帽钩就挂几件衣服等。教师可留意类似的机会，指导学前儿童学习做等量集合。

游戏活动 20　看看谁和我的一样

游戏目的： 在穿木珠的过程中锻炼学前儿童小手的力量，发展学前儿童的观察力、记忆力及思维的流畅性和敏捷性。

游戏材料： 颜色不同、大小不同的木珠若干，线若干根。

游戏玩法：

1. 教师可以先拿 3 颗木珠，给学前儿童看了以后藏起来，然后请学前儿童也拿出相同数目、相同形状、相同颜色的木珠（看看谁和我的一样）。

2. 教师再拿几颗木珠，用线串起来，让学前儿童看了几秒钟后藏起来。接着让学前儿童也穿和教师一样的木珠。（难度可逐步加深，也可以把排序、大小等知识渗透到游戏中，如让学前儿童把木珠从小到大穿起来等。）

3. 当学前儿童做出教师要求的串珠后，教师可以将原先藏起来的串珠拿出来，给学前儿童比较一下。

游戏活动 21　看谁摆的多

游戏目的： 让学前儿童通过对应的方法比较多少；引导学前儿童理解"1"和"许多"的关系。

游戏材料： 一副棋和一个棋盘。

游戏玩法：

1. 教师和学前儿童围着棋盘坐下，教师让学前儿童决定要哪种颜色的棋。

2. 教师和学前儿童各拿好自己的棋子。教师说："开始!"学前儿童和教师将自己的棋子排列到棋盘上，直到教师喊"停"为止。

3. 让学前儿童比较谁排得多，谁排得少，游戏可反复进行。

4. 当游戏结束时，将棋子一个一个收回盒子里。放一个，说"1 个"，再放一个，再说"1 个"，最后说出"许多个"。这样使学前儿童理解"1"和"许多"。如图 14.13 所示。

图 14.13

游戏说明：教师应根据学前儿童排的多少来决定自己排的多少，因为要使学前儿童有一个明显区别。比如，学前儿童排 5 个，教师可排 10 个左右。教师也可比学前儿童排的少，激发学前儿童的游戏兴趣。

游戏活动 22　种菜

游戏目的：引导学前儿童感知 3 以内的数量，并学会数量对应。

游戏材料：正方形泡沫拼板拼成 3 厘米×3 厘米大小；各种塑料蔬菜（也可以在纸上画了蔬菜以后剪下来代替）。

游戏玩法：教师可以先和学前儿童讨论准备在"菜地"上种些什么菜。如果教师种一棵白菜、一个萝卜，那么学前儿童要在教师种的菜后面也要种一棵白菜、一个萝卜。如果教师种两棵白菜、两个萝卜，那么学前儿童也要种两棵白菜、两个萝卜。依次类推，看谁种得又快又好。如图 14.14 所示。

游戏活动 23　鸡蛋搬家

游戏目的：感知"1"和"许多"；培养学前儿童学会轻拿轻放。

游戏材料：鸡蛋、小筐。

图 14.14

游戏玩法：教师请学前儿童将鸡蛋一个一个轻轻地放进小筐里，让学前儿童看一看，现在小筐里有多少蛋？（引导学前儿童说出许多蛋）。使学前儿童知道一个一个合起来是许多。再请学前儿童将鸡蛋分给班里的每一个人，使学前儿童知道许多可以分成一个一个。

二、认识基数的数学游戏

游戏活动 24　猜猜看

游戏目的：学会数 1～5。

游戏材料：广口瓶 3～4 个（多几个更好），小杏仁 1 袋（其他类似的东西也可）。

游戏玩法：教师在每个广口瓶中分别放入 3～5 个小杏仁（总数不要超过 5 个），让学前儿童分别猜每个瓶子里各有几个小杏仁。然后把瓶中小杏仁倒出来计数验证，如果猜中了，学前儿童就赢得了这些小杏仁。反之，则将小杏仁放回到瓶中继续猜。教师可与学前儿童交换角色。教师有时需要故意出错，让学前儿童有反复计数的机会。如图 14.15 所示。

游戏说明：这个活动是让学前儿童在猜一猜中激发计数的需求，教师在学前儿童计数时，要注意观察他是否手口一致地点数物体。

图 14.15

游戏活动 25　小猫钓鱼

游戏目的：计数 1~5，运用一一对应比多少。

游戏材料：自制猫头饰 2 个，卡纸、窗帘圈若干，澡盆（当池塘）1 个，筷子 1 双，回形针几个。

游戏玩法：和学前儿童一起戴上猫头饰，先将卡纸折成屋顶状，两面都画上小鱼，小鱼就可以立起来放进澡盆中，再在小鱼嘴上夹一个窗帘圈便于钩钓。另外，在筷子的一端绑上用回形针弯成的钩子作成钓鱼竿（若要增加难度可适当放长钓鱼竿的线）。然后教师和学前儿童站在盆边一起钓鱼，钓到的小鱼放在自己一边。最后分别计数，看看各自的小鱼有几条，并问学前儿童："谁的小鱼多？有什么办法可以证明？"启发学前儿童运用一一对应比较多少。

游戏说明：该活动让学前儿童在体验钓鱼快乐的同时引发计数、比较多少的需求，并渗透一一对应排序物体的学习。

游戏活动 26　看谁投的准

游戏目的：学习点数计数，知道计数是不连续的。

游戏材料：纸篓 1 个（可用装水果的纸箱替代），用旧报纸做若干个纸球。

游戏玩法：把纸篓置于墙角，在距离纸篓三四米远处放一张凳子，纸球用脸盆装着放凳子上。学前儿童轮流往纸篓里掷纸球，一边掷一边对投中的纸球计数。待盆中纸球掷完了，请学前儿童说出一共掷中几个纸球，并将纸篓中的纸球倒出来核对数量。

游戏说明：学前儿童要计数的是不连续发生的事件，且不能保持呈现（投进纸篓后就看不见），因此有一定的难度，学前儿童很可能忘记已数了几个，因此当学前儿童投球时别打扰他，让他专心投球计数。

游戏活动 27　分果果

游戏目的：理解数字"1"。

游戏材料：一盘苹果、一盘梨（每样 3 个左右）。

游戏玩法：

1. 教师先问学前儿童："这是什么？"让学前儿童认一认盘子里放的是什么。

2. 教师对学前儿童说："我们来分苹果吃，请××来给大家分，1 人分 1 个。"学前儿童××边分边说"××1 个"、"××1 个"、"我 1 个"。

3. 分对了，教师要说谢谢并同学前儿童一起高高兴兴地吃苹果。吃完后，教师再让学前儿童分梨，方法同上。

游戏说明：游戏时用的材料可任意选用，如是食品，别让学前儿童吃得过饱。

游戏活动 28 掷色子拍手

游戏目的：培养学前儿童的计数能力。

游戏材料：色子。

游戏玩法：教师和学前儿童分别掷色子。掷完后，让学前儿童数一数几点，是几就拍几下手。

游戏活动 29 找找数数

游戏目的：练习 5 以内数的计数；引导学前儿童辨别上、下、里、外。

游戏材料：画有圆点的纸条（数量在 5 以内）。

游戏玩法：教师将画有不同数量圆点的纸条藏在身上，让学前儿童来找，找到后学前儿童手口一致地点数纸条上的圆点，最后说出总数，并要说一说，在教师身上什么地方找到的，如衣服里面、上身等。

游戏活动 30 兔子数数

游戏目的：培养学前儿童正确的计数方法；引导学前儿童不受物体的排列方式的影响进行计数。

游戏材料：兔子动物手偶（或小老鼠、小狗、小猪等任何动物手偶）、红萝卜数个（或任何可数实物）排成一直线。

游戏玩法：

1. 教师持兔子手偶，说："兔子刚开始上学，不太会数东西，常常数错，请你看着兔子数，如果数错了，要告诉它。"

2. 教师尽量逼真演出，故意把学前儿童计数时常犯之错误，如：一个东西数（念）两次（1，2，3，3，4，5）、漏掉一个数字未念（1，2，3，5，6，7），带入兔子的计数行为中，让学前儿童仔细观察、聆听以找出错误。教师与学前儿童一起帮兔子数红萝卜 2～3 次，在数时教师手中的兔子要逐一碰触每一个红萝卜，示范正确的计数技巧。

3. 接着可以从红萝卜的另一端开始数，在数之前，问学前儿童："刚才我们从那一边开始数是×个，现在要从这一边开始数，你猜猜看会有几个？"可以重复故意数错的行为，让学前儿童验证答案并发现错误。

4. 变化玩法：可将红萝卜随意不规则地摆放，让学前儿童去练习数数，引导学前儿童发现"一组东西不管如何摆放，其总数仍然不变"。

游戏活动 31　石头、剪子、布

游戏目的：在生活中引导学前儿童寻找、辨认数字，引导学前儿童练习数数。

游戏材料：1～5 的扑克牌。

游戏玩法：将 1～5 的扑克牌倒扣在桌子上，学前儿童和教师玩石头、剪子、布游戏，谁赢了就翻起一张牌，是数字几，就在活动室中找到相应的东西，如：数字 1，可以说一张桌子等。

三、分类教育的数学游戏

游戏活动 32　捡树叶

游戏目的：通过活动培养学前儿童对应、归类的能力。

游戏材料：各种树叶，贴有树叶标记的塑料袋，小篮子，回形针。

游戏玩法：教师可以在秋季落叶纷飞的时候，和学前儿童一起去路边、公园或是郊外看落叶、捡树叶。教师在指导中可拿出事先准备好的塑料袋，让学前儿童按袋子上所贴的树叶标记放树叶，并与学前儿童讨论落叶的归类问题，如问："这是什么树上的叶子？可以放到哪一只塑料袋中？"指导学前儿童将捡来的落叶两两对比选出最有特点的，如最大的、最小的、最漂亮的，或有与众不同的颜色或形状的等。再把差不多一样的数叶配成一对。每配好一对，就用回形针别好，装入小篮里。在上述活动的基础上，根据学前儿童的实际水平提供 1～5 的点卡，让学前儿童给归类的袋子上别上点卡以标明数量。

游戏活动 33　分月饼

游戏目的：通过活动发展学前儿童根据物体形状、颜色、味道分类的能力。

游戏材料：不同形状的牛奶月饼、巧克力月饼、果味月饼、咸味月饼各 1 袋，盘子若干。

游戏玩法：先与学前儿童一起购买月饼，让学前儿童了解所购买月饼的名称。再引导学前儿童观察各种月饼的形状，尝尝月饼的味道。然后将各种月饼混合放在一个盘子里，请学前儿童按月饼的形状、颜色或口味的不同把它们分别分到其他几个盘子中。

游戏活动 34　找伙伴

游戏目的：引导学前儿童按图形摆放；培养学前儿童的观察力。

游戏材料：图形卡及摆放不同图形的表格。

游戏玩法：教师在表格上摆上图形，请学前儿童在图形上摆上相同的图形。

游戏活动 35　分分类，配配对

游戏目的：培养学前儿童按颜色分类的能力。

游戏材料：红色、黄色、白色等不同颜色的小球各若干。

游戏玩法：取红色、黄色、白色等不同颜色的小球各若干。教师任意取出一种颜色的小球，让学前儿童取颜色相同的小球，进行配对。还可以进行"看谁拿得对和快"的游戏。

游戏说明：也可以准备一些颜色相同但形状不同的物体，让学前儿童分类、配对，以训练学前儿童对图形的观察和判断能力。

游戏链接：扑克分类。准备一副扑克牌，让学前儿童按花色形状分成几堆，如按方块和红心等。随后，可以让学前儿童按红色和黑色分类，最后可按数字分类。这是一种学习颜色、形状和数字概念的极佳的游戏。

四、认识几何形体的数学游戏

游戏活动 36　摆图形

游戏目的：培养学前儿童按照图形形状摆放的能力，有助于发展学前儿童的形状知觉。

游戏材料：大小不同、形状相同的方格纸，圆形、三角形、正方形纸片若干。

游戏玩法：学前儿童拿大的方格纸，教师拿小的方格纸。请学前儿童看一看、数一数格子，比较它们的相同点（形状相同，格子一样多）和不同点（格子的大小不同）。教师选一个图形放在小格子中，学前儿童必须选一模一样的图形放在位置相同的大方格中。学前儿童和教师可以交换，学前儿童先摆，教师再跟着摆，教师有时可以故意摆错，请学前儿童检查教师摆的对不对。

游戏说明：当学前儿童能熟练而准确的摆放图形时，教师可以自制复杂一些的格子图，如增加格子的数量，或者改变格子图形，增加图形种类。

游戏活动 37　做门帘

游戏目的：通过该游戏发展学前儿童辨别几何图形的能力，学前儿童学习按规律排序，发展手部小肌肉的灵活性。

游戏材料：饮料吸管若干，在旧挂历纸上画若干三角形、圆形、正方形，剪刀，玻璃丝带，塑料小篓子。

游戏玩法：教师可与学前儿童一起准备制作材料，把饮料吸管剪成约 2 厘米长的段；把旧挂历纸上的几何图形沿着轮廓线剪下来，并用剪刀在图形的中心戳个小洞（小于吸管的直径），放在小篓子里。教师示范穿门帘：把玻璃丝带的一端打个结，另一端按 1 个圆形、一段吸管、1 个三角形、一段吸管、1

个圆形、一段吸管、1 个三角形、一段吸管……排列，让学前儿童观察、寻找规律，穿成一串。把穿好的一串串图形挂在门框上布置成门帘。如图 14.16 所示。

游戏说明： 还可鼓励学前儿童自己选择图形按不同的规律穿成一串串。

游戏活动 38　掷色子，找图形

游戏目的： 通过该游戏发展学前儿童辨别图形特征的能力，巩固学前儿童对图形的认识。

游戏材料： 红、黄、绿、蓝 4 种颜色的三角形、圆形、正方形若干，1 个正方体废纸盒，小纸篓。

图 14.16

游戏玩法： 先取正方体废纸盒做色子，外面糊上白纸，再在 6 个面上分别画上或贴上 2～4 个不同颜色的不同形状的几何图形（圆形、正方形、三角形）。然后让学前儿童掷色子，等色子停下时，看清色子上面的图形颜色和形状，再从小纸篓里找出与之一致的图形。如色子的上面是 1 个红色的圆形、1 个绿色的圆形、1 个黄色的正方形，学前儿童应从小纸篓里找出 1 个红色的圆形、1 个绿色的圆形、1 个黄色的正方形。最后让学前儿童说一说"这是红色的圆形、这是黄色的正方形……"如图 14.17 所示。

图 14.17

游戏活动 39　拼拼看

游戏目的： 通过该游戏学习用圆形、三角形、正方形尝试拼图，培养学前儿童的动手能力和想象力。

游戏材料： 不同颜色、大小的圆形、正方形、三角形纸片若干，白色图画纸，胶水。

游戏玩法： 先让学前儿童用同一种图形进行尝试性拼图，拼完后说说它像什么，用胶水贴在白色的图画纸上。再让学前儿童选 2 种或 3 种图形组合拼图。鼓励学前儿童用画笔画上背景后将拼图布置在墙上供大家欣赏。

游戏活动 40　彩绳魔术

游戏目的：引导学前儿童发现物体的形状特征（圆形、正方形、三角形），培养学前儿童的观察能力。

游戏材料：彩绳。

游戏玩法：教师用彩绳撑出一个圆形或正方形或三角形，让学前儿童说一说它的名称，让学前儿童也用彩绳试一试。然后教师说图形，学前儿童用彩绳撑出相应的图形，看谁又快又正确。

游戏活动 41　跳舞毯

游戏目的：帮助学前儿童巩固对于图形及数字的认识，发展学前儿童思维的敏捷性及快速判断能力。

游戏材料：用泡沫拼板自制成"跳舞毯"，并在拼板上贴上"○、△、□、✕"4 个图形。

游戏玩法：一个人喊，一个人跳。比如一学前儿童喊"圆形，3 下"，那么另一学前儿童就要在"跳舞毯"上找到圆形标记，并跳 3 下。如果该学前儿童跳错了，那么两学前儿童交换角色，游戏继续进行。

游戏活动 42　喂月饼

游戏目的：学前儿童感知圆形、三角形、正方形的特征，发展学前儿童推理能力和想象力。

游戏材料：三角形、圆形、正方形的数学用具，3 个娃娃（每个娃娃的嘴上贴一种图形）。

游戏玩法：教师和学前儿童一起玩过家家，教师告诉学前儿童娃娃喜欢的食物都不一样，有的喜欢吃圆形月饼，有的喜欢吃正方形月饼，还有的喜欢吃三角形月饼，看看娃娃的嘴是什么形状的就给他吃什么形状的月饼。

五、量的教育的数学游戏

游戏活动 43　排排看

游戏目的：让学前儿童体验到从小到大或从短到长的顺序关系。

游戏材料：大小不等的瓶盖和长短不等的笔若干。

游戏玩法：

1. 比大小（或长短）。两两出示瓶盖或笔，让学前儿童设法比出大小或长短。

2. 排序。让学前儿童给所有的瓶盖按顺序排队，再给所有的笔排队。

3. 认识已有物件最大最小或最长最短。让学前儿童说出并指出最大、最小的瓶盖和最长、最短的笔。

游戏说明：学前儿童做起来可能会有困难，因此开始让学前儿童做时，瓶盖和笔只各提供 3 个，以后可逐步增至 5 个。另外还可以提供范例板（按每个瓶盖大小顺序描出的轮廓和按笔的长度画出的线段），让学前儿童用重叠的对应方法匹配，引导学前儿童观察顺序的规律：一个比一个大，一个比一个长，逐步帮助学前儿童脱离按范例板排序。

游戏活动 44　我是小小刷鞋匠

游戏目的：发展学前儿童配对、比较大小及排序等技能。

游戏材料：拖鞋若干双。

游戏玩法：

1. 哪双最大哪双最小。要求学前儿童先找出两两成双的拖鞋，再找出最大的一双和最小的一双，并让学前儿童说说是怎么找出来的。如图 14.18 所示。

图 14.18

2. 给拖鞋排队。让学前儿童协助刷洗拖鞋，并将拖鞋一双双拿出去晾晒，要求学前儿童在晾晒时按一定顺序（从小到大或从大到小）进行排序。

3. 给拖鞋上架。请学前儿童把晾干的拖鞋两两配对收回，并按顺序挂到鞋架上或收入鞋箱内。

游戏说明：可在教师做清洁的同时自然地引导学前儿童进行。

游戏活动 45　熊宝宝一家

游戏目的：发展学前儿童对应排序的技能。

游戏材料：3 只熊宝宝玩具（可用其他动物玩具替代或利用废旧报纸撕出 3 只大小不同的玩具熊宝宝形象替代）。

游戏玩法：先让学前儿童介绍熊宝宝的一家，谁是爸爸，谁是妈妈，谁是宝宝，可问学前儿童是根据什么来确定 3 只熊宝宝的角色的。再请学前儿童为熊宝宝一家选购物品，每一件物品都要选3件，并且大小不同，如3张大小不同的椅子或凳子、3只大小不同的饭盆等。然后让学前儿童安排3只熊宝宝各坐哪一张椅子，各用哪一只饭盆。将3只熊宝宝从大到小排队，再将它们各自用的东西和3只熊宝宝一一对应摆放。

游戏说明：教师可视学前儿童的实际能力逐步增加排序物体的数量。

游戏活动46 剪子、锤头、布

游戏目的：引导学前儿童学会比较物体的长短，培养学前儿童的注意力。

游戏材料：每人3支不同长度的笔、小贴画。

游戏玩法：教师和学前儿童玩剪子、锤头、布的游戏，每当说到"剪子、锤头、布"的时候，两人同时举起自己的一支笔（每次必须拿出不同的笔，而且每支笔都必须至少出一次），然后将这两支笔比一比，谁拿的笔最长，谁就是胜利者，胜利者就得到一张小贴画，如果出的是一样长，则重新来一次。

游戏活动47 比比看看

游戏目的：培养学前儿童按物体多少、大小、长短分类的能力。

游戏材料：各种积木、玩具若干。

游戏玩法：每位教师都会为学前儿童准备很多各种各样的玩具，整理玩具的时间也是与学前儿童做数学游戏的"黄金时段"。教师应该给学前儿童准备一只玩具箱，让学前儿童在自己学着整理玩具的过程中学习数学知识。

1. 玩法比较多少：教师可拿出两种不同的东西做比较，看哪一边多。学前儿童数数能力还比较弱，可以让他一对一地做比较，有剩余的就是多的一方。

2. 玩法比较大小：把两块大小不同的积木摞在一起，让学前儿童比较哪个大哪个小。

3. 玩法比较长短：拿出两个条形玩具，如蜡笔和铅笔，问学前儿童哪个长，哪个短，比较两个东西的长短时，要提醒学前儿童应该把一头对齐。

游戏活动48 分豆豆

游戏目的：培养学前儿童按事物的大小进行分类，发展思维能力。

游戏材料：大小明显的玩具，如：大娃娃、小娃娃，大豆（如蚕豆）、小豆（如黄豆）。

游戏玩法：请学前儿童将大豆（如蚕豆）喂给大娃娃吃，将小豆（如黄豆）分给小娃娃吃。

六、空间概念教育的数学游戏

游戏活动49 买书

游戏目的：使学前儿童理解上、中、下的空间方位，学会手口一致地点数。

游戏材料：各种书若干。

游戏玩法：教师和学前儿童玩买书的游戏，学前儿童站在书柜前当卖书的，教师当买书的，教师说："我要中层的两本书"，学前儿童要在相应位置上给教师拿两本书。角色可以互换。如图 14.19 所示。

图 14.19

游戏活动 50　石头、剪子、布

游戏目的：学前儿童学会理解和判断上、中、下的空间方位。

游戏材料：纸条。

游戏玩法：教师和学前儿童通过"石头、剪子、布"来决定谁先藏纸条，赢的人将纸条藏在身上的某一位置，输的人来找，找到后说一说纸条藏在了哪里。

游戏活动 51　蚂蚁搬家

游戏目的：帮助学前儿童认识前后方位，发展学前儿童的数数能力及空间方位辨识能力。

游戏材料：泡沫拼板若干、豆子或积木若干。

游戏玩法：教师可以利用活动室中铺设的地砖、户外场地上铺设的格子或将学前儿童玩耍的泡沫拼板拼在一起，然后选择几个格子，在上面放一些豆子（也可以用各类积木替代）。学前儿童扮演小蚂蚁站在空格子上面，由教师指挥"小蚂蚁"前进。比如，教师喊："向前一步！"格子中的学前儿童就要向前走一步。依次类推，直至"小蚂蚁"最终"吃到食物"为止。

游戏活动 52　网鱼

游戏目的：加强学前儿童对里、外的认识，培养学前儿童钻的技能。

游戏玩法：学前儿童手拉手站好当渔网，一名学前儿童当小鱼，学前儿童边说儿歌边做游泳状："一网不捞鱼，二网不捞鱼，三网捞个小尾巴——鱼"当说到"鱼"时，"渔网"要将学前儿童套在"网"内。让学前儿童说说自己在哪里。

七、时间概念教育的数学游戏

游戏活动 53　早上、晚上

游戏目的：该活动立足与结合学前儿童的日常生活事件对学前儿童进行时间教育。

游戏材料：拍下反映学前儿童和家人早晨和晚上生活内容的照片数张，收集反映在早晨和晚间工作的人们及其工作情景的图片若干。

游戏玩法：

1. 早晨、晚上做什么。要丰富学前儿童对早晨、晚上家庭日常生活的经验，如可在照顾学前儿童起床、梳洗、早餐的过程中，与学前儿童交谈"早晨学前儿童要做什么"。在学前儿童有一定生活经验的基础上给他们看照片，让学前儿童说说哪些事情是早晨做的，哪些是晚上做的。为增加游戏的趣味性，教师可将照片背面朝上放在桌上，让学前儿童随意指着一张图片猜猜是晚上的活动还是早晨的活动，若猜对了可以赢走一张，若猜错了则依然反过来放在桌上继续活动。

2. 早晚工作的人们。通过看图片给学前儿童介绍早起工作的人们或在晚间为大家服务的人们。若找不到合适的材料也可利用早晚带学前儿童散步的时候，引导学前儿童观察早上谁在为大家服务（如送奶工），晚上谁还在工作（或学习）。在学前儿童有一定经验后，可与学前儿童玩打哑谜的活动——由教师扮演某种职业的人，如"送奶工"、"环卫工人"、"卖晚报的人"、"电视主持人"等的工作情景，请学前儿童说出这些人是在什么时候工作的。

3. 收看早晚的节目。选择一档早晨或晚上的固定电视节目，如早间新闻、天气预报，请学前儿童每天记着提醒家人到时候收看。

游戏说明：教师可在学前儿童起居及其他活动时有意识地引导学前儿童理解有关表示时间的词语，帮助学前儿童建立他们自己的时间概念。例如，早晨代表学前儿童吃早点的时间，晚上就代表学前儿童听童话的时间等。

游戏活动 54　我的相册

游戏目的：培养学前儿童按照时间给照片分类的能力。

游戏材料：学前儿童小时侯的照片和现在的照片若干张，教师小时侯的照片和现在的照片若干张，照片夹 1 本。

游戏玩法：

1. 欣赏照片。取出学前儿童的照片，逐一向学前儿童介绍各张照片的拍摄时间、拍摄地点及拍摄时的有趣故事。给学前儿童看几张教师早年或小时候的照片，让学前儿童猜猜是谁的照片，是什么时候的照片，帮助学前儿童理解："小时侯"、"以前"等表示时间词语的概念。如图 14.20 所示。

2. 给照片分类。和学前儿童一起商量怎样整理这些照片，建议学前儿童

图 14.20

把自己的照片和家人的照片分开放，而后再根据拍摄的前后顺序进行排序，并一一插进照片夹。

游戏说明： 照片记录的是过去发生的事情，通过看照片可以直观具体的让学前儿童意识到久远的过去。此外，让学前儿童参与整理照片，有助于帮助学前儿童理解时间的流逝，同时也能发展学前儿童分类排序的逻辑观念。

八、数量关系教育的数学游戏

游戏活动 55　分餐具

游戏目的： 培养学前儿童一一对应能力，并感知数量。

游戏材料： 碗筷、勺子、盘子等家庭用餐餐具若干。

游戏玩法： 吃饭前，让学前儿童完成为全家分发碗筷的任务。要求他为家里每人分一套餐具，并摆放整齐。分完了，可让学前儿童说一说有几个人吃饭，他发了多少碗、多少盘子、多少勺子。

游戏说明： 本活动利用日常生活琐事来引导学前儿童学习对应、计数、排列、感知数量，教师可观察学前儿童分餐具的方法，只要他给每人分得一样多，就不要对学前儿童横加干涉。

游戏活动 56　多吃少

游戏目的： 发展学前儿童一一对应比较物体数量多少的技能。

游戏材料： 小实物若干个，可以是一半蚕豆一半红枣；色子或数字陀螺 1 个（也可用六边形的卡纸自制一个色子或数字陀螺）；2 只小碗。

游戏玩法： 和学前儿童一起每人选一种实物后，由教师先掷色子，掷到几个点，就取几个实物排成一排，学前儿童也根据掷到的色子点数取实物，并要他一一对应地与教师已排好的实物对齐。比较两排实物谁的多，多的一方就把少的一方全部"吃进"，扣在小碗下面。如果两人的一样多，就各自把自己的实物收回，然后再重新开始。最后比一比谁剩下的实物多或谁赢了的实物多谁就取得胜利。

游戏说明： 如果学前儿童还没有掌握一一对应，则需让学前儿童多做有关

——对应方面的活动，以后再给学前儿童提出比较数量多少的要求。

游戏活动 57　戴指环

游戏目的：发展学前儿童一一对应比较多少的能力。

游戏材料：液化气密封圈若干（也可用手指木偶来代替）。

游戏玩法：让学前儿童取和自己小手手指一样多的密封圈，然后将密封圈套在每个手指上。让学前儿童判断每只手上是手指多还是密封圈多，问问学前儿童是怎么知道的。

游戏说明：教师可在学前儿童熟练以后建议他给其他人或物带指环，如把指环套在教师的手指上、套在家里各种各样的笔上等。提醒学前儿童看一看、说一说是指环多还是手指（或其他的物品）多。

游戏活动 58　拧瓶盖

游戏目的：通过感知和操作，学前儿童理解一一对应的关系，并区分大小。

游戏材料：大大小小的瓶子、瓶盖。

游戏玩法：教师请学前儿童将大瓶盖拧在大瓶子上，然后再将小瓶盖拧在小瓶子上。如图 14.21 所示。

图 14.21

第三节　适合于 4～5 岁儿童的数学游戏

一、感知集合的数学游戏

游戏活动 59　橘子有几瓣

游戏目的：锻炼学前儿童的计数能力，判断数量多与少的能力。

游戏材料：橘子、纸、笔若干。

游戏玩法：先让学前儿童数数一共有几个橘子，再要求学前儿童看看、摸摸并说出橘子的形状。然后问学前儿童："橘子里有几片橘瓣？是大橘子里的橘瓣多，还是小橘子里的橘瓣多？"再与学前儿童边剥橘子边数橘瓣进行验证。教师可以引导学前儿童用自己的方式将数出的结果记录在纸上，以便于最后得出结论。

图 14.22

以相同的方法多次比较一大一小的两个橘子，每次都让学前儿童记录，最后让学前儿童说说比较后的结果并得出结论：大橘子里的橘瓣不一定多，小橘子里的橘瓣不一定少。如图 14.22 所示。

游戏说明：游戏比较的次数可根据学前儿童的兴趣而定，如果学前儿童无法一下子得出结论教师不必急于求成；另外，记录的方式不仅能进一步巩固学前儿童对数的实际意义的理解，而且还能起到学习统计方法的作用。

游戏活动 60　看数字放豆子

游戏目的：培养学前儿童按数字匹配数量的能力，帮助学前儿童初步理解数字的概念。

游戏材料：3～4 个空矿泉水瓶，豆子若干，剪刀一把，纸条若干。

游戏玩法：

1. 喂娃娃。教师先用剪刀在瓶身上剪一个半圆形当嘴巴，再让学前儿童在半圆的上方画两只眼睛，在瓶口贴一些纸条当头发，制作成瓶子娃娃。然后教师在瓶子上任意贴上 10 以内的数字。教师出示瓶子娃娃，对学前儿童说："瓶子娃娃饿了，我们喂它豆子好吗？""它们每人吃的不一样，请你先找到瓶子上的数字，再按上面的数目喂它们吃豆子。"最后让学前儿童按娃娃"吃"的豆子数量的多少给瓶子娃娃排队。

2. 少几粒就补几粒。让学前儿童闭上眼睛，教师从瓶中各拿走几粒豆子，再让学前儿童睁开眼睛，检查瓶中的豆子有何变化，并想办法让瓶中的豆子和数字一样多。学前儿童熟悉活动后，教师可改变瓶子上的数字，或每次可拿走豆子，也可以添上豆子。

游戏活动 61　剥毛豆

游戏目的：帮助学前儿童获得有关数量经验。

游戏材料：毛豆一篮，分类用的小盆 3～4 个。

游戏玩法：先给学前儿童看新鲜的毛豆荚，告诉学前儿童毛豆的名称，再教学前儿童剥毛豆。再剥的过程中，让学前儿童观察所剥的豆荚中最多的有几粒豆，最少的有几粒豆。还可以让学前儿童把豆粒一样多的豆荚放在一起，看看有几粒豆的豆荚最多。

游戏说明：如学前儿童要得出"豆荚有2粒豆子的最多"结论，学前儿童需要通过自己的操作给毛豆按所含豆粒数量分类，在直观比较中获得结果。

游戏活动62　找出一样长的筷子

游戏目的：学习二元分类。

游戏材料：有3种长度的筷子一把，糖块若干，白纸一张（纸的长度需比最短的筷子长出一部分），彩笔一盒。

游戏玩法：

1. 挑筷子。在3种不同规格的筷子中各取一根当范例，剩下的筷子用于"挑筷子"活动。规则是：参加者先握住一把筷子竖直在桌上，再把手松开，让筷子交错撒在桌上，然后将筷子一根一根挑出来。挑某一根筷子时，其他的筷子不能移动。若有其他筷子移动了，则换另一人来玩。当所有的筷子被挑完了，各人用赢得的每一根筷子去和事先留出的3根筷子一一比较，和短的一根等长得一块糖，和中等的一根等长得2块糖，和长的一根等长得3块糖，相互比较谁赢得糖多谁就胜出。

2. 都是一样长。让学前儿童把一样长的筷子放在一起，并让他设法证明这些筷子是等长的。

3. 在最短的筷子中挑出一双，让学前儿童在纸上按照图14.23摆出不同的式样，并一一描出与其等长的线段，然后问学前儿童每一组的2条线段是否一样长。不论学前儿童怎么回答都请他说说理由并证实，最后在学前儿童认为一样长的线⑤上添加目视幻觉符号，如图14.23中线⑥，让学前儿童再次判断2条线段的长短并要求他证实。

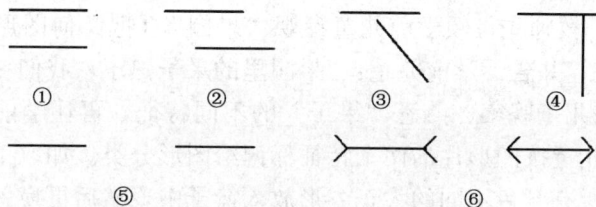

图14.23

游戏说明：该活动3种玩法分别包含了比长短分类，长度守恒等不同层次的学习内容。教师可一步一步带领学前儿童学习。在进行第3种玩法时教师不必为学前儿童的错误回答而担心，甚至责备他，有意义的指导在于多给学前儿童练习，让他懂得不能轻易相信视觉，而应通过认真证实再做判断。

游戏活动63　谁的纸杯摞的高

游戏目的：丰富学前儿童摞高的操作经验，引发学前儿童运用各种方法比较物体高低的兴趣，培养学前儿童耐心、细心、专心的学习习惯。

游戏材料：一次性纸杯，饮料罐若干。

游戏玩法：教师引导学前儿童比较谁摞的纸杯最高，要求学前儿童用不同的方法比较，如除了惯用的目测方法以外，还可以运用纸杯的多少和用尺子量的方法判断。还可以让学前儿童选择饮料罐进行比赛，并通过测量比较谁摞的高。如图 14.24 所示。

图 14.24

游戏活动 64 收果子

游戏目的： 丰富学前儿童二元分类的经验。

游戏材料： 颜色、大小不同的几何图形若干（当果子），小篮子一只，标记自定（如红三角形、大正方形、小圆形等）。

游戏玩法： 教师先带领学前儿童参观"果园"（把几何图形片散放在桌上或贴在墙上），并告诉学前儿童："果园里的果子熟了，我们一起去收果子吧！"引导学前儿童观察、熟悉"果子"的不同特征，再让学前儿童挎上篮子，要求学前儿童按图形片的两个特征标记给图形分类。如取 1 张大的正方形标记，就将所有颜色不同的大正方形放入篮子中，然后更换另 1 张标记接着收"果子"。学前儿童按标记的指示将有相应特征的果子采集放入篮子中，最后请学前儿童说一说采的是什么样的果子，教师倾听学前儿童讲述并及时给予鼓励。

游戏说明： 教师自制的标记可以是两维特征标记，如大正方形，红三角形；也可以是三维特征标记，如大红正方形，小红三角形等，意在引导学前儿童按物体的 2 种甚至 3 种特征进行分类，培养学前儿童分析综合能力。

游戏活动 65 分餐具

游戏目的： 培养学前儿童按重叠法或并置法分类的能力。

游戏材料： 盘子 3 个，茶杯 3 个，筷子 3 双。

220

游戏玩法：教师设置吃饭的情景，让学前儿童给爸爸、妈妈和学前儿童分餐具，每人 1 个盘子、1 个茶杯、1 副筷子，可以放在一起，也可以排成一列。教师示范如图 14.25 所示。

图 14.25

二、基数教育要求

游戏活动 66　我来数一数

游戏目的：培养学前儿童口手一致的点数能力。

游戏材料：日常生活中学前儿童熟悉的衣服、碗等各种用品、食品及各种自然物体。

游戏玩法：

1. 穿衣数数。早上穿衣服时，可让学前儿童数数穿了几件衣服，几条裤子，衣服上有几粒纽扣，衣服和裤子上一共有几条拉链等。

2. 进餐数数。进餐时，可让学前儿童数数今天有几样菜，有几碗饭等；吃零食时，可以按规定吃几块月饼，吃几个果冻等，让学前儿童按数目要求先数数再吃。

3. 游玩数数。外出游玩时，可与学前儿童一起数数小花有几片花瓣，各人抓一把树叶数数手里有几片落叶等。

游戏说明：教师可以利用生活中的各个时机引导学前儿童学习手口一致地点数。当发现学前儿童不能正确地手口一致点数时，可指导学前儿童放慢速度，看一个点数一个，逐步掌握口报数字与点数动作的一一对应。

游戏活动 67　猜猜我想的是什么东西

游戏目的：训练学前儿童的观察、计数能力，锻炼学前儿童分析问题的能力。

游戏材料：在活动室中任意摆放一些数量分别为 1～10 的物体，如玩具、书、椅子、鞋子、笔、衣服等。

游戏玩法：教师可事先请学前儿童一起布置活动场所，游戏开始，教师任意选中目标，并将这一目标的数量告诉学前儿童，如："我心里想好了一样东西，它有 5 个，请你猜猜它是什么？"学前儿童就要把具有 5 个数量的东西找出来或指出来。游戏中途，教师可以随意增添某个物品的数量，让学前儿童一直保持游戏的兴趣。

在学前儿童熟悉活动玩法后，教师还可以提供若干个相同数量的物品让学前儿童猜测，如："我心里想好了一样东西，它是圆圆的，吃起来甜甜的，一共有 5 个，请你猜猜它是什么？"

游戏活动 68　比哪一盒积木多

游戏目的：练习一对一的排队法，学会使用一对一排队的方法比较物体的多少。

游戏材料：两盒不同类型的积木，如：建筑的多形积木和拼图的方形积木等。

游戏玩法：

1. 请学前儿童比较一下哪盒中的积木多？

2. 引导学前儿童把积木一对一的排好，看哪一盒先排完，那盒没排完的积木就多。

3. 在这个游戏中还可以引导学前儿童点数。

游戏活动 69　数小棍儿

游戏目的：锻炼学前儿童的计数能力，培养学前儿童的竞争意识。

游戏材料：小棍儿。

游戏玩法：教师和学前儿童一起每人拿一把小棍儿，同时一起松手，小棍儿撒在桌子上，再拿一根小棍儿去一根一根地挑其他小棍儿，挑的时候其他小棍儿不能动，否则重新来玩。谁先挑够 10 根谁胜利。

游戏活动 70　送糖块回家

游戏目的：教学前儿童使用筷子，学会简单的点数，发展学前儿童手部精细动作。

游戏材料：一双筷子、一只糖罐、糖块若干。

游戏玩法：教师先教学前儿童用筷子的方法，然后把准备好的糖块散放在餐桌上，对学前儿童说："小糖块出来玩，找不到家了，我们一起把糖块送回家吧。"边用筷子夹糖块，边数数。

游戏延伸：学前儿童在有一定基础后再练习夹小的豆子。

游戏活动 71　翻牌

游戏目的：学会比较 10 以内数的大小，通过游戏培养学前儿童对数学活动的兴趣。

游戏材料：扑克牌。

游戏玩法：学前儿童和教师准备数字为 1～10 的牌，将牌扣放。两人同时翻一张牌，如：翻开的是数字 3，学前儿童和教师同时要找到比 3 大 1 和少 1 的两张牌，谁先找到两张牌谁为胜，若两人各找到一张就是平局。如图 14.26 所示。

图 14.26

游戏活动 72　数字谣，唱一唱

游戏目的：认读 1~10，学习数字 1~10 的认读歌。

游戏玩法：教师可以将 1~10 用自己熟悉的曲调唱给学前儿童听，并唱一些有内容的数字儿歌，并且边唱边拍手，这样既能吸引学前儿童的注意力，又能培养学前儿童的节奏感。

这里推荐一首好听易学的数字歌谣，如图 14.27 所示。

数字认读歌：1 像小棍，2 像鸭，3 像耳朵两边挂，4 像小旗高高举，5 像秤钩弯向下，6 像口哨吹一吹，7 像镰刀手中拿，8 像麻花扭个花（劲），9 像小勺把向下，10 像香肠和鹅蛋，娃娃见了笑哈哈。

图 14.27

唱的时候教师可以利用一些图片、实物、手势或动作，让学前儿童感受到歌谣对应的内容。在唱数字的时候，语速尽量缓慢，吐字要清晰。

三、序数教育要求

游戏活动 73　排纽扣

游戏目的：帮助学前儿童理解基数与序数的关系。

游戏材料：选 4 种不同形状的纽扣，每种纽扣多出的数量分别为 3，4，5，6（纽扣的数量视学前儿童的计数能力而定）。

游戏玩法：让学前儿童先按形状给纽扣分类，再要求学前儿童把数量最多（或最少）的纽扣拿出来，然后按照每一类纽扣的数量从少到多进行排列。

游戏说明：教师在指导中将各种纽扣放在一个盒子里，让学前儿童首先把相同的纽扣取出进行点数，然后再按数量的多少进行排序。排序时，学前儿童有可能会因为没有数量为"1"的纽扣而不知第一排放数量几的纽扣，这时，教师可告诉学前儿童"第一排就放数量最少的那种纽扣"，使学前儿童明白排在第一排的不一定是数量"1"。

游戏活动 74　扑克分类接龙

游戏目的：巩固学前儿童分类、排序、匹配对应等逻辑观念，帮助学前儿童理解序数。

游戏材料：扑克牌一副。

游戏玩法：

1. 扑克牌分类。先让学前儿童找出扑克牌中有 4 种不同的花色，将花色相同的放在一起，并让学前儿童给每种花色起名称，如方片，红心，草花，黑桃。然后建议学前儿童点数每种花色有多少张牌。最后与学前儿童一起讨论还可按什么标准给扑克牌分类，如可以按一样多的点分，还可以按有数字的和没数字的分，分好后再按数目的大小顺序排列。

2. 扑克牌接龙。洗牌后将扑克牌平均分成若干份，教师和学前儿童每人 1 份。有黑桃 A 的一方先出一张牌，另一方可出同花色按顺序少一个点或按顺序多 1 个点的牌（如一方出了红心 3，另一方可接红心 2 或红心 4，有顺序的可一起出）。如果对方遇上缺少同花色的有按顺序递减或递增的牌，则另起头，出另一种花色的牌。最后看谁先出完手中的牌谁就赢了。

游戏说明：教师在带学前儿童活动中，可与学前儿童一起商量活动的规则。活动中也可故意犯错，考验学前儿童是否能够及时纠错。

游戏活动 75　给数卡排队

游戏目的：熟悉 7 以内数的顺序、数量对应。

游戏材料：分别画 1～7 圆点的纸团 7 个、1～7 的扑克牌。

游戏玩法：学前儿童和教师轮流从纸团中拿起一个打开看，圆点是几个就拿出几的扑克牌摆在桌子上，一边玩儿一边把牌按 1～7 的顺序排列。最后，谁先把 7 以内的数按顺序排完，谁就是胜利者。如图 14.28 所示。

图 14.28

游戏活动 76　比大小

游戏目的：理解 10 以内数的意义，学习比较 10 以内数字的大小。

游戏材料：1～10 的扑克牌。

游戏玩法：学前儿童和教师每人拿一套 1～10 的牌，并将 1～10 的扑克牌倒扣在桌子上，两人同时出牌，谁的牌大，就把小的"吃"掉，两张牌都归自己所有。继续出牌，最终以谁得到的牌多为胜。

游戏活动 77　顺序列车

游戏目的：让学前儿童理解数字的顺序与大小。

游戏材料：自制有数字（1～10）也有点数对应的牌卡数组，或采用动物扑克牌。

游戏玩法：

1. 先告诉学前儿童要玩接牌游戏，接成一辆长长的火车，然后以"1"牌为始，大家轮流出牌，按数字顺序连续下去（1，2，3，4，…），无牌可接的人先跳过，最先用完牌者为赢家。也可倒数接龙，即由 10 往 1 倒接（10，9，8，7，…）。

2. 此游戏可改为双向顺序接龙，即由"5"牌开始，学前儿童有 2 个选择：可接递增之数（6，7，8，9，10），也可接递减之数（4，3，2，1）。

变化玩法：

1. 游戏牌卡可加以变化成双数字或双点数牌卡（即一牌卡由中间划分为左右两边，两边都分别有数字或点数），教师拿出一牌卡，例如左边是 2，右边是 6，学前儿童可往左右两边接续。接的方式也可变化，除了可接多一个（此例左边应接 3，右边应接 7），也可接少一个（此例左边应接 1，右边应接 5），或接多 2 个、少 2 个，按学前儿童能力而定。

2. 如果学前儿童对这些玩法都非常熟悉之后，可让学前儿童玩扑克牌的接龙游戏，不仅数字需有连续性且花色也要相同，如怕学前儿童不懂 J、Q、K 代表的意义，拿掉这几张牌也无妨。

四、量的概念的教育要求

游戏活动 78 哪些衣服的纽扣一样多

游戏目的： 培养学前儿童按照物体的厚薄分类的能力，理解一一对应的关系。

游戏材料： 学前儿童家中成员的上衣若干件。

游戏玩法：

1. 整理衣橱。在整理衣橱时，要求学前儿童把上衣挑出来，分别说出是谁的衣服，并按照厚衣服或薄衣服进行分类。同时，要求学前儿童说出厚衣服是什么时候穿的，薄衣服是什么时候穿的。

2. 检查纽扣。要求学前儿童检查每件衣服上的纽扣是否有脱落，与学前儿童讨论怎样才能检查出纽扣是否脱落（可提示学前儿童用纽扣对纽洞的一一对应方法来进行检查）。再让学前儿童数一数每件衣服上的纽扣数目，纽扣一样多的衣服放在一起。最后要求学前儿童说一说，放在一起的衣服各有几颗纽扣。

游戏说明： 该活动包含了分类、厚薄比较、一一对应及概括数量大小等学习要求，教师可在换季整理衣橱时，随机引导学前儿童进行学习。

游戏活动 79 给图形涂色

游戏目的： 帮助学前儿童巩固对几何图形的认识，并可按图形类别、图形颜色等进行分类，培养学前儿童观察、分析和动手能力。

游戏材料： 准备 4～5 张几何图形组成的图案卡片及着色范例，彩色笔一盒。

游戏玩法：

1. 给喜欢的图形涂色。学前儿童自选一张图案，请他分辨图案是由哪几种几何图形组成的，然后再挑出一种喜欢的图形涂上颜色。

2. 按图示给图形涂色。让学前儿童选择一张图案卡片，按照图示给图案上的几何图形涂色，要求学前儿童仔细对照，不能漏涂。

3. 比较多少。学前儿童按上述两种方法各涂完一张图案后，请他数一数每张图上各涂了几个图形；比一比哪张图案上涂的几何图形数量多；如果按颜色分，比一比哪种颜色的图形多，哪种颜色的图形少，还可以怎样来分类。

游戏活动 80 小帮手

游戏目的： 帮助学前儿童加深对玩具分类标准的理解，强化类概念。

游戏材料：学前儿童的图书、磁带、积木插塑、娃娃、小动物、枪、车等玩具若干，塑料筐 5 只。

游戏玩法：先让学前儿童按图书磁带（视听玩具），积木插塑（结构玩具），娃娃和小动物（角色玩具），枪、车等（电动玩具）四类将玩具进行分类。再打乱玩具，与学前儿童讨论各种玩具之间的相似功能，如问："配合着看与听的是哪些玩具？"让学前儿童把图书磁带找出来放到塑料筐里，再问："可以用来造房子的是哪些玩具？"让学前儿童把积木插塑找出来放到另一只塑料筐里……然后让学前儿童在已经归类的塑料筐中再好好找找，看看有没有"跑错家"的玩具，把它们挑出来放到相应的筐中去。最后与学前儿童讨论剩下的玩具归属问题，如"小画板、画笔放到哪一个筐中？"根据学前儿童的意见或另放一个筐，或与功能最接近的图书放在一起。无论怎么放都让学前儿童说一说归并的理由。

游戏说明：该活动引导学前儿童运用排除方法来检查归类的玩具，有助于学前儿童加深对玩具分类标准的理解，强化类概念。运用排除的方法，教师还可以请学前儿童协助做类似的捡豆子（挑小石子）、摘菜（捡去杂草）等劳动。

游戏活动 81　剪纸乐

游戏目的：发展学前儿童按序排列物体的能力，感受物体的序列。

游戏材料：绘有不同图形分割线的大小相同的彩色图纸 3 张，剪刀一把。

游戏玩法：给学前儿童上述彩纸，让学前儿童按彩纸上的线条剪成纸条。剪完后，请学前儿童按长短顺序或宽窄顺序分别给纸条排序。

游戏说明：同样大小的纸按不同的线条剪会出现不同的效果，这一定会带给学前儿童惊喜，他们也更乐于或自发地给纸条比长短或比宽窄。教师在指导时，要提示学前儿童严格的沿画出的线段剪，否则就不便于完成排序的目的了。如果学前儿童感到排序有困难，教师可先进行排序示范后学前儿童再进行排序。

游戏活动 82　有趣的吸管

游戏目的：培养学前儿童比较长短能力及获得排序的操作经验。

游戏材料：长短不同的吸管若干。

游戏玩法：教师将吸管握在手中，一端藏在手心，另一端露在外面，有意将短的露出较长部分，长吸管露出的部分较短，请学前儿童从中抽出自己认为最长的或最短的 1 根。当学前儿童抽出后，让他用抽出的那 1 根与剩下的几根比较，如发现所抽出的并不是吸管中最长或最短的那 1 根，则把它放在一边，在剩下的吸管中重新抽，直到抽出是最长或最短的 1 根时，把所有的吸管给学前儿童，请学前儿童将吸管按从长到短或从短到长的顺序排列。

游戏说明：这个活动为学前儿童提供了比较长短及排序的操作经验，即在比较长短时一定要将一端对齐了比较。教师可根据学前儿童的计数能力选择吸管的数量。学前儿童在决定抽取时，请他们说一说是怎么判断的，这样学前儿童在将抽出的吸管与其他的吸管比较时就会发现自己原先判断的失误之处。

游戏活动 83　谁的厚（比较厚薄）

游戏目的：培养学前儿童按照厚薄分类的能力。

游戏材料：准备几本薄厚不同的书。

游戏玩法：让学前儿童拿一本小画书，教师拿一本更厚一点的书，同学前儿童比较，说："我的书比你的书厚。""你的书比我的书薄。"然后鼓励学前儿童寻找一本更厚的书，学前儿童就可以说上边的话，其后教师再找一本更厚的，依此类推。熟悉后可以倒过来玩："我的书比你的薄。""你的书比我的厚。"

游戏提示：这种游戏也可以用于比较被子、衣服等其他物品。

游戏活动 84　排排看

游戏目的：培养学前儿童正逆排序的能力。

游戏材料：5 个大小不同的玩具娃娃和 5 个大小不同玩具牛的模型。

游戏玩法：教师先用其他物体做示范，如图 14.29 所示；然后让学前儿童排序。

由高到矮

由矮到高

由大到小

图 14.29

五、几何形体教育的游戏

游戏活动 85　穿珠子

游戏目的：培养学前儿童不受颜色、形状影响认识圆形的能力。

游戏材料：珠子一盒（红绿两色都是圆形，大小不同，形状相同），绳子一根。

游戏玩法：教师给学前儿童一盒珠子，让学前儿童说说这些珠子有什么不同（有的大，有的小，或有红色，有绿色）。再让学前儿童按照一定规律，如一颗红、一颗绿把珠子穿成一串，或请学前儿童自己定规律穿珠。

游戏说明： 该活动不但可以发展学前儿童对物体空间关系（即相邻、分离、包围、次序）的理解，而且对学前儿童手部小肌肉的发展也有好处。另外，珠子大小要适合学前儿童拿取和穿绳，不能太大，也不能太小，绳子也应有一定硬度，以便学前儿童穿珠。穿珠的规律可根据学前儿童的水平和年龄有所改变，如可增加难度，让学前儿童按一颗红、两颗绿的规律穿。

游戏活动 86　认识长方形

游戏目的： 引导学前儿童在与正方形的比较中认识长方形的特征。

游戏材料： 正方形、长方形纸各一张，以长方形为主的组合图，白纸，笔。

游戏玩法： 先和学前儿童一起欣赏图形组合图，启发学前儿童说说它们像什么，引导学前儿童观察组成这些物品的图形，告诉学前儿童这叫长方形，再让学前儿童比较正方形和长方形，数数正方形和长方形各有几条边几个角，在边上和角上写上 1~4 的数字，这时引导学前儿童寻找共同点：它们都有 4 条边 4 个角。接着让学前儿童思考正方形和长方形有什么不同。如果学前儿童已观察到边的长短，则因势利导提问：正方形的 4 条边长短怎样，长方形的 4 条边怎样，用什么方法可以比较。当学前儿童想出用手指测量、用工具测量、把图形折叠等方法时鼓励学前儿童尝试。然后和学前儿童小结比较结果，认识正方形 4 条边一样长，长方形的对边一样长。最后要求学前儿童在活动室中找一找什么地方有长方形，当学前儿童说盒子是长方形，冰箱是长方形时，教师不必纠正说它们是长方体，可以指着物体的一个面强调"纸盒的这一面是长方形""冰箱的这几个面是长方形"。

游戏活动 87　认识梯形

游戏目的： 该活动让学前儿童在与长方形的比较、制作过程中认识梯形，并能不受图形大小、旋转方向的改变识别梯形。

游戏材料： 不同长方形、梯形剪纸各 2 个，长短不同的纸条若干，画有各种图形的纸，蜡笔。

游戏玩法： 先出示梯形给学前儿童看，再让学前儿童拿长方形与它们比较，找出二者的不同之处，然后提示学前儿童尝试把 2 个长方形折成 2 个梯形。最后出示画有各种图形的纸，让学前儿童给纸上的梯形涂上漂亮的颜色。大部分学前儿童找不出旋转了方向的梯形时，教师可指出来，通过转动纸的各种方向让学前儿童辨别。另外，教师还可以通过提供各种长短不同的纸条、火柴棒等材料让学前儿童制作各种梯形。如图 14.30 所示。

游戏活动 88　认识椭圆形

游戏目的： 帮助学前儿童感知椭圆形，区别圆形、椭圆形的不同。

游戏材料： 椭圆形的气球和圆形的气球各一个（事先不要吹气），图形组

图 14.30

合图，用封箱条或皮线围成的大小一样的圆环 2 个，圆形和椭圆形的纸片，各种不同大小的椭圆形纸若干，胶水，白纸。

游戏玩法：

1. 欣赏图形组合图。教师和学前儿童一起欣赏图形组合图，并让学前儿童说说它们像什么，再让学前儿童了解它们是由椭圆形组成的，最后让学前儿童数数它们分别由多少个椭圆形组合。

2. 两个气球一样吗？出示两个气球，先请学前儿童猜猜它们吹气后像什么形状。再和学前儿童一起验证猜测，教师吹气球或让学前儿童利用工具给气球充气，看看猜测是否正确。

3. 圆环变一变。给学前儿童两个大小相同的圆环，让学前儿童想办法将其中的一个变成椭圆，教师可以提示：长长的或扁扁的圆叫椭圆。

4. 比较圆形和椭圆形。出示 2 种图形，请学前儿童用手摸摸它们的边缘，引导学前儿童发现二者的相同点：圆形和椭圆形都没有角。再引导学前儿童观察图形中的线条，比较出实线和虚线一样长的是圆形，实线和虚线不一样长的是椭圆形。

5. 找找椭圆形。请学前儿童想一想或找一找哪些东西像椭圆形，如鸡蛋、葡萄，又如椭圆形的肥皂、纽扣、盘子、月饼盒等。

六、空间概念的教育要求

游戏活动 89   捉迷藏

游戏目的：以自我为中心辨别方位上下、前后、左右。

游戏材料：玩具。

游戏玩法：学前儿童闭上眼睛，教师分别将各种玩具放在学前儿童的头上、左边、右边、后边等，教师用语言进行提示，如："请你摸摸你头顶上面的是哪个玩具"。学前儿童摸一摸，并说出玩具的名称。

游戏活动 90　小动物爱游戏

游戏目的：在活动中感知理解物体运动方向的方位概念，训练学前儿童灵敏地反应能力。

游戏材料：胖胖猪、嘟嘟牛、贝贝羊、宝宝兔头饰若干。

游戏玩法：学前儿童分别戴好头饰站在一条线上，教师发出指令，如宝宝兔向前跳，贝贝羊向后跑，胖胖猪向左跑，嘟嘟牛向右跑，引导学前儿童按指定方向运动。学前儿童可交换头饰游戏。如图 14.31 所示。

图 14.31

七、时间概念的教育要求

游戏活动 91　昨天、今天和明天

游戏目的：帮助学前儿童理解"昨天""今天""明天"的含义，知道三者之间的相互关系。

游戏材料：天气情况记录表一张，白卡纸片若干，彩笔一盒。

游戏玩法：

1. 收看天气预报。与学前儿童每天一起收看中央一套天气预报节目，提醒学前儿童注意电视台的播报员是怎样播报天气的，并问学前儿童："播报员用哪些词语表示时间？""昨天、今天、明天是怎么排列的？哪一天在前，哪一天在后？""天气预报中出现的各种图标，表示什么样的天气？"然后出示天气情况记录表，介绍当天的天气应记录的位置，让学前儿童思考，昨天的天气和明天的天气应记录在哪一格，建议学前儿童做一张连续几天的天气情况的记录。

2. 画天气图标。让学前儿童自己绘制一些天气图标，如果学前儿童感到困难，可以让他参照书上的图标模仿，每种图标画 4 张。并引导学前儿童每天根据天气预报，在记录表适当的位置贴上相应的图标。

游戏说明： 该活动的指导重点是在引导学前儿童做天气情况记录的同时，帮助学前儿童理解"昨天""今天""明天"的含义，知道三者之间的相互关系。因此教师在教学前儿童贴天气图标时，要引导学前儿童理解记录表上时间排列的顺序及两两之间的对应关系，使学前儿童明白昨天是刚刚过去的一天，而今天过去了就是明天。

游戏活动 92 单脚站立比赛

游戏目的： 通过单摆计数，帮助学前儿童体验时间的长短。

游戏材料： 长绳一根，钥匙一串，自制奖牌若干。

游戏玩法： 先指导学前儿童做一只单摆：找一根一米长的绳子在一头拴上一重物（钥匙），做成一只单摆，让学前儿童玩一玩单摆并告诉学前儿童用单摆可以计算活动所需时间。然后让学前儿童悬起一脚做单脚站立的练习，教师用单摆帮助学前儿童计算时间，如学前儿童单脚站立时单摆摆动了 5 次。最后全体学前儿童参加单脚站立比赛，用单摆摆动次数计算每人坚持单脚站立的时间，摆动次数多者为胜。

游戏说明： 教师可以引导学前儿童利用单摆做更多的计时活动。在用单摆计数时，要提示学前儿童集中注意力，按单摆的摆动次数一一计数。

游戏活动 93 找找看：昨天、今天、明天在哪里？

游戏目的： 帮助学前儿童理解"昨天""今天""明天"的含义及相互关系。

游戏材料： 日历一本。

游戏玩法： 教师指导学前儿童如何看日历，并做出示范，告诉学前儿童今天是几月几号，星期几，激励所有学前儿童从日历中找到昨天、今天、明天。如图 14.32 所示。

日历上找一找：今天、昨天、明天在哪里？
说一说：今天星期几，昨天星期几，明天星期几？

图 14.32

八、理解数量关系的教学游戏

游戏活动 94　给图形穿衣服

游戏目的：帮助学前儿童探索图形各部分之间的关系及各图形之间的关系。

游戏材料：白纸、色纸若干张，剪刀一把。

游戏玩法：教师先在白纸上画上学前儿童认识的几何图形做底版，同样在色纸上画相同大小的几何图形。再将色纸上的几何图形折成几个其他图形，如把正方形对角折成 4 个三角形，对边折成 4 个小正方形或 4 个小长方形；把圆形对折成 4 个扇形；把等腰直角三角形折成几个三角形等，并剪下备用。然后要求学前儿童给白纸上的图形穿上漂亮的新衣，即选剪下的有颜色的几何图形盖在白色底版的图形上。当学前儿童完成一种拼法后，鼓励学前儿童想想用原有的图形还有没有其他拼法。

游戏说明：教师还可以在底版上画一些动物的拼贴外形图，让学前儿童用几何图形给小动物穿新衣。

游戏活动 95　我是小裁缝

游戏目的：帮助学前儿童了解不同几何图形间的关系，学习有规律的创造图形。

游戏材料：各种颜色的彩色纸，剪成边长 3 厘米的正方形，边长 3 厘米的正三角形，1.5 厘米×3 厘米的长方形若干，边长为 18 厘米的正方形白纸，上面画有边长为 3 厘米的正方形格子。

游戏玩法：先告诉学前儿童我们可以用正方形、长方形、三角形等图形制作成漂亮的桌布。给学前儿童一些彩纸，说明白纸上的正方形格子可以帮助我们把图形排的整齐些．然后让学前儿童尝试将不同形状和颜色的图形贴到白纸上的正方形格子中，并引导学前儿童探索不同几何图形之间的关系，如 2 个长方形贴在一起正好填满一个正方形，2 个正三角形也可以放在一个正方形中。

游戏说明：在活动中，学前儿童有可能只是关注把图形贴在正方形中，不会考虑按颜色、形状有规律的排列，组合成美丽图案。当学前儿童在贴第 2 块、第 3 块桌布时，教师可以引导学前儿童先进行设计，按设计好的式样创造出有规律的图案。还可以把学前儿童的作品放在桌上或墙上展示，大家共同欣赏。

游戏活动 96　小司机

游戏目的：培养学前儿童运用重叠对应的方法，比较车厢与每次乘坐的小动物谁多谁少。

游戏材料：小三轮车一辆，纸盒、书报夹若干，动物玩具（或其他类似的玩具）若干。

游戏玩法：用书报夹把纸盒两两夹住排成一列小火车，再用长绳拴在小三轮车后面。让学前儿童当火车小司机，拖着"车厢"转上几圈。假定小动物们要来乘车，让学前儿童为每只小动物安排一节车厢，看看是乘客多还是车厢多，载上乘客转上几圈。火车到站时，乘客换了一批，火车继续开动。

游戏说明：教师每次调整等车小动物的数量，引导学前儿童感受车厢多，乘客多，一样多等各种情况。教师还可以根据学前儿童的能力，启发学前儿童思考：要想使车厢和乘客一样多，可以怎样做（增加或拿掉纸盒或玩具）。

游戏活动 97　谁和谁在一起

游戏目的：帮助学前儿童体验物体一一对应的关系。

游戏材料：螺丝和螺帽，笔套和笔，锁和钥匙等家庭各种日常用品若干，大纸箱一个。

游戏玩法：将各种螺丝螺帽、笔套和笔分开放在一个大纸箱里，让学前儿童给每个螺丝找一个合适的螺帽，给每支笔配一个笔套。提供几把锁和钥匙，让学前儿童试试哪把钥匙可以打开哪把锁。还可以利用其他日常生活用品，引导学前儿童把相关的物体一一配对，例如：碗和调羹，梳子和镜子，牙刷和牙杯等。

游戏说明：教师在指导学前儿童做配对时，可启发学前儿童想想每样东西有什么用，哪两件东西是要做同一件事情时用的，以此帮助学前儿童理解物体的相关性。

游戏活动 98　放好玩具

游戏目的：帮助学前儿童形成对应概念及分类能力。

游戏材料：学前儿童的各种玩具，装玩具的整理箱。

游戏玩法：在学前儿童的玩具整理箱上从下到上贴上玩具图标（可用简笔画替代），让学前儿童每次玩过后按照图标的上下顺序收放玩具（有盒子的玩具先装进盒子再放进整理箱）。

游戏说明：该活动可以培养学前儿童收拾整理物品的习惯，体验对应（玩具与盒子的对应，玩具和图标的对应）和学习归类与分类。刚开始，教师与学前儿童一起收拾，渐渐地可让学前儿童独立收拾，只用语言进行必要的提示。等学前儿童熟悉以后，可以让学前儿童同时收拾几种玩具，如给学前儿童几个纸箱，让学前儿童自己决定将玩具分类，教师只需帮助学前儿童确定好分类的标准。

九、加减的教学游戏

游戏活动 99　加加减减

游戏目的：帮助学前儿童学会"$3+1=4$"、"$4-1=3$"。

游戏材料：不同的物体或玩具各 4 个。

游戏玩法：教师引导学前儿童观看实物、玩具或图片，知道 3 个物体（玩具）再加 1 个是 4 个，4 个物体（玩具）再减 1 个是 3 个。如图 14.33 所示。

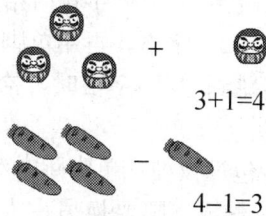

3+1=4

4−1=3

图 14.33

游戏活动 100 加加减减

游戏目的：帮助学前儿童学会"4＋1＝5"、"5－1＝4"。

游戏材料：不同的物体或玩具各 5 个。

游戏玩法：教师引导学前儿童观看实物、玩具或图片，知道 4 个物体（玩具）再加 1 个是 5 个，5 个物体（玩具）再减 1 个是 4 个。如图 14.34 所示。

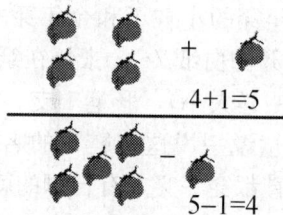

4+1=5

5−1=4

图 14.34

第四节 适合于 5～6 岁儿童的数学游戏

一、认识基数的数学游戏

游戏活动 101 跳绳比赛

游戏目的：帮助学前儿童练习 100 以内的计数。

游戏材料：跳绳 1 根。

游戏玩法：先通过划拳决定谁先开始跳，而后轮流跳绳计数。如果中断了，第 2 次轮到跳时，可按这个数往下跳，看谁先跳到 100 谁就赢了。

游戏说明：该活动可为学前儿童练习 100 以内的计数提供机会，教师在学前儿童计数时，要注意他在进位计数时是否正确，如果学前儿童出错或不知道该怎么往下数，可引导学前儿童发现进位的规律。

游戏活动 102 跳房子

游戏目的：帮助学前儿童学会辨数，感知数的顺序。

游戏材料：沙包一只，用粉笔在地上画一个城堡。

游戏玩法：从跳写有"1"的格子开始：站在起点线上，把沙包先投进写有"1"字格，然后双脚跳进"1"字格，再用单脚从"1"开始按逆时针方向跳一圈，每一格跳一下，当又跳回到"1"字格时拾起沙包，走回到起点线上。如果其中没有犯规，就可以跳"2"字格，再用单脚从"2"开始按逆时针方向跳一圈，每格跳一下，当又转跳到"2"字格时，拾起沙包走回起点……就这样一直跳到写有"9"的格子。

如有以下情况算犯规：沙包没投准；单脚跳时双脚落地了；没按一格跳一下；没按逆时针方向跳。如果犯规，则要换另一人来跳。到第2次又轮到跳时，可以接着刚才没跳完的那个数跳。

游戏说明：活动中，学前儿童可获得对数字的辨认、数的顺序等经验。教师在活动中要有意识地渗透数的教育，例如，跳完"4"字格后问学前儿童："下面可以跳几的数字了？"或"下面是不是可以跳'6'字格了？""我该跳'5'字格了，帮我找一找哪一格写的是'5'？"等，让学前儿童作出判断。

游戏活动103　我穿多大的鞋

游戏目的：学会认读20以内的数。

游戏材料：学前儿童去年穿的小鞋子和今年穿的合脚的鞋子，如软底鞋、皮鞋、旅游鞋、胶鞋等；16开的白纸7~8张，在纸上用铅笔画满2厘米见方的格子（每张纸上的格子要一样大小），彩笔1支。

游戏玩法：先让学前儿童说一说这些鞋子的名称，估计哪双鞋子还可以穿。再建议学前儿童将每双鞋都穿一穿，有合脚的就挑出来，并让学前儿童查看能穿的鞋子是多少码数。然后，让学前儿童在方格纸上描出合脚鞋子和不合脚鞋子的鞋底样，数一数每只鞋的底样各占了几个完整的格子并记下数字。

游戏说明：在这个活动中，学前儿童可以学习认读20以内的数，并通过描摹脚印统计格数对鞋的大小形成一定概念。教师在指导学前儿童认读两位数时，可提醒学前儿童注意两位数的书写规则。活动还可进一步延伸，如让学前儿童设法证明哪双鞋小，哪双鞋大等。

游戏活动104　小老鼠爬楼梯

游戏目的：学习顺数和倒数1↔10。

游戏材料：一张带有10阶楼梯的图形。

游戏玩法：教师创设一个意境："有一个小老鼠，正在上楼梯1，2，3，…，10；现在要下楼梯10，9，8，…，1。"让学前儿童一边模仿小老鼠爬（下）楼梯，一边数数，正数、倒数1↔10。

游戏活动105　分花生

游戏目的：练习10以内数的分解。

游戏材料：盘子、花生。

游戏玩法：教师给学前儿童8颗花生，请学前儿童将这8颗花生分放在两个盘子里，分别送给别的学前儿童吃，请学前儿童说一说各吃了多少颗花生。

二、分类教育的数学游戏

游戏活动 106　捆小棒

游戏目的：学会按物体的粗细分类。

游戏材料：雪糕棒，粗细不同的吸管、筷子、细竹签等若干，彩绳几根。

游戏玩法：

1. 拴彩绳。教师和学前儿童每人 1 支雪糕棒，将彩绳全部缠绕在上面进行比赛。在同一时间段内，谁拴的彩绳多，谁就取得了胜利。

2. 小棒配彩绳。教师和学前儿童每人一堆小棒，在每根小棒上捆一根彩绳。在同一时间段内，谁捆的小棒数量多，谁就取得胜利。但彩绳一定要捆牢，不能从小棒上滑下来。教师可根据学前儿童的情况，每次活动逐渐增加彩绳的数量和活动的难度。

3. 捆粗棒和细棒。教师和学前儿童共同捆不同材料、不同粗细的小棒。每种材料的小棒各捆 5 根（也可自定数量），捆后看一看哪种材料的小棒捆子粗，哪种材料的小棒捆子细，并问学前儿童："都是 5 根 1 捆，为什么有的捆子粗，有的捆子细？"最后让学前儿童数数自己一共捆了几捆小棒，一共有多少根。

游戏说明：该活动通过触摸让学前儿童比较粗细，通过捆的动作锻炼学前儿童小手肌肉的灵活性，通过点数、数数训练，提高学前儿童的计数能力。

三、数的组成教育的数学游戏

游戏活动 107　投石问路

游戏目的：学习 5 以内的数的组成。

游戏材料：沙包 5 个，眼罩每人 1 个，设计一个房子草图。

游戏玩法：请学前儿童协助在地上画出方格房子，房子里的数字可填 10 以内，也可以填 10 以上，不一定按顺序填。教师先蒙眼站在起点线后，把 5 个沙包逐个投进房子中（如果投到房子外就算犯规，须停止一次）。每投出一个沙包后就问一声：我投的是几？学前儿童就在教师背后用手指写出沙包所在的格子的数码给教师猜，猜对了就可以投下一个沙包。待 5 个沙包都投完了，也猜对了，教师和学前儿童互换角色重新开始。

游戏说明：该活动仅仅是为学前儿童熟悉数字字形而设计的。教师在此基础上还需要帮助学前儿童逐一理解数字的实际意义和数与数之间的相互关系，因此当学前儿童熟悉游戏规则后，教师可选择下列方式进一步延伸游戏规则：如在猜对数字后做相应次数的动作，如猜中 3 后要跳 3 下；或不说出所猜数字，而说出与该数差一的数，如猜出 3 后不说出来，而说："比它小 1 的是 2，比它多 1 的是 4，对吗？"或不说出所猜数字，而说出几和几相加或几和几相减就可以算出它，如猜中 3 后不说出来，而说："2＋1 的得数就是它"或"5－2 的得数就是它"等。

游戏活动 108　金锁银锁

游戏目的：初步掌握 10 以内数的组成。

游戏玩法：教师将两只手十指分开举好，教师说出一个数字，如：6（10 以内的数），教师和学前儿童一起说儿歌"金锁、银锁、咔嚓一锁"当说到最后一个"锁"字时，学前儿童的两只手分别攥住教师的两只手，攥住的手指数量是数字"6"的组成。教师检验学前儿童是否正确。

游戏活动 109　替换数

游戏目的：掌握 10 以内数的分合。

游戏玩法：游戏开始，教师先报出一个数，学前儿童马上用其他两个数字回答，代替这个数，学前儿童说对了，就反过来进行，学前儿童说一个数，教师用两个数字回答代替这个数，让学前儿童辨别教师的对与错。

游戏活动 110　叮叮梆梆脆

游戏目的：初步掌握 10 以内数的分解，培养学前儿童的反应能力。

游戏玩法：教师和学前儿童一起念儿歌"叮叮梆梆脆"，当念到"脆"时，教师说 7，学前儿童要迅速举起两只手，举起的手指必须是 7 的分解数。

游戏活动 111　玩牌

游戏目的：练习 10 以内数的分解。

游戏材料：1～10 的扑克牌。

游戏玩法：将 1～10 的扑克牌散开放在桌子上。学前儿童和教师轮流翻牌，第一个人翻一张牌，第二个人接着翻开另一张牌，如果翻开的牌与第一个人翻开的牌合起来是 8（数字根据学前儿童能力而定），则两张牌归第二个人所有；如果合起来不是 8，则游戏重新开始。最后手中的牌对子（两张牌合起来是 8）最多的为胜利者。

活动名称 112　抽纸条

游戏目的：练习 10 以内数的组成。

游戏材料：写好的数字小纸条若干。

游戏玩法：将写好的数字小纸条叠好后放在一起（建议打开让学前儿童看到）。教师说出一个数，学前儿童和教师迅速在纸条中找出两张小纸条，这两张小纸条的数字分别是这个数的组成部分，每人抽纸条只有 3 次机会，看谁又快又对。

游戏活动 113　分水果

游戏目的：通过操作学前儿童体验四等分的含义，知道整体大于部分，部分小于整体，发展学前儿童操作和判断推理的能力。

游戏材料：水果如西瓜。

游戏玩法：教师鼓励学前儿童将西瓜分成一样大的四部分，该怎样分呢？还有没有其他的方法分成四等分。可启发学前儿童观察比较等分前后西瓜大小的变化。感知整体大于部分，部分小于整体，理解整体与部分的关系。

四、加减运算的教育的数学游戏

游戏活动 114　玩扑克

游戏目的：学前儿童通过分类，感知 10 以内的数量，学会比较它们的大小，并学习 10 以内数的加减运算。

游戏材料：扑克牌一副，去掉其中的 Q、K、J 及大小司令，6～10 的数字卡片各一张。

游戏玩法：

1. 比大小。教师和学前儿童每人摸 8～10 张牌，每人出一张牌，引导学前儿童说一说是数字几，比较谁大谁小，数字大的牌吃掉数字小的牌。谁先把对方的牌吃完，谁就先获胜。

2. 和我走一样的花色。教师和学前儿童轮流摸牌，和学前儿童共同给相同花色的牌分类：由有红桃 3 的一方先出牌，并说清出牌的规则——"和我走一样的花色"，另一个人就出有红桃的牌，依次按大小出牌，先走完红桃的人为胜利者。先胜者再出一张牌，也说清出牌的规则——"和我走一样的花色"，直到手中的牌全部走完，就获得胜利。

3. 凑数字。教师和学前儿童轮流摸牌，要凑数字几，则先抽去该数字的牌，如出示数字 8，由有红桃 3 的一方先出牌，另一人则出 5 的牌；若一人出数字 6 的牌，另一人则出数字 2 的牌，依次类推。若一人出牌后另一方没有可凑的数字，则由出牌者再出一张牌，谁先走完牌谁就取得胜利。

游戏说明：教师还可引导学前儿童自己设计新的玩牌方法，帮学前儿童指定规则，体验自己创造的乐趣。

游戏活动 115　超市购物

游戏目的：通过实际购物过程来引导学前儿童学习数的加减。

游戏材料：硬币 12 元。

游戏玩法：取 12 元硬币，分给学前儿童 6 元并带他去超市购物，教学前儿童学会看商品的价格，并选择 7～10 元的商品和学前儿童商量：仅用一个人的钱够不够买？缺几元？两个人的钱合在一块是多少钱？够不够？会多出几元？现在两人分别出多少钱就可以把它买下来？用剩下的钱还可以买哪两样东西呢？引导学前儿童寻找两样东西的价格合起来与剩下的钱相等的商品。最后按照商定的办法到收银台付帐。

游戏说明：教师在给学前儿童提出问题时，如果学前儿童想不清楚，要允许学前儿童通过摸硬币的实际演算来获得结果。

游戏活动116 玩色子

游戏目的：让学前儿童感知10以内的数量，比较数量的多少。

游戏材料：2个大小相同的正方形积木或纸盒，外面包上彩色的包装纸，在积木或纸盒的6个面分别写上或贴上1～6的数字或圆点作为色子；跳棋、跳棋盘一套；记分卡2张（白纸即可），笔一支。

游戏玩法：

1. 掷色子比赛。由一位教师和学前儿童轮流掷色子，待色子转停后，看看上方的一面点数是几，并让学前儿童数数是几个点子，或认一认是数字几，点数多者为胜，胜利者在记分卡上画一个标记，也可由另一位教师记录得分。谁先得满10个标记谁就获得胜利，并让学前儿童数数谁的标记多，谁的标记少，多几个，少几个。

2. 玩跳棋。一位教师当裁判，用掷色子的方法来决定走棋的步数。两人各掷1次色子，大数走减法，小数走加法，如教师掷3点（大数），学前儿童掷2点（小数），则执行的规则为3－2＝1（大数减小数），教师走一步；而学前儿童的走法为2＋3＝5（小数加大数），学前儿童走5步。假如加的数量超过10，则重新掷色子。最后看谁先走到终点即为胜者。若学前儿童不理解规则，当裁判的教师可以先把算式写下来，让学前儿童边看算式边活动。

游戏说明：在竞赛活动中，可根据学前儿童活动的情况，增加色子上点子的数量，如6～10，加大活动的难度。教师可和学前儿童共同设计活动的规则，用不同的掷色子的方法决定每一局走棋的方法，积极引导学前儿童运用10以内数的组成、加减等数学经验，对自己的走棋步数做出正确的判断。

游戏活动117 换礼物

游戏目的：学习数的分解及加减。

游戏材料：学前儿童想得到的某种物品，想参加的某种活动或教师准备给学前儿童购买的礼物，如玩具、图书、学习用品等；制作分值的纸，笔。

游戏玩法：先问一问学前儿童有哪些愿望，想得到哪些礼物，和学前儿童一起用表格的形式画下来。再让学前儿童想一想怎样才能得到这些礼物或实现愿望，启发学前儿童通过摘菜、扫地、擦桌子、整理房间等家务劳动实现愿望。然后以神秘的口吻边说边出示礼物，给学前儿童惊喜，激发他参加活动的兴趣。教师可根据表格的内容，有意识的用数字表示礼物或愿望及劳动的分值，如用数字8表示得到玩具礼物的分值是8分，能自己摘菜得4分，扫地得3分，擦桌子得3分，整理房间得1分等。

活动前对学前儿童说："先看看你想得到的玩具需要得到多少分才能换到，

然后再去选择家务劳动，当你做完后即可得到相应的分值，分值的数量够了才可换礼物。"等学前儿童得到礼物后，教师和学前儿童一起分享快乐，请他说说自己是通过做哪些事得到礼物的，及时表扬并鼓励他继续劳动，得到其他礼物或实现愿望。

游戏说明：学前儿童学会有计划的安排自己的活动，在活动中运用数字的加减、组成的经验解决换礼物过程中的分值计算，体验用自己的劳动换来的礼物是最有意义的。另外，活动的时机、内容可以根据学前儿童的实际情况进行调整。

游戏活动 118　积木有多少

游戏目的：让学前儿童认识数的合成与分解。

游戏材料：小积木数个。

游戏玩法：举 5 以内的数量，如：一手握拳，手掌里放 2 个小积木，另一手摊开，手掌里放 3 个小积木。问学前儿童："总共有 5 个小积木，这只手里有 3 个，另一只手里还有几个？"

游戏说明：可以将总数量逐渐增加到 10。拳头里的积木数也可以变化。引导幼儿回家后借爸爸妈妈的手，每个人的手里各握着小积木，一起做数的合成、分解。

五、认识几何形体的数学游戏

游戏活动 119　美丽的披肩

游戏目的：学会按照各种图形的规律排序。

游戏材料：披肩图纸一张，彩色笔 1 盒。

游戏玩法：教师先出示画好的披肩图纸，请学前儿童仔细观察并说出披肩上花边的样子（有哪些图形，哪些颜色，它们是按什么规律排列的）。再引导学前儿童观察披肩上下有两条未完成的花边，请学前儿童按花边已有的规律把花边画完整，如学前儿童有困难，教师可以和学前儿童一起找出花边的排列规律，请学前儿童自己设计披肩中间的一条花边，最后教师应由衷地赞美学前儿童完成的这条披肩是与众不同的，美丽的。

游戏说明：6 岁左右的儿童已经能够根据多种不同特征进行排序，这里提供的样图仅供教师参考。除制作披肩外，还可制作毛巾、手绢、桌布等。在完成残缺的花边时，最关键的是找出已有的花边的规律，当学前儿童找不准规律时，教师可建议一起读图（如 1 个圆，2 个三角形，1 个圆，2 个三角形……），读图时，重复的节奏会让学前儿童很快发现规律。

游戏活动 120　球宝宝和圆柱体

游戏目的：让学前儿童在操作中比较、认识球体、圆柱体的特征，培养学前儿童的辨别能力。

游戏材料：旧碟片、圆纽扣、乒乓球、玻璃球、皮球、饮料罐、电池、餐巾纸筒、书、方形及圆柱体立体积木，牙膏盒等，白纸，1元硬币若干个。

游戏玩法：

1. 认识球体。教师给学前儿童一个皮球和一张旧碟片，让学前儿童滚一滚，玩一玩，比一比它们有什么不同（皮球能朝四面八方滚动，碟片只能竖起来沿着轮廓线滚）。然后告诉学前儿童，像皮球这样圆圆的，能朝四面八方滚动的形体，叫球体。

2. 认识圆柱体。教师给学前儿童 1 只球体和 1 个饮料罐，先让学前儿童滚一滚，玩一玩，比一比它们有什么不同（球体可以朝前后左右各个方向滚动，而饮料罐只能前后两个方向滚动）。再引导学前儿童观察饮料罐两头是什么形状，这两个圆形大小怎样，让学前儿童把饮料罐的一端的圆形按在白纸上，用铅笔沿着轮廓描下来，再把饮料罐另一端的圆形重叠按上去比较（饮料罐两端的圆形是一样大小的）。然后告诉学前儿童，像饮料罐这样两端有一样大小的圆形，中间是一样粗细的形体叫圆柱体，并引导学前儿童在所给材料中或家中寻找球体和圆柱体。最后请学前儿童把几个 1 元硬币叠放在一起，看看像什么形体。

游戏活动 121   看看数数

游戏目的： 认识正方体、长方体特征。

游戏材料： 正方体、长方体积木，牙膏盒，饮料罐，纸筒，乒乓球，玻璃球等物品若干，枕套 1 个。

游戏玩法：

1. 认识正方体。教师给学前儿童一块正方体积木，让学前儿童数一数这块积木上有几个面（边找边用笔写上数字），看看这 6 个面是什么形状，大小是否一样。再要求学前儿童在一堆长方体和正方体的混合积木中找到正方体，并引导学前儿童发现：有 6 个面，且 6 个面是一样大小的正方形，这样的几何形体叫正方体。学前儿童找正方体时可能很快就能找到，也可能漏掉一些或把有两面是正方形的长方体说成是正方体。这时，教师可引导学前儿童比较 6 个面是否是一样大的正方形，强化学前儿童对正方体特征的认识。要求学前儿童在家中寻找正方体物品。

2. 认识长方体。让学前儿童数一数长方体积木上有几个面，看看这 6 个面是什么形状，大小是否一样。

六、量的教育的数学游戏

游戏活动 122   量身高，测体重

游戏目的： 让学前儿童把量的计量转换为实物的计数，帮助理解测量的意义，并使他们获得测量自己身高和体重的方法以及操作经验。

游戏材料： 家庭磅秤 1 个，即时贴 1 贴，15 千克大米一袋，米罐 1 个，购物塑料袋若干，弹簧秤1个，长绳1根，手形纸若干。

游戏玩法：

1. 称称自己的体重。先用家庭磅秤给学前儿童称体重，让学前儿童在刻度盘指针所指读数的位置用即时贴做记号。再让学前儿童在若干个塑料袋中各装1千克大米（用弹簧秤称），把装了米的塑料袋放到磅秤上，看看放了几袋米后，指针就接近了即时贴所贴的位置，然后再数一数有几袋，就知道自己的体重了。

2. 量量自己的身高。先帮助学前儿童在长绳子上截取一段与自己身高等长的绳子，并固定在墙上或门后，再让学前儿童将自己的左手描摹下来并剪出若干个一样大的手形纸，用手形纸做实物计量单位——贴于绳子的一侧。最后让学前儿童数一数有几只小手，它们就可以代表自己的身高。

游戏活动123　比轻重和远近

游戏目的：让学前儿童对事物进行比较，学会用身体做简单测量。

游戏材料：爸爸的鞋和学前儿童的鞋，玩具娃娃和玩具大象各一个。

游戏玩法：

1. 请学前儿童用左右两只手分别提着爸爸的鞋和自己的鞋回答："哪一个重？"

2. 教师把学前儿童的玩具娃娃放在房间中间的椅子上，把玩具大象放在房间尽头的家具上，请学前儿童数一数自己的脚步，走几步能拿到娃娃，再走几步能拿到大象。

3. 请学前儿童比一比哪个玩具近哪个玩具远。

游戏活动124　我来量一量

游戏目的：初步掌握自然测量的方法。

游戏材料：画一幅学前儿童身体的轮廓图。

游戏玩法：教师给学前儿童画一幅身体的轮廓图，让他用手或脚量量他有多高。将轮廓图摊在地上，让他走一走，量量共有几步，然后让他用小手测量从手腕到肩的距离，看看能放几个手。最后用他的小手和小脚量量房间里的其他物体。

游戏活动125　测量我们的身高

游戏目的：初步掌握自然测量的方法，培养思维的敏捷性。

游戏材料：塑料绳、皮尺等。

游戏玩法：

1. 让学前儿童说一说爸爸妈妈谁高？你用什么方法能准确地知道谁比谁高多少呢？

2. 鼓励学前儿童用多种方法进行测量。如用塑料绳、皮尺，或用手掌比量等。

游戏活动 126   抬抬手，分豆腐

游戏目的： 区分高矮，训练学前儿童动作的灵活性。

游戏玩法： 教师和学前儿童面对面站立，教师双手拉着学前儿童的双手，抬成一高一低状。教师问："哪边高？"学前儿童回答："这边高"，同时高的那边手臂要抬高一下。教师问："哪边低？"学前儿童回答："这边低"，同时低的那边手臂要放低一下。教师问："一块豆腐分几块？"学前儿童回答："分 3 块"，两人同时从抬高手臂下穿过翻 360°，翻三次。

七、空间概念教育的数学游戏

游戏活动 127   画地图

游戏目的： 提高学前儿童对路径先后顺序的认知和理解。

游戏材料： 笔和纸。

游戏玩法： 教师和学前儿童一起从超市回园，回到园后，教师引导学前儿童画一张超市到幼儿园的地图，每一个地方要有一个标志，让学前儿童讲一讲路线的顺序。

游戏活动 128   比一比哪个远哪个近

游戏目标： 让学前儿童对事物进行比较，学会用身体做简单测量。

游戏材料： 玩具娃娃和玩具大象各一个。

游戏玩法： 教师把学前儿童的玩具娃娃放在房间中间的椅子上，把玩具大象放在房间尽头的家具上，请学前儿童数一数自己的脚步，走几步能拿到娃娃，再走几步能拿到大象。请学前儿童比一比哪个玩具近哪个玩具远。

八、时间概念教育的数学游戏

游戏活动 129   我的生日是哪一天

游戏目的： 认识一年有多少月，多少周，多少天数，巩固学前儿童对周和日的理解。

游戏材料： 月历 1 本，玩具熊 1 个，梅花、迎春花、桃花、蔷薇、石榴、荷花、凤仙花、桂花、一串红、芙蓉、水仙花、腊梅 12 种花卉图标（如果收集不到可用简笔画加文字替代）。

游戏玩法：

1. 学儿歌《花儿月月开》：一月梅花争春色，二月迎春笑开颜，三月桃花花烂漫，四月蔷薇爬满园，五月石榴红似火，六月荷花池塘艳，七月凤仙展芳容，八月桂花香满院，九月一串红鞭炮，十月芙蓉芳自怜，十一月水仙凌波开，十二月腊梅报春来。达到教师说月份学前儿童能接口说出后半句，或者与教师对歌的程度，如教师问："几月花开展芳容？"学前儿童答"七月凤仙展芳容"；教师再问"几月花开报春来？"学前儿童回答"十二月腊梅报春来"……

2. 找找自己的生日。先让学前儿童在月历上找出 12 个月的位置，并将每月的花卉图标贴在该月月历上。再告诉学前儿童他的生日是在某种花开的月份，让学前儿童在月历上找到该月，然后告诉他日期，让学前儿童找到日期后用笔圈起来。最后问学前儿童：过生日的那个月一共有几天？过生日的那一周一共有几天？生日的当天是星期几？生日的前一天是几号？生日的后一天是几号？

3. 猜猜某某的生日。请学前儿童在心里想好一个日子作为玩具熊的生日，教师挑 1～12 月里所开的花问生日的月份，如：是腊梅花开的月份吗？是蔷薇花开的月份吗？……学前儿童可用"不是"或"是"来回答。如果学前儿童回答了"是"，则再接着问第几周，如：是第一周吗？是第 2 周吗？……如果学前儿童回答"是"，则接下去用同样的方法问是第几天。最后在月历上找出这一天。

游戏说明：该活动通过学前儿童学儿歌、查月历、贴图标等来认识一年有 12 个月，再数一数周次，天数。巩固学前儿童对周和日的理解。在学前儿童熟悉月历后，教师可在与学前儿童散步时经常进行有关年、月、日时间的对话。

游戏活动 130 时钟滴滴答

游戏目的：认识钟表，了解时、分、秒之间的关系。

游戏材料：可以转动指针的时钟实物模型，制作时钟钟面、指针需要的硬纸卡（可利用废旧的纸盒），水彩笔，图钉或大头针，剪刀，笔。

游戏玩法：

1. 猜谜语。教师说出谜面："会走没有脚，会说没有嘴，它能告诉人，什么时候起，什么时候睡。"请学前儿童猜出谜底。

2. 认时钟。和学前儿童一起观察钟面，请学前儿童看一看钟面上有 1～12 的数字，读一读数字，引导学前儿童发现数字 6 和 12 上下对应，3 和 9 左右对应；有 3 根指针，比一比指针长短、快慢，最长的细针是秒针，长而粗的指针是分针，短而粗的指针是时针。引导学前儿童观察秒针、分针、时针都顺着 1，2，3，…的顺序走到 12；秒针走的最快，时针走的最慢。不妨让学前儿童用耳朵贴在钟面上听听钟表的"滴答"声。

3. 做时钟。首先和学前儿童讨论做什么造型的钟，需要哪些工具和材料，怎样做才能使指针转动起来，怎么写才能使钟面上的数字不"睡觉"（数字保持端正），如何让数字之间的间隔相等，然后和学前儿童一起动手制作。

4. 拨钟报时。用自制的时钟做游戏。开始教师拨一整点，引导学前儿童观察时针和分针的位置（分针指向 12 时，时针指向几，就是几点整），和学前儿童一起认识整点；教师拨一半点，如分针指向数字 6，时针指向数字 3 和 4 的中间，请学前儿童观察并说说这是什么时间，和学前儿童一起认识半点。然后再和学前儿童一起玩"我拨时钟（整点）你报时，你报时我拨时钟"的活动，巩固对整点、半点的认识。

游戏说明：该活动主要是通过教师和学前儿童共同观察、制作时钟，帮助学前儿童进一步了解时钟钟面的主要结构，区分时针、分针、秒针并知道它们之间的运转关系。通过活动引导学前儿童认识整点、半点，感知时钟与自己生活的关系，建立初步的时间概念。教师还要注意结合日常生活，在一段时间里，可利用散步、一天生活的各个环节，引导学前儿童发现生活中出现的时钟，认读当时的时间，找找生活中不同形式的时钟（电子钟等），观察其如何显示时间，进一步感知时钟与自己生活的关系。懂得遵守时间，珍惜时间。

游戏活动 131　我的 1 分钟

　　游戏目的：教学前儿童认识分钟。

　　游戏材料：电子钟一个，记录纸一张，笔一支。

　　游戏玩法：

　　1. 认识 1 分钟。引导学前儿童观察时钟上的秒针，让他看着秒针转动，数一数秒针转一圈跳动了多少下。当他确认秒针转一圈跳 60 下时，告诉学前儿童这就是 1 分钟的时间。让学前儿童估计，在 1 分钟里他可以做完哪些事，例如：可以从 1 开始数数一直数到哪个数；可以把积木盒里的积木收拾起来；把扑克牌全部一张一张翻过来背面朝上……

　　2. 我的 1 分钟记录。让学前儿童看着秒针转动计算 1 分钟自己的脉搏跳动次数；帮学前儿童看时间，让学前儿童跑步，看他 1 分钟可以跑多远；让学前儿童自己提议做各种 1 分钟的活动记录。

　　3. 1 分钟竞赛。与学前儿童商定 1 分钟竞赛项目，如跳绳、单脚站立等，商定比赛规则，然后开展竞赛。

　　游戏说明：该活动通过各种方式让学前儿童体验和建立 1 分钟的时间概念。教师在让学前儿童充分感知 1 分钟时间后，可用同样的方法帮助学前儿童体验 2 分钟或更长一点时间，引导学前儿童一起测定需要若干分钟才能完成的活动。

九、认识货币及"十"进位的教育

游戏活动 132　剥蚕豆

　　游戏目的：学习计数，感受数位，学习以十计数。

　　游戏材料：蚕豆荚若干，竹牙签 7～8 根，小画板 1 块，事先在画板上画好记录两位数的格子。

　　游戏玩法：让学前儿童一起帮着剥蚕豆，剥后让学前儿童用竹签将蚕豆穿成罗汉豆，每 10 粒蚕豆穿 1 串，最后余下不够 10 粒的不穿。引导学前儿童数数穿了几串，还余下几粒，再想想一共穿了多少蚕豆。然后拿出画板告诉学前儿童：画板上两两一组的格子可以用来记录数过的豆子，左边的一格表示十位，可记穿好一串的数，右边一格表示个位，可记余下不够串的豆子。最后教学前儿童两位数的读法。教师在画板上写一个两位数，让学前儿童看看数目穿罗汉豆，例如43，学前儿童就要穿4串另带3粒蚕豆。

游戏说明： 本活动让学前儿童在剥蚕豆的氛围中学习计数，感受数位，学习以十计数。教师在指导学前儿童学习进位计数的记录时，要帮助学前儿童理解"串"和零散的关系，并指导学前儿童正确记录两位数。

游戏活动133 超市购物

游戏目的： 通过实际购物过程来引导学前儿童认识货币及十进制。

游戏材料： 每个学前儿童10元的代替币一张，柜台上1角、2角、5角、1元、2元、5元的人民币若干张。

游戏玩法： 分给每个学前儿童10元代替币1张，并带他们去超市角"购物"，教学前儿童学会看商品的价格，并选择自己喜欢的商品；仅用一个人的钱不够买时，可以合作买；如果不足10元，自己计算剩余的钱，告诉售货员（可以是学前儿童也可以是教师），售货员核对是否正确，并找回剩下的钱。售货员可以轮流担任，教师可以作为监督。

十、理解数量关系的教育

游戏活动134 五块巧克力怎么分

游戏目的： 学习巩固5的分解，了解集与子集的关系。

游戏材料： 巧克力，记录纸若干，笔一支。

游戏玩法： 取5块巧克力给学前儿童，告诉他不能在早上就吃完，需留一些下午吃，问他可以怎么分。让学前儿童实际分一分5块巧克力，并用图形或数字记录在纸上。再提醒学前儿童想想还有没有新的分法，也一一记录下来。然后请学前儿童将几张记录纸比较一下：看看用不同的方法分过巧克力后，巧克力的总数有没有改变。最后让学前儿童在几种分法中选出一种方法作为今天吃巧克力的实施计划。

游戏说明： 这个活动也叫"数的分解"。可以让学前儿童体会到某一个数可以分成比它小的两个数，不同的分法并不改变总数的多少。教师在引导学前儿童学习数的分解时，要帮助学前儿童克服平均分配的干扰，告诉学前儿童上午和下午可以分的不一样多，打开数分解的思路。在学前儿童对5的分解熟悉后可逐步增加总数的数量。

游戏活动135 撒花片

游戏目的： 让学前儿童体会到5有不同的两分法。

游戏材料： 用卡纸剪10个花形的卡片两两粘贴在一起，一面涂红色，另一面涂绿色，也可以用学前儿童的玩具花片，将红片和绿片用双面胶两面相贴，变成一面为红一面为绿的双色花片共5个；纸和笔。

游戏玩法： 教师示范撒花片的玩法：把5个花片握在手心里，然后轻轻撒在桌子上，看看撒出了几个红的，几个绿的，把它记录下来。教师和学前儿童一起玩，告诉学前儿童可以撒 5 次记 5 次。撒完后分别说出每一次撒的结果，并记录下来，看看有没有相同的结果，是几和几，相同的结果出现了几次。注意引导学前儿童学会正确的记录方法，告诉学前儿童记录不仅自己能看懂，还能让别人也看懂。再次撒花片并记录，还是撒 5 次记 5 次，看看这回撒的结果有没有是上一次没有出现的。

游戏说明： 该活动可让学前儿童体会到 5 分成两份有不同的答案。此活动可重复玩，为提高学前儿童的兴趣，教师和学前儿童可轮流撒。

游戏活动 136 玩玩弹簧秤

游戏目的： 教学前儿童学习整体与部分的关系。

游戏材料： 小弹簧秤 1 个，事先买好的面条 250～500 克，食品塑料袋 4 个。

游戏玩法： 先向学前儿童介绍弹簧秤，教学前儿童学习看秤的方法。再带学前儿童去菜市场，让他们帮着用弹簧秤给买来的菜称重。然后交给学前儿童一个任务：让他用弹簧秤把买回来的面条分成一样多的 4 份（提示学前儿童先将面条分成 2 份，再将 2 份中的每份分成 2 份），分装 4 只食品塑料袋中。最后让学前儿童思考：4 份面条合在一起与没分时一样多吗？请学前儿童设法验证。

游戏说明： 该活动涉及有关重量的问题，可以让学前儿童在实际操作中获得经验，以及总量、部分量的概念。教师在进行该活动时，可根据学前儿童的接受能力，引导学前儿童发现总量大于每个部分量，总量等于各个部分量之和。

游戏活动 137 我来做，你来学

游戏目的： 初步理解循环排序的意义。

游戏玩法： 教师和学前儿童一起念儿歌，"叮叮梆梆脆"，当念到"脆"时，教师来做一套动作，如：先拍肩一下，再拍腿一下，再跺脚一下，重复 2～3 次，让学前儿童找出规律，学前儿童重复一遍。反过来，再念儿歌，"叮叮梆梆脆"，学前儿童再做一套动作，教师来模仿。

游戏活动 138 听一听

游戏目的： 初步理解循环排序的意义，锻炼学前儿童的听觉能力。

游戏玩法： 学前儿童蒙上双眼，教师来敲击物体，如：拍一下手，跺两下脚，再拍一下手，再跺两下脚。让学前儿童说出规律，并重复教师刚才的动作。

游戏活动 139 撒蚕豆

游戏目的： 学会对 10 进行有序的分合，初步体验部分数之间的互补、互换关系。

游戏材料： 10 粒蚕豆，在纸上画一个大圆。

游戏玩法： 教师双手捧蚕豆，离开桌面约 10 厘米，让蚕豆轻轻地掉下来，每撒一次，让学前儿童数一数落到圆内和圆外各有几粒豆，说一说："10 可以分成几和几，几和几合起来是 10。"

主要参考文献

A. M. 列乌申娜.1982. 学前儿童初步数概念的形成.曹莜宁译. 北京：人民教育出版社

金浩. 1996. 学前儿童数学教育概论.上海：华东师范大学出版社

金浩，黄瑾. 1999. 学前儿童数学教育.上海：华东师范大学出版社

林崇德. 1982. 智力发展与数学学习.北京：科学出版社

林嘉绥，李丹玲. 1994. 学前儿童数学教育.北京：北京师范大学出版社

林泳海，黄瑾，钟小锋. 2000. 学前儿童数学教育概论.上海：华东师范大学出版社

刘范. 1979. "全国九个地区 3～7 岁儿童数概念和运算能力发展的研究——综合报告".北京：中国科
　　学院心理研究所情报资料室

区慕洁. 2001. 玩游戏学数学.上海：第二军医大学出版社

司马贺.1986.人类的认知.荆其诚，张厚灿译.北京：科学出版社

王坚红. 1994. 学前教育评价.北京：人民教育出版社

王志明，张慧和. 1997. 幼儿园课程实施指导科学.南京：南京师范大学出版社

肖湘宁. 1990. 学前儿童数学活动教学法.南京：南京大学出版社

张慧和.2001. 学前儿童数学教育.重庆：西南大学出版社

张慧和，张俊. 2004. 幼儿园数学教育.北京：人民教育出版社

张俊. 2004. 0～6 岁小儿数学教育.上海：上海科技大学出版社

周欣. 2004. 儿童数概念的早期发展.北京：清华大学出版社